JN201171

改訂版

公共経営学入門

松永佳甫
中林美恵子 編著

大阪大学出版会

■ はじめに ■

　『改訂版・公共経営学入門』は、初版から10年を経た「公共経営学入門（旧版）」の内容を更新し、新たなトピックを加えて刷新したものです。本書の対象読者は、初版と同様に公共や公共経営、その周辺領域について学ぶ初学者、特に大学1年生から2年生を想定しています。そのため、旧版と同じく平易な言葉を用い、公共経営の基礎知識を分かりやすく解説することを目指しています。

　改訂版では、理論編と事例編という明確な区分を廃止しつつも、各章に理論と実践の両面を学べる工夫がなされています。ただし、トピックによっては理論を重視した章や事例を重視した章もあります。

　学問において、まず取り組む分野の定義付けを行うことは、新しい知識を学ぶ第一歩です。改訂版でも公共経営の定義を行っており（第1章）、旧版から引き継ぎつつ、現代の公共経営の潮流を反映した内容（第4章）にリニューアルされています。

　旧版と改訂版で変わらない点として、多様化する（準）公共財・サービスの供給主体に焦点を当てている点が挙げられます。具体的には、まず行政の役割について解説し（第2章）、次に、行政に代わる供給主体としてのNPOや社会的企業（第6章）、そして企業の社会的責任（CSR）を重視する営利企業の動き（第7章）に注目しています。また、私たち一人一人が公共経営を担うアクターとして「公共マインド」を持つことの重要性を、改訂版でも繰り返し強調しています。ここで、「公共マインド」を私たちに馴染み深い言葉に直すとすると、「情けは人の為ならず」です。これは、少子高齢化や社会保障問題など、経済成長を阻む要因の解決にも深く関係しています（第9章）。

　一方で、改訂版が発行された際には旧版とは異なる社会情勢も存在します。例えば、日本のNPO法人の増加率の停滞が挙げられます。1998年に施行された非営利活動促進法（NPO法）を契機に、NPOは大きく注目され、災害支援のボランティア活動や公共財の提供において活躍してきました。しかし、NPO法人の数は2014年以降、約5万団体で頭打ちとなっています。これは資金調達の難しさや競争の激化に加え、社会的課題をビジネス手法で解決するソーシャルビジネスや、CSRを経営戦略に取り入れる企業が増え

た影響とも考えられます。重要なのは、社会問題の解決というゴールが達成されることであり、その主体が誰であれ、持続可能な方法で解決することが大切です。

　本書では、市民、政府、NPO や社会的企業、CSR に取り組む営利企業は異なる組織構造を持ちながらも、目指すべきは社会的問題の解決です。そして、これらを結びつける役割を果たすものとして「社会関係資本（ソーシャル・キャピタル）」の重要性にも注目し、第 8 章でその基礎知識を解説しています。

　第 11 章では、公衆衛生の公共的側面を取り上げ、日本が直面する課題を加味しながら、健康に関する公共経営を紹介しています。特に、COVID-19 という百年に一度のパンデミックを経験したことで、公衆衛生を地球規模でマネジメントする重要性が再認識されました。この危機を乗り越える上で、多くの人々が発揮した「公共マインド」は決して忘れてはならない要素です。

　アフターコロナの国際情勢は、ウクライナとロシアの戦争やイスラエルとハマスの衝突など、大きな変化を迎えています。特にアメリカの「自国第一主義」が世界各国に波及する可能性は、「地球規模で考える公共マインド」を持つことへの挑戦となるかもしれません（第 10 章）。

　さらに、第 14 章では文化、第 12 章では、日本が直面してきた環境問題や公害の歴史にも触れ、持続可能な社会への取り組みについて述べています。第 13 章ではスポーツに関する公共経営を取り上げ、心身の健康が幸福感に不可欠であることを論じています。

　本書が強調する不変の真理は、「公共マインド」あるいは、「情けは人の為ならず」に集約されます。これは公共経営の本質を的確に表しており、私たちの生活や公共経営の中に深く根付いています。読者の中には、公共経営学は何となくつかみどころがないという印象で本書を手に取った方々が多いと思います。しかし、本書を読み終わったときに、私たち一人一人が「公共マインド」を持つことが、さまざまな社会問題を解決へと導き、自身の幸せに通じる可能性があると感じて頂けたのなら幸いです。そのように感じられる読者が増えることを願いつつ…。

編著者　栂永佳甫・中林美恵子

■ 目　次 ■

はじめに　i

第1章　公共経営学とは……………………………………………………1
　1　公共経営学とは　1
　2　日本人の公共の起源　2
　3　近代日本の公共──近江商人に学ぶ　7
　4　公益に資する行動とは　10
　5　公共経営学の核心にせまる前に　14

第2章　政府と市民社会…………………………………………………16
　1　政府の機能の変遷　16
　2　政府の機能の拡大　17
　3　国・地方の政府間関係と地方自治体　23
　4　政府と市民社会：ガバメントからガバナンスへ　29
　5　「大きな政府から小さな政府へ」「官から民へ」「中央から地方へ」の現実　33

第3章　わが国の市民活動の変遷
　　　　──震災経験を乗り越えて…………………………………36
　1　災害と市民活動　36
　2　阪神・淡路大震災における市民活動　37
　3　東日本大震災における市民活動　43
　4　大震災の教訓と今後の防災に向けた市民活動　51

第4章　新しい公共経営…………………………………………………58
　1　新公共経営論と日本の財政　58
　2　新公共経営論の三つの特色　68
　3　新しい公共を担うNPO法人　71
　4　公共経営学の守備範囲　73

iii

第5章　公共経営の戦略マネジメントモデル……………………………………75

　1　公共経営戦略マネジメントの理論モデル　75

　2　SWOT分析　77

　3　SWOTマトリックスの公共経営への応用　81

　4　政策を評価する　83

第6章　新しい公共の担い手
　　　　——NPOとソーシャルビジネス………………………………………101

　1　NPOとソーシャルビジネスへの期待　101

　2　ソーシャルビジネスとは何か？　103

　3　ソーシャルビジネスの特性　107

　4　ソーシャルビジネスの成長支援　112

　5　公共の担い手として　116

第7章　公共経営における企業の責任
　　　　——持続可能な社会をめざして………………………………………119

　1　はじめに　119

　2　持続可能な社会と企業の責任　120

　3　企業のサステナビリティへの取り組みの特徴　126

　4　日本における社会課題と企業　131

　5　ステークホルダーと企業　140

　6　おわりに　144

第8章　公共経営とソーシャル・キャピタル
　　　　——人と地域社会をつなぐ絆………………………………………147

　1　ソーシャル・キャピタルとは？　147

　2　公共経営でソーシャル・キャピタルに注目する理由　149

　3　ソーシャル・キャピタルのとらえ方　154

　4　データと事例でみるソーシャル・キャピタルと公共経営　159

　5　ソーシャル・キャピタルを重視したこれからの公共経営　164

第9章　少子高齢社会と社会保障……………………………………… 167

　1　超少子高齢化と家族の縮小化・多様化　167

　2　社会保障制度の現状　170

　3　日本の社会保障の発展過程　社会福祉を中心に　172

　4　変わる社会・家族と変わる社会保障　175

　5　社会福祉の公民の担い手　183

　6　これからの社会保障制度　187

第10章　世界における公共経営

　　　　──アメリカを中心に ……………………………………… 189

　1　世界の公共経営　189

　2　グローバル化とアメリカ　193

　3　北大西洋条約機構（NATO）　200

　4　国連平和維持活動（PKO）　200

　5　非政府組織及び非営利団体　201

　6　気候変動　202

　7　地政学的リスクとアメリカ　205

　8　国内政治と世界の公共政策　212

　9　今後の展望　215

第11章　健康の公共経営

　　　　──公衆衛生の担い手 ……………………………………… 218

　1　はじめに　218

　2　公衆衛生の歩み　221

　3　近年の健康政策──健康格差対策　229

　4　今後の健康の公共経営　245

第 12 章　環境問題と公共経営
　　　　――持続可能な発展に向けた環境ガバナンス ………………… 250

　1　環境分野における公共経営　250

　2　環境問題の内容と構造　251

　3　持続可能な発展（sustainable development）　256

　4　環境問題と公共経営　257

　5　本章のまとめ　266

第 13 章　スポーツに関わる公共政策と公共経営の潮流 ………………… 267

　1　「スポーツは文化である」から紐解くスポーツの公共性　267

　2　スポーツ基本法の制定と「スポーツの権利」　269

　3　スポーツ基本計画にみるスポーツの幅広い公共性　270

　4　第 3 期スポーツ基本計画での具体的目標設定　273

　5　障害者スポーツの推進　276

　6　公民連携と民間の協働から推進されるスポーツ施設に関わる公共経営　279

　7　スポーツツーリズムによる地域活性化　282

　8　地域スポーツコミッションに期待されるネットワーク形成　284

　9　スポーツマネジメントによる公共経営の価値の創造　286

第 14 章　文化による地域づくり …………………………………………… 290

　1　文化と地域　290

　2　政府による文化振興　294

　3　企業の芸術・文化支援　301

　4　市民が主役の文化活動　304

　5　文化が地域をつくる　307

索引　　　309

執筆者一覧　315

第1章

公共経営学とは

1 公共経営学とは

　公共経営学は大学の講義で初めてお目見えする学問ですので、ほとんどの読者は、馴染みが薄いと思います。そこで、公共経営学とは何かを定義するところから始めてみましょう。

> 公共経営学とは、「官と民の両者が公共経営の主体であるという共通認識のもと、両者が協力しながら、私たちがもつさまざまな共有資源を有効活用し、あまねく人々に対して効率的に公共性の高いサービスを供給するための考え方やノウハウを学ぶ学問」です。

　ここでいう共有資源とは、ヒト、モノ、カネ、技術、天然資源、自然環境、社会環境、情報ネットワークから人と人との絆に至るまで、公共の利益の向上に寄与するすべてのものを指しています。そして、共有資源の有効活用と効率的使用のために、民間組織が育んできた経営に関する考え方やノウハウのうち、公共経営に取り入れられるものは積極的に取り入れたり、公共性の高いサービスを民間組織と協力して供給したり、その供給を民間組織に任せたりするといったアプローチをとります。またこのアプローチは、文化、スポーツ、社会保障など、その他多くの公共の分野に応用されます。

　この定義を読んでも「なんだかよくわからない」と思う読者は多いと思います。特に公共経営学は、公務員が実践する国・地方自治体の経営方法に関する学問だと誤って理解している読者には、なおさらよくわからない定義に

1

思えるでしょう。では、なぜそう思えるのでしょうか。「公共」を定義することなしに「公共経営学」の定義を理解しようとしたことに一因があるように思います。では「公共」とはいったい何でしょうか。

英語の辞書を見ると、「公共」は「Public」と訳されています。Public の語源は、ラテン語でいうところの People（ひと）です。しかしこれが本当に日本の公共を正しく表現した訳かどうか慎重に吟味する必要があります。確かに欧米で誕生し発展してきた公共経営学（Public Management）の概念や手法は、現在の日本の公共経営の問題点を明確化したり、より有効的で効率的な公共経営につながる手法を提示してくれたりします。しかし、もし日本の「公共」が欧米の「Public」と完全に一致しない概念だとすれば、どうでしょうか。「Public Management」の考え方や手法をそっくりそのまま日本の公共経営に取り入れることが、日本にとって最も望ましい公共経営のカタチになるとは思えません。まずは日本の「公共」に関する考え方を理解することが必要です。その後で初めて日本の公共経営の新しいカタチをあれこれ考えることができるのです。

2　日本人の公共の起源

公共の交通機関や公共料金、公共放送など、公共という言葉は、私たちの毎日の生活に浸透しているにもかかわらず、公共経営学は、初めて学ぶものにとって学びやすい学問というわけではありません。いきなり「公共」を説明してくださいといわれても誰もがとまどうと思います。公共経営学を学ぶとき、まずは日本人の考える「公共」についてしっかり理解していないと、なんだかよくわからない学問だなという印象だけが残ってしまいます。この入門書では、日本人の「公共」に対する考え方を正しく理解するために、これまで日本で教育を受けてきた私たちにとって最も馴染み深い国語と歴史の視点から日本人の公共に関する考え方を探ってみたいと思います。

まず、公共を「公」と「共」に分けてみましょう。「公」は、どんな意味をもつ漢字でしょうか。それを探るために、まずは「公」の反対の意味をもつ「私」という漢字の語源を調べてみましょう。私の左側の「禾（のぎ）」

は「いね」とも呼び、稲穂が実ってこうべを垂れている様子を表しています。一方、右側の「ム」は、草を刈り、田を耕す耜（すき）のかたちが変化したものです。つまり、耜で耕した人の稲が実った

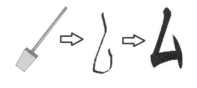

様子を表したのが「私」ということになります。自分で汗水流して耕し、栽培した結果実った稲ですから、本来それは自分だけのものです。自分だけのものという意味からムに「囲い込む」という意味が生まれました。

他方、「公」の上側の八は「左右二つに分けたさま」を表し、「分かち合う」という意味があります。八の下にはムがあります。つまり、自分だけのものとして囲い込んだものを分かち合うという意味をもつのが「公」ということになります。

自分が苦労して実らせた稲を、他人と分かち合うことになるわけですから、そこには何らかの強制的な力が働くことになります。そこで、そのような力をもっている人、つまりその地域を支配している人そのもののことを「公」と呼ぶようになりました。公家などがよい例です。また家康公のように名前の後に「公」を付けるのも同じような意味からです。ちなみに、主人公といえば、物語の中心人物（ヒーローやヒロイン）などを思い起こしますが、店の主人（店主）のことを敬って「主人公」と呼んでいた時代があったそうです。

また道路には、私道と公道の区別があります。私道とは、個人や企業の所有する道路で、公道とは、誰でも通行することができ、通常、国や地方自治体が所有・管理する道路です。

このように書くと公私の区別は歴然としているようにみえますが、たとえ私道であっても、他人がその土地を通行しなければ公道に出られない場合は、勝手にその私道に家を建てたりできないよう国や地方自治体が規制します。英国の田舎に行くと、フットパスというものがありますが、これはもともと個人所有地を通る道路を、コミュニティーの住民や観光客の利用のために、自由に通行できるようにしたものです。強制力をもって「私」による囲

い込みを阻止する国や地方自治体は「公」であるといえます。

今度は、「共」です。これは左右の手を合わせて、うやうやしく神様に捧げものをする手のかたちを表したものです。左図を見ながら、想像力を働かせると、その形がなんとなく「共」に見えてくると思います。さらにこの図が示すように「共」は、左右の手を合わせるさまから次第に「いっしょ」という意味に変化していきました。

このように漢字の語源から考えると、「公共」は「何かを独り占めせずいっしょに分かち合うこと」を意味していることがわかります。この意味が転じて、「国・地方自治体が取り組む社会全体に関わること」、あるいは「社会一般に関すること」という意味になりました。

ここで、「公共」の文字を使ったさまざまな語句を筆者が思い起こせるだけリストアップしてみましょう。

（ア）公共料金、公共交通機関、公共放送、公共図書館、公共工事、公共建築、公共サービス、公共財、公共事業、公共施設、公共の福祉、公共投資、公共職業安定所、地方公共団体、公共企業体、公共劇場、公共組合、公共緑地、公共政策…

（イ）公共倫理、公共哲学、公共性、公共精神、公共奉仕、公共経済学、公共経営学…

このように、公共にもさまざまな意味がありますが、リストアップされたものをよく見てみると、（ア）「国・地方自治体が取り組む社会全体に関わること」と（イ）「社会一般に関すること」を意味する語句の二つに大別できると思います。

まず、（ア）の意味として「公共」をとらえてみましょう。このとき、国・地方自治体が社会全体に関わる政策（政治を行う上での方針や方策のこと）を実施する主体は公務員、あるいは官（官僚）[1)]と呼ばれる人たちです。

自（タイ）は地位の高い人（公）に徴用された軍人たちが神にささげる肉

（祭肉）のことを表しています。軍は𦣻を携えて侵攻します。そして駐留地には𦣻を保管するために設けた屋舎（ヤシャ）が建てられます。𦣻の上に宀（ウ冠は屋根を表しています）をのせて官という漢字ができあがりました。これが、「公」に徴用された軍人が隊をなしている屋舎を表すようになりました。さらに変化して、官は役所、政府（公）に徴用された人物、つまり公務員を表す言葉になりました。

　しかし、現代の日本の公共を考えるとき、（ア）のように「公共」をとらえるのは、時代遅れといってもいいでしょう。かつては公共経営といった場合、「公務員が行う国や地方自治体の運営方法」という意味にとらえられていました。しかし今は、公務員が公共経営のすべてを担うのではなく、NPO（非営利組織）や NGO（非政府組織）[2]、株式会社などの民間組織も、公共政策の立案から国・地方自治体の経営に至るまで深く関与するケースが多くみられるようになりました。これからこの本を使って公共経営について学んでいく私たちは、まず公共の経営主体は、公務員に限定されず、民間組織もまた公共経営を担う主体であることを認識する必要があります。そして民間組織が公共経営の一部を担うということは、すなわち、公共経営に関する良い結果も悪い結果もその責任の一端が民間組織にもあるということに注意が必要です。

　ここで、民間組織を構成する私たち「民」の語源について触れておきたいと思います。少し怖い話です。「民」という漢字は右図のように、奴隷の目

---

[1] 一般的に官（官僚）という場合、霞ヶ関の中央省庁で働く公務員のことを指します。地方自治体で働く公務員は官（官僚）と呼ばれることは少ないですが、ここでは最も広い意味で「官」をとらえ、公務員全般を指す言葉として考えます。

[2] NPO は Nonprofit Organization の略で、非営利組織と訳されます。一方 NGO は Non-Governmental Organization の略で、非政府組織と訳されます。NPO も NGO も自分たちの利潤を追求することを第一の活動目的とするのではなく、経済・社会問題を解決することを第一の活動目的としているという点では同じです。NPO と NGO の違いは、「利潤を追求することを第一の活動目的にしていない」ことを強調するか、「政府の一部でない」ことを強調するかにあります。なお、国連ではNGO という用語を一般的に使っています。

を針などの鋭いもので突いて目を見えなくした状態を表しているといわれています。これが変化して、「物事を考える能力のない人々」、「権力者に支配されている人々」という意味になりました。したがって、官が民を正しく導くことが必要だという理屈が成り立っていたわけです。しかし、民主主義のもと高度な教育を受けてきた今の私たちは、物事を考える力のない人々でも、権力者に支配されている人々でもありません。つまり、今の私たちは、民の漢字の由来のような状態にはありません。実際はどうでしょうか。これまで、私たち民は、公共経営を官だけの仕事と認識し、自分たちに関わりのないことだと考えてはいなかったでしょうか。公共のことをあれこれ考えるより、官から与えられた公共財・サービスを享受する方が楽だというように考えてはいなかったでしょうか。官は、「自分たちが民のためによいと思った公共財・サービスを黙って享受していればいい」といわんばかりの態度で民に接することはなかったでしょうか。もしそうであるなら、公共経営に関しては、実質上、民の漢字由来の状況そのものが今も体現されているといわれても仕方ありません。

　公共の意味は（ア）よりむしろ（イ）へと変化し、私たちの公共に向き合う姿勢も変化しています。社会全体に関わるのは国や地方自治体に限定されません。いまや社会全体に関わる問題について、国や地方自治体だけではその対策を思いついたり対応したりできないほど、社会は複雑化し経済・社会問題そのものも山積しているからです。それに、もし社会全体に関わることすべてを国や地方自治体だけで処理しようとするならば、莫大な費用がかかってしまいます。大きな財政赤字に苦しむ今の日本の国・地方自治体がすべてに対処することは不可能です。

　したがって、「公共」の意味を（ア）ではなく（イ）ととらえる方が、民が当事者意識をもって公共に深く関与することが求められる現代社会に上手く馴染んでいるといえそうです。

　民を用いた漢字を考えるとき、すぐ思いつくのは人民、国民、市民、公民です。これらの漢字のもつ意味には違いがありますので、ここで少し触れておきたいと思います。人民はふつうの人（人たち）を指しています。国民は

その国に国籍をもった人です。市民はある都市に住む人を指すこともありますが、公民と同じような意味で使われることもあります。公民の意味を辞書で調べると、「選挙権を持ち、政治に参加することのできる人」と書かれています。しかし（イ）の意味で公共をとらえるなら、この本ではもう少し現代社会の現状を考慮に入れて、市民を「公共経営について当事者意識をもち、積極的にそれに関わろうとする人」と定義した方が、より現実を反映していると思います。

3 近代日本の公共——近江商人に学ぶ

　公共に関わる仕事のすべてを官が独占していた時代が終わりに向かい始めたのは、明治維新以降だといわれています。しかし明治維新以前であっても、民は公共のことを何も考えてこなかったわけではありません。政治の世界だけでなく、商いの世界にも「公共」の概念は存在していました。それは近江商人の経営哲学に垣間見ることができます。

　江戸時代から明治時代にかけて、当時近江と呼ばれていた地域（今の滋賀県）に近江商人は誕生しました。近江商人には大きく二つの特色があります。一つは滋賀県近辺だけで商いをしていたのではなく、商売を日本中で行っていたということです。つまり近江地方に留まり商売をした人たちを近江商人とは呼びません。近江商人は、地域で仕入れた商品を大坂や京都で売るという手法（持ち下り商い、ノコギリ方式、諸国物産回しなどといわれています）で、日本全土に販路を広げていきました。日本全体が市場といわんばかりに商売を広域展開していったのです。近江商人の商売のやり方は現代でいうところの商社[3]に近いものがあります。当然さまざまな地域の人たちの異なる価値観を理解し、それを受け入れつつ、彼らから信頼を得ないと、近江商人スタイルの商売はできません。日本全体を市場にしていたということ

3）伊藤忠商事という商社がありますが、この企業を立ち上げたのは、伊藤忠兵衛という近江商人です。伊藤忠兵衛は丸紅の創始者でもあります。他にも近江商人がたくさんいます。NPO 法人三方よし研究所『Q&A でわかる近江商人』サンライズ出版や末永國紀著『近江商人学入門』サンライズ出版を参照して探してみてください。

は、裏を返せば近江商人は多様な価値観を受け入れるだけの度量の大きさを持ち合わせていたといえると思います。近江商人は、その商売のスタイル（行商）のため、商売に訪れる地域で地縁や商縁を育み、高品質の品物を低価格で売るという誠実な商売により買い手の信頼を勝ち取り、その地での商売で得た利益の一部を地域貢献活動のために還元することにより地域コミュニティーの信頼を勝ち取っていきました。

　このようにして商売の機会を拡大していった近江商人だからこそ身についた経営に関する教え（経営哲学）があります。それが「三方よし」[4]という近江商人の商売気質を端的に表した言葉であり、もう一つの近江商人の特色です。三方とは、「売り手」、「買い手」、「世間」のことです。「売り手の自分たちだけが儲かる（私益のみを追求する）商売ではなく、買い手、ひいては世間全体も得（公共の利益：公益）になるような商売をしなさい、そうしないと商売は長続きしません」という趣旨の経営哲学です。近江商人は、質の高い商品を「売って悔やむ」くらいの低価格で売り、買い手に得をもたらすような商売を実践していました。たとえ災害や飢饉などで物不足に陥ったときも、商品の価格をむやみに引き上げることはなかったといわれています。近江商人も商売人ですから、利益の重要性は当然認識していました。しかし、近江商人は「利真於勤（りはつとむるにおいてしんなり）」という言葉を大切にし、利益そのものより、その利益をどのようにして得たのかということに、大きなこだわりをもっていました。「利真於勤」とは、「私利私益のことばかり考えて、価格を本来より高く設定したり、粗悪な品を売ったり、買い占めをしたりなどして、不誠実な商売により得た利益は真の意味で利益とは言わない」という意味です。このような考え方には、近江地方に古くからたくさんのお寺があり、近江商人が信仰を重んじる人々であったことが大きく影響していると思います。また、近江商人は陰徳善事という言葉を大切にしました。これは、「見返りを求めず人の役に立つ行いをしなさい」という

---

4)「三方よし」は近江商人の商売気質を端的に表した言葉ですが、家訓などのなかには出現しません。近江商人の研究者が彼らの商売気質を「三方よし」という言葉で端的に表現し、それが新聞などに取り上げられ広まったといわれています。

意味です。近江商人は、「三方よし」の精神のもと、利益を公共工事、環境問題の改善、教育問題に取り組んだり、若者に起業資金を貸し出したりして[5]、公益に尽くしてきました。

　近江商人の商売に関するポリシーは、「正直」、「勤勉」、「堅実」、「倹約（始末）」などといわれています。買い手の利益のために価格を抑えているわけですから、ぜいたくな生活することなく倹約しなければ、商売は長続きしません。倹約はケチとは違います。近江商人は価値あるものと価値のないものを見分ける目に優れていて、価値あるものには支出を惜しまないといわれていました。また積極的に地域や社会に貢献する活動（世間よし）を実践していたことからも、節約したお金を自分のために使うケチとは違います。

　近江商人は、持ち下り商いを実践するなかで、私益と公益の両方を追求する商売が持続可能な商売であることを経験上学んだのだと考えられます。第7章は企業の社会的責任（CSR：Corporate Social Responsibility）について書かれた章です。企業の社会的責任をごく簡単に説明すると、「企業は自分たちの商品を作ったり販売したりといった企業活動が企業自身だけでなく、企業活動から影響をうけるさまざまな人々や社会全般にとっても利益となるようにする責任がある」という意味です。たとえば、自分たちが儲かりさえすればよいという考えのもとで、商品を作ったり売る過程で水を汚したり空気を汚したり、犯罪の温床を作ったり、人間の健康を害したり、貧困や戦争、経済恐慌を招いたり、人間だけでなく動物や植物、ひいては地球全体に悪影響を及ぼすようなことをする企業は社会的責任を果たしている企業とはいえません。企業の社会的責任を果たせない企業は、たとえ短期的には儲かっても、長期的には人々の信頼を失い、大損するかつぶれてしまいます。

　この企業の社会的責任に関する考え方は、近江商人の「三方よし」と大き

5）今も昔も若者がベンチャー企業を立ち上げるときの大きな壁は、起業のための資金集めです。近江商人たちが残した商売に関するさまざまな資料のなかに、「出世証文」というのがあります。出世証文は、商売が成功した時は必ず借りたお金を返済することが記された借用書です。一般的に起業してまもない時期には、なかなか利益は得られないものです。しかし、借金の返済日は容赦なく迫ってきます。そこで、近江商人は商売人の厳しい目で、起業家のアイディアを審査して、これは成功しそうだと思えば、将来の成功を見込んで資金を貸し出していました。

くは変わりません。アメリカでは、1990年代の後半から企業の社会的責任が問われるようになり、社会的責任を果たしていない企業の株価や顧客信頼度が下がるなどの傾向が見受けられるようになりました。日本でもアメリカに追従するかのように、企業の社会的責任が問われるようになりましたが、近江商人は表現こそ違えど、江戸時代から企業の社会的責任を果たし、その重要性を家訓として子孫に伝えてきたといえます。ただ「三方よし」にみられるような公共を意識した経営哲学が常に日本の公共を常に支えてきたかといえばそうではありません。私益のみを追求するあまり、人権問題や公害問題などを引き起こし、公益を損ねた悲しい歴史もあります。また現在に至ってもなお、消費期限や内容物の偽装問題、ブラック企業の横行、違法行為や倫理的に問題のある行為など、企業不祥事が後を絶ちません。いま一度、私たちは近江商人の「三方よし」の経営哲学を見直す必要があるのではないかと思います。

　官と民、政策立案者（政治家）それぞれが公益の追求を念頭に、それぞれの社会的役割を全うし、一方でそれぞれが当事者意識と責任を担って公共経営に関与し、議論を交わしながら国が進むべき最善の道を探っていく、そんな時代が到来しています。「三人よれば文殊の知恵」ということわざがあります。一人で考えてはわからない難題も、三人で考えれば、あたかも「知恵の象徴である剣」をもった文殊菩薩（左上写真）のように、素晴らしい考えが生まれるという意味です。官、民、政策立案者の三者がそれぞれの社会的役割を果たしながらお互いの利益（私益）も尊重しつつ、公益も最大化する術を備えた社会を構築していくことが、これからを生きる私たちの役割であり、多くの人を幸せにする公共領域づくりのポイントであるといえそうです。

4　公益に資する行動とは

　「公共の利益（公益）」のために私たち民ができることは何でしょうか。「私

たちも、これからは責任ある市民として、当事者意識をもって公共経営に関与しなければならない」といわれても具体的に何をすればいいかよくわかりません。この入門書を読んで公共経営についての理解を深めたあと、私たちは公益のために、いったい何ができるのでしょうか。

　この本の読者には選挙権がある人とまだない人とがいると思います。「公民」という言葉の意味を思い起こしてください。公民とは、「選挙権をもち、政治に参加することのできる人（たち）」のことでした。したがって公民にとっての公益に資する行為のひとつは、投票を行うことです。令和3年（2021年）10月31日に実施された第49回衆議院議員総選挙の全体投票率は55.93％でした。この時の有権者数は1億562万2,758人であったため、投票を行わなかった人の数は約4,655万人にのぼります。図1は、衆議院議員総選挙における投票率の推移を示したグラフです。2014年以降、過去3回の衆議院議員総選挙では投票率の改善が見られましたが、それでもなお、20代の投票率は60％未満にとどまり、18歳と19歳の新たに投票権を得た若者

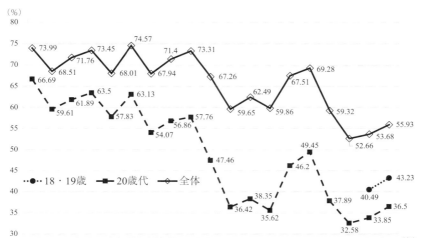

図1　衆議院議員総選挙における投票率

出典：総務省選挙部によるデータを参考に執筆者が作成

の過半数も投票に参加しなかったことがわかります。

　しかし、日本の選挙権に関する歴史を振り返ってみると、これほど多くの有権者が棄権するほど、たやすく選挙権を手に入れたわけではありません。日本人が選挙権を獲得した当初は、選挙権をもつことのできるものは、一定の納税ができる裕福な男子だけでした。女子の選挙権獲得は男子の選挙権獲得から遅れること 46 年、日本が第二次世界大戦に負けてポツダム宣言を受諾した 1945 年からです。このときようやく 20 歳以上のすべての男女に選挙権が認められました。そして 2016 年以降は 18 歳以上の男女に選挙権が認められています。婦人参政権獲得に尽力した平塚雷鳥や市川房江の活動はあまりにも有名です。自分の一票くらいでは社会は変わらないと思う気持ちもわかりますが、選挙権に関する日本の歴史をみると、私たち一人一人がもつ 1 票は、簡単に棄権できる 1 票ではありません。多くの先人たちが、政治に意見を言えるような世の中へと変えたい一心で闘い、命懸けで勝ち取った、とても重い 1 票なのです。

　一方、選挙権をもっていない 18 歳未満の若者たちは、どうやって公共に関わることができるでしょうか。たとえば、国・地方自治体と同じように、さまざまな経済・社会問題の解決に取り組む NPO（非営利組織）を応援するのはどうでしょうか。1995 年の阪神・淡路大震災では国・地方自治体に比べ機動性に富む NPO の目覚ましい活動が、頻繁にマスコミや新聞等で取り上げられました。NPO を応援する典型的な方法は、NPO に寄付することや NPO でボランティアをすることです。NPO にとって寄付とボランティアはそれぞれ、重要な活動資源と労働力であり、その NPO の活動がどれだけ多くの市民に支持され、社会にとって重要な存在であるかを示す証拠でもあるといわれています。しかしながら実際のところ多くの NPO が寄付を重要な収入源としつつも、寄付だけに頼ることができない状況にあります。図 2 を見てください。これは日本の一世帯当たりの平均寄付額を表したグラフです。阪神・淡路大震災、新潟県中越地震、東日本大震災など、災害の発生した年とそうでない年の寄付額を比較すると、日本人の寄付行為の特色がみて取れます。すなわち災害が発生した年は寄付にかなりの勢いがありますが、

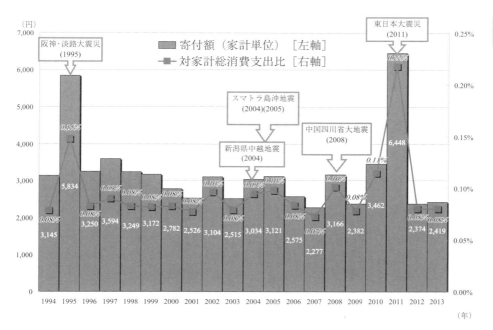

図2　家計消費に占める寄付額

出典：総務省統計局による各年の家計調査をもとに執筆者が作成

　その熱はすぐにさめ、速いスピードで平時の寄付額に戻ってしまいます。この平時の額はアメリカの一世帯当たりの年間平均寄付額の 10％ 程度にしかすぎません。もっと多くの人々が寄付をしたくなるように、納税の面で優遇する寄付税制をもっと魅力的なものにすることが望まれます。一方、寄付したお金がどのように使われているのかはっきりさせて寄付の透明性を増すなど、NPO 自身が取り組まなければならない課題もあると思いますが、国・地方自治体と協力したり競争したりしながら、より質の高い公共サービスを供給しようと頑張っている NPO をもっと応援してもよいのではないかと思います。寄付やボランティア活動は、選挙権をもたない若者が簡単にできる「世間よし」のための一つの手段です。

　そのほかにも公益に資する行動があります。たとえば、お年寄りや身体障

がい者、妊婦などに席を譲るなど、ちょっとした他者を思いやる行動をとることです。多くの人がこれを行えば、社会にとって大きな公益となり、人にやさしい社会ができあがります。また、健康を意識した生活をおくり、生活習慣を改善することにより、健康寿命を全うし、医療費削減に寄与することも公益に資する行動といえるでしょう。ハーバード大学のイチロー・カワチ教授によると、格差社会をなくし、人と人との絆を大切にする社会を築くことで、人々は健康で長生きすることができるそうです。阪神・淡路大震災や東日本大震災の際に日本人の助け合いの心や誠実な態度、整然とした行動が世界中の人々から称賛され、そのことを日本人は誇りに思っています。学生の間だけでなく社会に出てからも、皆が自分の能力の向上のための努力を継続し、エンプロイアビリティ（雇われる力）を培うことも、国全体の生産性を高めると同時に、失業率の低下につながると思います。小さな子どもであっても、社会のルールをしっかり守り、他者に迷惑をかけない行動をとることはできます。これも立派な公益に資する行動です。「お互い様」や「情けは人の為ならず（人に情けを掛けておくと、巡り巡って結局は自分のためになる）」といった気持ちをもって、他人と接することのできる子どもたちを育てることもまた公益に資することになります。

5 公共経営学の核心にせまる前に

　この章では公共経営学とは何かということについて、まずは定義づけを行うことから始めました。そして、日本人の公共に関する独特な考え方の起源をみていくことで、この定義の意味を理解する助けとしました。この章の大きなポイントは、公共経営を担う主体は官だけではなく、私たち民と、民が構成するさまざまな民間組織だということです。そして、一人であってもできる公益に資する行動もあるということです。

　最後にもう一度、公共経営学の定義を再掲します。

公共経営学とは、「官と民の両者が公共経営の主体であるという共通認識のもと、両者が協力しながら、私たちがもつさまざまな共有資源を有

効活用し、あまねく人々に対して効率的に公共性の高いサービスを供給するための考え方やノウハウを学ぶ学問」です。

　この定義をもう一度しっかり考え、今度はこの定義を自分の言葉に変えて表現してみることをお勧めします。これによりこの定義がしっかり理解できているか、確認することができます。また、公共経営学とは何かということについて、他人に上手に伝えることができるか試してみることも、公共経営への理解を深める一助となると思います。

　第2章以降からは、公共経営学の核心をなす考え方や理論、さまざまな公共領域で実践されている公共経営の新しいカタチについて解説したいと思います。

（桝永佳甫・山内直人）

第2章

政府と市民社会

1 政府の機能の変遷

1.1 政府の役割と私たちの生活・人生

　私たちの多くは病院で生まれて、病気の時も診療所や病院に行きます。大きくなると保育所または幼稚園に通い、小学校と中学校で義務教育を受けます。その後は高等学校に通い、大学に進学することもあります。日常生活ではごみ収集サービスや上水道・下水道を利用して、移動には道路や交通機関を使います。公園、スポーツ施設また文化施設を利用することもあるでしょう。公営・公団住宅に住むこともあるでしょう。犯罪が起これば警察が来ること、火災の時には消防が来ることを期待し、地震・津波・豪雨などの災害時には地方自治体などの救援を求めます。将来、失業すると失業手当あるいは生活保護を受けることがあり、障害者や高齢者になって生活・介護の支援サービスを受けることがあるかもしれません。

　こうしたサービスは当たり前にあると思うかもしれませんが、現実には政府が公共サービスや公共施設として提供したり政府が関与して維持されたりしています。

　政府とは国家の統治機構であり、広義には立法、行政、司法のすべてを含みますが、狭義では行政機構を指します。立法機関（国会）では選挙で選ばれた国会議員が国の法律や予算を審議します。行政機関は議会が決めた法律や予算に沿って仕事を行います。司法機関（裁判所）は法律によって紛争を解決し、行政の政策に法令違反がないかを判断します。こうした三権分立

16

は、権力の集中による独裁をさせないための仕組みです。

　ただ20世紀以降、先進諸国では、行政機構の専門性が高まり優位になったために、政府は行政府と同義にとらえられることが増えてきました。このためここでは政府は行政機構と同じと考えることにします。

　政府の主な役割には、①公共財の提供、②所得の再分配、③経済の安定化があります。①の公共財とは社会にとって必要だけれども民間の市場だけでは提供できない社会的インフラ整備、警察・消防や防衛、教育、福祉などを意味します。②の所得の再分配とは貧富の格差を少なくするために、高額所得者がより多く負担して所得の低い人に給付することです。③の経済の安定化は税金や公共事業を増減させて景気を安定化させることです。政府の役割は他にもありますが、ここでは①の公共財の提供に注目していきます。

　なお私たちが暮らす社会にとって必要なモノやサービスである公共財は、政府だけが提供しているわけではありません。市民社会といわれる民間の活動もさまざまな役割を担っています。以下では、こうした政府の役割を確認したうえで、政府と市民社会との関係について考えていきます。

2　政府の機能の拡大

2.1　夜警国家から福祉国家へ

　国家には、最低限の治安維持だけを行う消極的な夜警国家と、国民の生存権や幸福の追求権を積極的に果たす福祉国家という二つの考え方があります。福祉国家という考え方は、第二次世界大戦中のイギリスで「ゆりかごから墓場まで」の社会保障が構想された時に登場しました。その後、他の先進諸国も福祉国家を目指して、さまざまな形で政府の機能を拡大させてきました。今日では先に述べたように、私たちが人生で直面する病気・失業や災害などのリスクを政府がカバーしたり、より良い生活のためにさまざまな公共サービスを提供したりすることが一般的になっています。

■2.2　近代的政府の成立

　日本では明治時代に近代的な政府・行政機関が成立しました。ただ当時の政府の役割は非常に限定的でした。学校や公民館また道路などの公的施設を、地域の有志が私財を投じて整備したという話が各地に残っています。傷病者や貧困者また孤児などは、親族や近隣で助け合うことが基本でした。

　その後日本は、欧米列強の帝国主義に対抗して、日清・日露戦争そして第一次世界大戦に参戦し第二次世界大戦に突入していきます。戦前の国家財政の7割以上は軍事費に費やされました（大蔵省『大蔵省史』）。また政府主導で企業・地域住民組織をも巻き込んだ挙国一致体制を敷き、1940年には大政翼賛会が設立されました。

　しかし第二次世界大戦は、大多数の犠牲者を出して敗戦に終わります。戦後、財政・金融は破綻して社会は大混乱し、多くの国民が貧困などに苦しみ続けました。こうしたなかで政府は、GHQ（連合国軍最高司令官総司令部）の主導により大胆な民主化を進めていきます。1946（昭和21）年に「国民主権」「基本的人権の尊重」及び「平和主義」を原則とする日本国憲法が制定されて、新しい人権の考え方が示されて、社会保障制度や義務教育制度などが整備されていきました。また戦前の挙国一致体制につながった権力集中をなくすために、中央省庁が再編されて、地方制度や警察制度も再編されました。

■2.3　高度経済成長と政府の拡大

　その後政府は、経済を立て直すために基幹産業を育成し産業立国を目指します。1950年代からは高度経済成長が始まり税収も増加したために、上下水道や公営・公団住宅、鉄道・港湾・飛行場や道路などの社会基盤整備を急速に進めました。中高等教育への進学率が上がったために学校施設も次々増やしました。社会保障制度も整備されていきます（第9章）。

　戦後の高度経済成長は、人々の生活水準を着実に高めて、一億総中流社会とも言われるようになりました。内閣府『国民生活に関する世論調査』によ

ると、1970年代に「ものの豊かさ」より「心の豊かさ」を重視する人々の割合が上回り始めました。このため人々のニーズも高度化していき、1970年代頃からは高等教育やスポーツ・文化・余暇などに関わる政策が増えていきました。1980年代後半からのバブル経済もこうした動きを後押ししました。

　1990年代になると高齢化社会への対応が社会的な関心事となり、高齢者福祉が拡大されていきます。またこの頃から少子化の進行が顕著になり、日本は超少子高齢社会・人口減少社会に移行していくことになります（第9章）。

　一方で2000年代以降、バブル経済の崩壊による日本経済の低迷やグローバル化の影響で、社会の貧富の格差が顕在化していきました。昔の話と思われていた貧困が表面化して、子どもや若者の困難も社会問題化してきました。

　未曽有の大災害も増えてきました。1995年の阪神・淡路大震災を皮切りに、2011年には東日本大震災により甚大な被害が広範囲に及んだほか、近年では地球温暖化に伴う豪雨災害なども多発しています。

　さらに高度経済成長期より地方から都市に人口が移動したことで過疎問題が続いてきましたが、2010年代以降には将来的に消滅する恐れがある地域も出てきました。都市化やネット社会が進んだことによる人間関係の希薄化や孤独も問題になっています。近年は超少子高齢化が一層深刻になり、若者の非婚化や核家族の中での孤立した子育てなどが問題になってきました。

　このように時代と共に変わるさまざまな社会的課題について対策を講じ、公共サービスや公共施設を整備する役割を果たしてきたのが政府・行政機関です。

■2.4　国家財政からみる今日の行政の姿

　公共サービスの一つである国公立学校の義務教育は無償で提供されています。無償で利用できる公共施設として図書館などの文化施設やスポーツ施設もあります。ただ公共サービスや公共施設にも費用はかかります。たとえば、公立学校の児童・生徒が小学校から高等学校までで受ける1人当たり年間教育費の合計（令和3年度）は1,211万円になります。警察・消防費（令

和3年度)の国民1人当たり費用は約42,201円、ゴミ処理費用(令和3年度)の国民1人当たり費用は約19,429円とされています(国税庁website)。

これらの公共サービスや公共施設を提供するための国家予算をみると、2023(令和5)年度の一般会計歳出総額は114兆円に上ります。1975年度の一般会計歳出総額は20.9兆円であり、物価上昇率を考えても国家財政は拡張し続けてきたことがわかります。

2023(令和5)年度の一般会計歳出の目的別内訳は、社会保障費(32.3%)、防衛費(5.9%)、公共事業(5.3%)、文教及び科学振興(4.7%)などです(図1)。社会保障費は年金、医療、介護、少子化対策、社会福祉、保健衛生などを含みます。文教費は義務教育や高等教育などを含みます。公共事業とは道路・

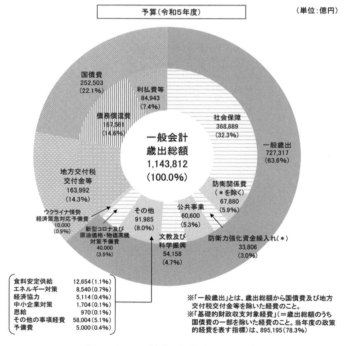

図1 2023(令和5)年度の国家予算
出典:財務省「日本の財政関係資料(令和5年4月)」1頁

2 政府の機能の拡大

表1 一般会計歳出等の目的別割合の推移（当初ベース、％）

年度	1975	1995	2015	2023
社会保障関係費	18.4	19.6	32.7	32.3
文教・科学振興費	12.4	8.6	5.6	4.7
地方交付税等	20.7	18.6	16.1	14.3
防衛関係費	6.2	6.7	5.2	8.9
公共事業関係費	13.7	13.0	6.2	5.3

出典：財務省「日本の財政関係資料（各年）」から作成。

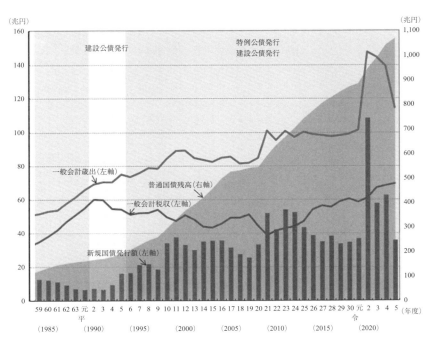

図2 一般会計歳出・税収と国債発行額

出典：財務省「日本の財政関係資料（令和5年4月）」58頁

交通基盤整備また治山治水事業などです。このほか国債費（22.1%）と地方交付税交付金等（14.3%）がありますが、詳しくは後に述べます。

目的別費用の割合の推移をみると、1990年代までは公共施設などの社会基盤整備の割合が増え続けましたが、2000年以降は高齢者福祉などの社会保障費の割合が大きく増えています（表1）。2023年度の社会保障費の割合は1975年度（18.4%）の2倍になった一方で、2023年度の公共事業費の割合は1975年度（13.7%）の半分程度になり、文教・科学費の割合も1975年度（12.4%）の半分程度です。近年では公共事業よりも防衛費の方が多くなっています。

もう一つ注目すべきことは、国債費の大きさです。1975（昭和50）年以降、一般会計歳出は一般会計の税収を上回っており、その差額を借金（公債）で埋め続けてきました（図2）。この間に国債費は積み重なって2022（令和4）年度までに累計で1,000兆円を超えました。日本の債務残高の対GDP比は2023年時点で258%であり、先進諸国の中では第1位であり、第2位のイタリア（140%）、第3位のアメリカ（122%）と比べても突出しています。

■ 2.5 行政改革とNPM オイルショック・バブル経済崩壊を超えて

こうした国家財政の赤字は、オイルショックによる世界的な景気後退が起こった1970年代に始まりました。財政赤字対策として政府は1981年に第二次臨時行政調査会（臨調）を設置して、行政改革を始めます。基本方向を「官から民へ」「国から地方へ」として、三公社（JR、NTT、JT）が民営化され、社会福祉や文教関係の補助金等の整理合理化も行われました。

行政改革はその後本格的に動き始めて、1996年には行政改革会議が設置されて、内閣機能の強化、中央省庁の再編、独立行政法人化及び特殊法人改革などが実施されました。独立行政法人制度とは国立の大学や病院などの事業を行政部門から独立させて、自律的かつ効率的な事業化を目指す仕組みです。高度経済成長期に公共サービスや公共施設整備を進めるために設置された準公的機関である特殊法人の再編・合理化も行われました。

2001 年には「大きな政府から小さな政府へ」「官から民へ」「中央から地方へ」を掲げた構造改革が始まりました。ここでは硬直した予算の見直しや公共サービスの一層の民営化が進められ、公共施設の管理運営を民間事業者に開放するために「指定管理者制度」(2003 年) や「市場化テスト」(2006 年) が導入されました。行政改革推進法 (2006 年) では、公務員の総人件費抑制 (5 年間で国家公務員を 5％以上、地方公務員を 4.6％以上純減する目標)、政府の資産・債務改革、独立行政法人改革などが定められました。2007 年には郵政民営化も実施されました。

一連の行政改革では、民間企業の経営手法を積極的に取り入れる NPM (新行政管理) という管理手法が広がっていきました。NPM は、行政の現場に競争や業績評価などの仕組みを取り入れて、より安価で質が高い公共サービスを実現することを目指す手法であり、イギリス・アメリカが先行して世界的に広がっていきました。代表例は、公共サービスを民間事業者に委託したり、政府機関を民営化したりすることなどです。この路線のもとで、ごみ収集や施設清掃また学校給食などの公共サービスの民間委託が増え、三公社や郵便事業の民営化などが実施され、公の施設の指定管理者制度も導入されました。さらに近年では、民間企業が企画段階から公共サービスの運営に関わる PFI などの公民連携も導入されて手法は多様化しています。詳しくは後述しますが、公共サービスの提供者として民間の企業のみでなく、市民社会を構成するさまざまな民間団体も参加するようになりました。

3 国・地方の政府間関係と地方自治体

3.1 国と地方自治体〜地方自治の本旨

次に公共サービスの提供や公共施設の整備を実際に行う実施主体についてみていきましょう。日本の政府には国の政府と地方の政府があります。国の政府の役割はこれまでみてきたとおりですが、私たちが身近に接している公共サービスや公共施設を実際に提供しているのは、多くの場合、地方の行政機関である地方自治体 (地方公共団体) です。

地方自治体は、一定の地域における行政の担い手であり、国とは独立した存在です。地方自治体は地域の政治・行政組織として地方政府とみることもできますが、ここでは通常使われる地方自治体という用語を使います[1]。

　日本の地方自治体は市町村と都道府県の二層で構成されています。市町村は基礎自治体といわれており住民に最も近いところで、ごみ処理、上下水道、小中学校、国民健康保険、生活保護、介護保険、消防、公園・緑地や図書館・公民館などの幅広い業務を行っています。都道府県は市町村内では解決できない道路・交通などのインフラ整備や都市計画、また広域的に調整が必要な福祉・保健、警察などの事業を担っています。

　なお市町村のなかには都道府県の権限の一部を担っている政令指定都市や中核市という制度があり、また市町村の人口は数百人の村から300万人を超える大都市までと相当異なります。都道府県のなかでは東京都は基礎自治体の業務の一部を広域的に担う特殊な制度です。こうした多様性を抱えながら地方自治制度の下で運営されています。

　市町村・都道府県制度は戦前から存在しましたが、戦前の都道府県は国の下部機関でした。国が市町村に業務を委任する体制で、市町村の首長は上級官庁の承認が必要でした。このために戦後に GHQ は、日本を民主化する手段として新たに地方自治制度の導入を進めました。日本国憲法 92 条において地方自治が定められて、住民の意思による自治と国から独立した団体として自らの意志と責任で自治を行うことになりました。また地方自治法では、住民に身近な行政はできる限り地方公共団体に委ねることが基本であり、国は国家の存立に関わる事務や全国的な規模で行う施策・事業を重点的に担うと定められています。

■ 3.2　財政からみた地方自治体の姿

　しかし日本は中央集権国家であり、地方自治体は国の下部機関と考えてい

1）国の政府は議院内閣制で、国会議員の中から内閣総理大臣が選出される一元代表制であるのに対して、地方自治体は首長も地方議会議員も共に選挙で選出される二元代表制です。

3　国・地方の政府間関係と地方自治体

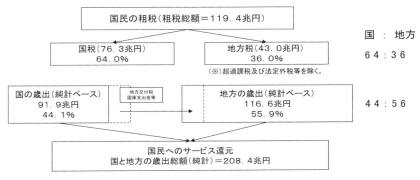

図3　国と地方の税財源配分と地方歳入の状況（令和4年度）
出典：総務省「国と地方の税財源配分と地方歳入の状況」

る人たちは少なくないでしょう。その理由は、国と地方の関係と役割分担のあり方にあります。

地方公共団体の歳入の主な財源は、(1) 地方税及び (2) 国から配分される国庫補助金及び地方交付税交付金などです（図3）。地方交付税交付金とは、各々の地方自治体で必要な行政経費の不足分を、国が全国的に調整して配分する資金であり、用途は自由です。国庫支出金（負担金・補助金・交付金[2]など）は国の各省庁が特定の政策ごとに目的や使途・条件などを定めて配分します。こうした財源移転を含めた歳出をみると、地方公共団体の予算総額は国の一般会計予算を上回り、2022（令和4）年度は国の歳出は91.9兆円で地方の歳出は116.6兆円でした。

2022（令和4）年度の国と地方の支出割合を目的別にみると、地方は、保健所やごみ処理などの衛生費では88％を占め、小中学校や幼稚園などの学校教育費では85％、司法警察消防費では77％、社会教育費では65％、老人福祉施設や児童福祉施設などの民生費では69％、都市計画や道路や橋の建設などの国土開発では74％を占めています（図4）。

2022（令和4）年度の都道府県の歳出の目的別内訳は、教育費（16.3％）と

---

[2] 負担金は法律に国の負担が明記された義務的なもの。補助金は国が負担できるとされた裁量的なもの。交付金は地方に裁量を持たせた補助など。

25

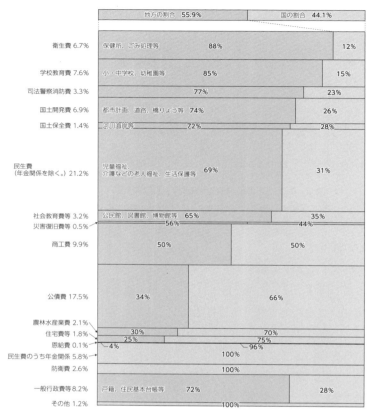

図4 国・地方を通じた目的別歳出純計額（令和4年度）

出典：総務省「令和6年版地方財政白書」第2図

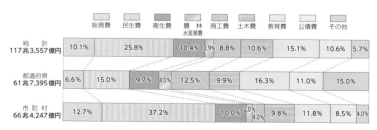

図5 地方自治体の歳入決算額の構成比（令和4年度）

出典：総務省「令和6年版地方財政白書」第10図

民生費（15.0％）、商工費（12.5％）などです（図5）。都道府県は義務教育の教員人件費を負担しているため教育費が多くなっています。民生費の割合は2000（平成12）年度は7.7％、2010（平成22）年度は13.1％であり、年々増加してきています。一方、土木費は2000（平成12）年度は19.1％を占め、2010（平成22）年度は11.7％を占めていましたが、2022（令和4）年度は9.9％と近年減少し続けています。

　2022（令和4）年度の市町村の歳出では、最も多いのは民生費（37.2％）です。民生費が歳出に占める割合は、2000（平成12）年度は20.4％でしたが、年々増加し続けており、市町村が社会保障政策の中心的な担い手であることがわかります。一方、市町村の土木費の割合も都道府県や国（公共事業費）と同様に減少傾向にあります。

■ 3.3　国による地方の統制

　ただ国と地方の財政支出の規模と、国と地方の役割の大きさは同じではありません。国税は地方税よりも多く、そこに地方自治体に財源を配分する時に国の政府の意向を反映させる仕組みがあるためです。国の各省庁では、学校教育や児童・障害者・高齢者福祉、保健所、消防、警察、道路・港湾・公園や上下水道などの公共施設や公共サービスのために、個別の国庫負担金・国庫補助金・交付金などの制度を持っています。

　都道府県に対する国庫支出金は、義務教育国庫負担金のほか普通建設事業費支出金、社会資本整備総合交付金などです。市町村に対する国庫支出金は、生活保護費負担金、児童保護費等負担金、障害者自立支援給付費等負担金などです。

　地方自治体は地方税などの自主財源が少なく、課税自主権も実質的に認められていないので、国からの財源供給が必要ですが、国の助成制度には事業の内容・要件また実施方法などの細かい規定があり、地方自治体が独自の政策を進め難いことがあります。省庁や制度の縦割りにより、複数の事業を束ねる工夫ができないこともあります。また地方自治体の経常収支比率（経常収入に義務的な経費が占める割合）は90％以上が続いています。

さらに国が地方自治体の仕事を監督したり、業務の内容や手法を一律に決めて柔軟な対応ができないこともあります。後で述べる 2000（平成 12）年の地方自治法改正まで、地方自治体の事務には団体固有の事務（団体事務）と国の機関の一部として行う事務（機関委任事務）がありました。また国が法令などにより地方自治体の業務の内容や手法を縛る義務付け・枠付けや、特定業務に関わる職員の資格・配置の必置規制もありました。このように地方自治体は自律的また自主的な運営を行う手段を持たない行政機関という側面もありました。

■3.4　中央集権体制に対する異議

このような国の中央集権的な行政に対しては、1970 年代頃から批判がありました。高度経済成長期に人口が急増した大都市では生活環境が悪化し、環境破壊や公害などが各地で起こるなかで、効率優先で全国的・画一的な行政ではない「地方の時代」が地方自治体の首長から提唱されて、地方独自の政策やまちづくりが相次ぎました。国の政策に先駆けて、消費者行政が始まったり、障害者のためバリアフリーの整備要綱や条例が整備されたり、1980 年代からは住民参加の基礎になる行政の情報公開条例などが制定されて、全国的な展開につながることもありました。

また行政主導の都市計画により道路・交通機関や公共施設などのハード整備を行うだけではなく、住民自身が地域のために福祉や教育また地域の魅力発信などに関わることを重視する "まちづくり" という概念がこの頃から広がっていきました。

■3.5　地方分権改革

ただ地方重視の建前と国の政府の強い統制というズレは、長年解消されなかったために、1990 年代から地方分権改革が始まりました。2000 年の地方分権法では、先に述べたような地方の仕事を監督する機関委任事務と団体事務が見直されて、自治事務と法定受託事務に再編されました。また地方自治体が独自の判断でできる仕事が増えることになりました[3]。同時に、規模の

拡大により行政を効率化するため市町村合併も進められました[4]。

さらに財政を通じた国の関与を減らして、地方の自律性・自主性を実質的に高める名目で「国庫補助負担金の廃止・縮減」「税財源の移譲」「地方交付税の一体的な見直し」を行う「三位一体の改革」が進められました。

ただ結果的には、地方税が3兆円増えた一方で、地方交付税が減り補助金等も整理されて、地方の税源は縮小し、小規模な市町村の疲弊が進みました。また形を変えて国の地方に対する関与は続いているといわれています。

なお日本の行政の規模は欧米に比べて小さいことが知られています（OECD Government at a Grance）。この小さな政府が他の先進国と同様の公共サービスや公共施設を提供するために、中央政府は行政の業務を代行する特殊法人や公益法人を多数設立したり、地方自治体を手足のように使ったりしてきたともいわれています。さらに政府以外の民間の役割も大きく、後に述べるとおり、市町村では住民が構成する町内会・自治会などを活用して公共サービスの効率化を図ってきた経緯もあります。このように国と地方の政府の関係や役割分担は、一筋縄ではいかない道をたどりながら、私たちの生活の安心と安全のためにさまざまな仕事が進められています。

4 政府と市民社会：ガバメントからガバナンスへ

■4.1 政府の限界とガバナンス・市民社会

ただ社会の課題に関わるのは、国や地方の政府だけではありません。そこにはさまざまな民間の活動も関わっており、こうした活動は市民社会と呼ばれることがあります。市民社会とは、国家の主権者である近代的市民が自由で平等な立場でつくる社会を意味します。また市民とは、特定の地方自治体などの住民ではなく国民国家の国民全体を指します。近年では社会のために

---

3) 地方自治体に対する国の関与は類型化されて、各省庁の関与は大幅に制限され、必置義務や義務付け・枠付けなどの統制も整理されました。
4) 過去にも市町村の大合併はあり、市町村制の施行に伴う戸籍、教育、土木などの業務に対応するために明治の大合併が行われて、戦後の地方自治制度の下で中学校、消防、衛生・福祉などの業務が増えた時に昭和の大合併が行われました。

自発的に行動する人々のことを総称して市民社会ということが多いようです。

　この市民社会と政府の関係は変わり続けてきました。その主な理由としては、①代議制民主主義の機能低下、②政府の能力の限界、③市民社会の発展が挙げられます。

　①の代議制民主主義とは、国民が主権者として、国会議員、地方自治体の首長、地方議会議員を選挙で選ぶことにより、市民の意思を政治や行政に反映させる制度です[5]。ただ市民の意思や要望と、政治家の思惑はいつも同じとは限りません。

　このような政治的参加のほかに、住民アンケートや住民モニターを実施したり、審議会や委員会などに住民が参加したり、行政計画策定などのために公聴会や住民集会などが求められることもあります。ただこうした住民参加などは、形式的な参加に止まることもあります。このため近年では、市民の声や力を実質的に反映させる仕組みが求められるようになってきました[6]。

　②の政府の能力の限界については、問題解決はより身近な単位で行うことが望ましいとする「補完性の原理」という考え方があります。地域の課題に取り組むのは、国よりは地方自治体の方が、地方自治体よりも身近な地域や住民組織などの方がうまく対処できることを意味します。戦後の民主化と経済成長の中で、地方自治や住民参加は着実に育ってきた面もあります。

　2000 年頃から先進諸国では、ガバメント（政府）からガバナンス（統治）へという概念により説明されることが増えてきました。ガバナンスとは、政府だけが中央集権的に政策を決めて実施するのではなく、そこに市民社会などが広くステークホルダー（利害関係者）として関わり、政府関係者や民間の関係者が相互に調整しながら政策を決めて実行する、言いかえると統治の機能を担うという考え方です。

5）地方自治体の首長の解任や議会の解散、条例の制定改廃を住民が直接請求できる制度がありますが、利用するためのハードルが高いために、頻繁に利用されてはいません。

6）アーンスタインの「参加のはしご」論によると、市民参加には①操作、②なだめ、③懐柔、④警告、⑤協議、⑥パートナーシップ、⑦権限移譲、⑧市民のコントロールという発展段階があります。このうち①と②は非参加であり、③④⑤は形式的な参加、⑥⑦⑧は市民権力と位置付けられています。

現代の社会では、社会経済のグローバル化や環境問題など国境を超える複雑な課題が増えており、経済活動の停滞、経済格差や地域格差の拡大、急速に進む少子高齢化や IT 化に伴って人々のニーズや社会問題は多様化しています。こうした社会的な課題については、政府にはないさまざまな知識や経験また市民の声を知る市民社会が実質的に政策形成や政策の実施に関わる方が、より多くの人々が納得する形で効果的に社会問題に対応できるという考え方が広がってきているのです。

③については、現実に社会の課題を解決するために主体的に関わりたいという人々が増えて、さまざまな分野で経験を積み成果を上げる人々や団体が増えてきた実態があります。生活者、労働者として社会の課題や困難に直面しながら、自由で平等な立場で国家の主権者として自発的に行動する市民社会は、柔軟性や独創性がある活動であると期待されており、ガバナンスを機能させる一つの鍵が政府と市民社会との連携と考えられています。

■4.2 日本の市民社会の位置付けと新たな担い手

ガバナンスは比較的新しい考え方ですが、政策の決定と政策の実施という二つの面に市民社会が関わることは、日本では以前からさまざまな形でありました。そこで以下では、これまでの政策における市民社会の位置付けと担い手の変遷について詳しくみていきます。

一つめの政策の決定に関しては、行政に住民の意思を反映させるために、1960 年代から盛んになった反公害や反開発などの反対型の住民運動及び教育・福祉施設などの増設を求める要求型の住民運動が挙げられます。こうした住民運動は、市民の行政参加を進めるきっかけになりました。1970 年代になると景観保存運動や町並み保存運動などが始まり、1980 年代以降になると障害者運動や女性運動などの社会的課題に関わる運動も出てきました。この頃から自らが率先して国際協力や福祉やまちづくりなどの活動を行う人々も出てきました。こうした活動は市民活動と呼ばれることがあります。市民活動は主体的で自律的な活動と説明されることが多いようです。

その後 1995 年の阪神・淡路大震災において、全国から集まった救援ボラ

ンティアの活躍が大きな注目を集めました。このことがきっかけになり、民間による社会貢献の意義が知られて、自律的な市民活動を支援する特定非営利活動促進（NPO）法が 1998 年に制定されることになりました。以来、特定非営利活動（NPO）法人は年々増加し続けて、2023 年時点では約 5 万団体が認証されています。

二つめの政策の実施についてもさまざまな事例があります。先に見たとおり、NPO・市民活動に対する評価が高まってきたなかで、政府は NPO・市民活動・コミュニティと連携する事業を増やしてきました。2000 年初頭には地方自治体では「協働事業」を行う例が増えて、2010 年からは「新しい公共」支援事業という大規模な NPO 等の基盤整備事業なども全国的に展開されました[7]。今日では政策の実施面において、NPO・市民活動・ボランティアが担い手になり、さまざまな政策分野で重要なプレイヤーと位置付けられることが増えてきていることは間違いありません。（第 9 章参照）

■ 4.3　市民社会のもう一つの担い手

なお先にみた NPO・市民活動などは比較的新しい市民社会の担い手であり、日本にはこれらのほかに伝統的な担い手がいます。それは自治会・町内会などコミュニティ組織（地縁団体）です。

自治会・町内会は、ゴミ収集所の管理や公園の清掃、防犯、防災、スポーツ、祭りなどに住民が共同で取り組む母体であり、多くの地域に存在しています。とりわけ地方自治体は、自治会・町内会などコミュニティ組織を長年にわたり住民側の代表的な団体と位置付けてきました。コミュニティ組織へ

7）NPO 等の基盤整備に大規模な支援が「新しい公共支援事業」（2010 年度）及び「地域社会雇用創造事業」（2010 年度〜2012 年度）などで行われました。「新しい公共」とは、「「官」だけではなく、市民の参加と選択のもとで、NPO や企業等が積極的に公共的な財・サービスの提案及び提供主体となり、医療・福祉、教育、子育て、まちづくり、学術・文化、環境、雇用、国際協力等の身近な分野において共助の精神で行う仕組み、体制、活動など」と定義されて、公費支援対象は「特定非営利活動法人、ボランティア団体、公益法人、社会福祉法人、学校法人、地縁組織、協同組合等の民間非営利組織（いわゆる「NPO 等」）」とされました（内閣府「新しい公共支援事業交付金交付要綱」平成 23 年）。しかし「新しい公共」は 3 年程度で終了し、地方自治体の協働事業も一部に留まりました。

の加入は任意であり、近年では加入率が低下していますが、地域の全戸が加入する慣習が続いている地域もあります。

　地方自治体がさまざまな施策、たとえば環境、福祉、産業、地域開発などの事業を進める際に、住民側の代表として位置付けるのは自治会・町内会であり、行政の事業に住民の理解や協力が必要な時に真っ先に依頼するのも自治会・町内会です。このため行政の下請け組織と言われることも少なくありません。ただ住民の生活を支えるサービスを共同で担い、また住民同士の助け合いや親睦機能を果たして、重要な役割を担っている側面もあります。

　今日の自治会・町内会は、近代的な行政組織ができる以前のムラ（地域共同体）が母体だとされており、戦前・戦中には部落会・町内会として大政翼賛体制下に置かれました。このため戦後に町内会等は非民主的な組織として一旦廃止されました。しかしその後に住民の助け合いの必要性から再生されてきた本来は任意の自主的な組織です。1990年代以降に市民の自発的な活動としてNPO・市民活動などが注目されてきた一方で、旧来型の組織として運営・活動の低下やマンネリ化という課題もあって批判される点があることは否めません。しかし総務省調査によると2024年時点で全国の地縁団体数は30万団体に上ります。地域の人間関係の希薄化がもたらした「無縁社会」「空き家問題」などの社会問題への対応や、東日本大震災の救援活動における地域コミュニティの役割などから、その力を再考する動きもあります。

　またコミュニティ・スクール、コミュニティ交通、コミュニティ・スポーツなどの振興政策も展開されてきました。地域住民主体で地域の生活環境を維持する地域運営組織や地域自治組織の議論も進んでいます。2024年には指定地域共同活動団体制度も導入されました。

5　「大きな政府から小さな政府へ」「官から民へ」「中央から地方へ」の現実

　市民社会が政策の実施者になることは、先に述べたとおり行政改革のなかでも進んできました。NPMを導入した行政変革では、公共サービスを民間に開放することが積極的に進められて、公共サービス外部事業者への委託な

どが増えました。そしてこの受け皿となる民間事業者としては、営利の民間企業のほか非営利のNPO・市民活動・コミュニティなども対象にすることが増えてきました。

このように政府と市民社会の関わりは近年急速に深まってきましたが、そこには課題もあります。地方分権が進められてきた中で、当初の理念とは裏腹に、地方税の増税と同時に地方交付税は減額されたために、地方間格差の調整機能が弱くなり、小規模で財源が少ない地方自治体はより苦境に陥っています。また行政改革の波は地方自治体にも及び行政機関や公務員の定数管理が求められて、公務員の数は減少し続けています。地方自治体の職員数はピーク時（1994年）の328万人から2022年には280万人に減少しています。正規職員の数が削減されて非正規の公務員が増加して官製ワーキングプアという問題も出てきました。

一方、政府の合理化・効率化を唱えながらも国家財政は依然として拡大し続けています。省庁の権限争いという面と一旦始めた公共サービスの廃止は政治的には困難という政治家側の事情もあるようです。業務量は増える一方、構造改革のなかで行政サービスの効率化が至上命題になり、行政の現場の疲弊が進みつつあることにも留意が必要です。

また政府と市民社会の連携がさまざまな分野で期待されて協働することが増えたことは、市民社会の発言の機会が増えたり、活動に助成金などを得るルートが拡大されるメリットがある反面、政治の風向きにより事業が影響されたり、行政のルールや思惑に左右されて自由な活動がしにくくなるという課題もあるようです。また政府と市民社会の連携に関しても、行政の現場に競争や業績評価などの仕組みを取り入れるNPM（新行政管理）は、業績管理が強化されることにつながり、結果的に自発的で柔軟な活動を妨げられたり、非効率な管理業務が増やされたりしているという弊害があることも指摘されるようになってきています。

一進一退しながら進むのが現実の社会のようですが、いずれにしても民主主義を機能させていくためには、私たち一人一人が政府の役割について十分な理解を深めて、自分なりのやり方でそこに参加していくことを考えたり行

動したりすることが欠かせないことを認識してほしいと思います。

（金谷信子）

参考文献
今井照（2017）『地方自治講義』筑摩書房
稲継裕昭（2013）『自治体ガバナンス』放送大学振興会
金川幸司（2018）『公共ガバナンス論』晃洋書房
国税庁 website「［暮らしの中の税］ 身の回りの公共サービス（2）」
　（https://www.nta.go.jp/taxes/kids/oyo/page03.htm）2024.8.31
坂本治也（2017）『市民社会論』法律文化社
曽我謙悟（2019）『日本の地方政府』中央公論新社
総務省「国と地方の税財源配分と地方歳入の状況」
　（https://www.soumu.go.jp/main_content/000936400.pdf）2024.8.31
総務省（2024）『令和6年版地方財政白書』
財務省「日本の財政関係資料（令和5年4月）」

第3章

わが国の市民活動の変遷
──震災経験を乗り越えて

1 災害と市民活動

■ 1.1 災害における自助・共助・公助

　1995（平成7）年に発生した阪神・淡路大震災は、数多くのボランティアやNPOが復旧・復興活動に参加して被災地の多様なニーズに応え、政府から独立した市民活動の重要性を広く認識させる契機となりました。また、2011（平成23）年の東日本大震災においても、市町村など自治体が壊滅的な被害を受けているなか、地域団体やNPO、企業などによる緊急・応急対応が行われました。こうした二度にわたる大災害を経験し、防災や災害復興にあたっては、政府、自治体のみならず多様な主体がそれぞれの役割を果たしながら協力して取り組んでいくことの重要性が認識されてきました。政府、自治体による公助の役割とその限界を踏まえつつ、国民一人一人や企業が自らの命、安全を守る自助、地域の人々や企業、ボランティア、団体等が地域の安全を守る共助の役割がより重要性を帯びてきています。

　本章では、阪神・淡路大震災と東日本大震災において、公助や自助に限界があるなか、(1)ボランティア、(2)NPO、(3)企業、(4)地域コミュニティなど多様な主体によって行われた共助活動の実際とその発展について、事例を通じて学び、今後の市民活動のあり方について考えます。

■ 1.2 日本の自然災害の歴史と市民活動

　日本の自然災害の歴史を振り返ると、日本の近代国家としての基盤が固ま

りつつあった 1923 年に発生した関東大震災（死者・行方不明者、約 10 万 5,000 人）をはじめ、戦後間もない 1940 年代から 50 年代には、1,000 人以上の人命が失われる大災害が頻発していました。1959 年の伊勢湾台風では死者・行方不明者が 5,000 人を超す被害をもたらしています。わが国はこうした大災害を受けるごとに、その反省をもとに河川・海岸などの構造物の強化や建物の耐震設計に取り組み、経済の高度成長期を経て、災害で大きな犠牲者が出ることはほとんどなくなっていました。

　そうしたなか突如発生した、阪神・淡路大震災と東日本大震災では、災害に対する構造物によるハードの備えの重要性を再認識する一方で、緊急・応急対応時におけるボランティアなどの市民の自発的な支援活動の力や、人と人とのつながり・協力の重要性、災害復興や防災における地域コミュニティの役割などソフトの備えの重要性に気づくことになりました。

　わが国は今なお、首都直下地震や南海トラフ地震による差し迫った災害リスクに直面しており、これまでの災害の教訓をもとに、一層の防災対策に取り組み、市民力や地域コミュニティ力を高めることで災害回復力（レジリエンス）の高い地域づくりを目指していくことが求められています。

2　阪神・淡路大震災における市民活動

■2.1　阪神・淡路大震災——大都市直下型の地震

　1995 年 1 月 17 日、兵庫県淡路島の北部を震源としたマグニチュード 7.3、最大震度 7 の都市直下型地震が発生しました。この地震は一瞬にして都市基盤を破壊し 6,400 人を超える尊い人命を奪うこととなりました。兵庫県の神戸市、芦屋市、西宮市、宝塚市など 10 市 10 町（当時）の被災地を中心に、住宅やビルが多数倒壊したほか、各地で火災も多発し、道路、鉄道、港湾などの交通網や、水道、電気、ガス等のライフライン網が壊滅的な打撃を受けました。直接被害額は、9.9 兆円（兵庫県推計）にも上るなど、戦後の近代化された日本の大都市が経験する初めての大災害となりました。

　この地震によって住まいを失い、公園や学校などに避難した被災者は最大

で約 32 万人を数え、食料や水にも事欠く厳しい避難生活を強いられることとなりました。

2.2 震災直後のボランティア活動の展開——ボランティア元年

　政府・自治体は緊急に災害対策本部を設置し対策を行いましたが、被害が膨大で時々刻々と変わる被災地ニーズに十分に対応できませんでした。一方で震災直後から、被災地内はもとより国内外から 1 年間で延べ 138 万人ものボランティアが被災地に駆けつけ、救援物資の搬出入、避難所の運営、安否確認、炊き出し、水汲み、医療・看護、介護など多種多様な救援活動や支援活動に参加しました（図 1、2）。

　ボランティアや NPO は、被災者の立場に立ったきめ細かい支援活動を行い、法令や平等性の原理にしばられた行政機関のみでは行き届かない部分をカバーしました。刻々と変化する被災者のニーズに柔軟に対応できたのも、こうした個人や組織によるボランタリーな活動に負うところが大きかったといえます。

　全国各地から駆け付けたボランティアの多くは若者たちでした。神戸市（2011）によると、ボランティアの半数以上が、高校生、短大生、大学生などであり、約 7 割がこれまでにボランティア活動をしたことがなく、被災地以外からのボランティアが 4 割を占めていました。

　震災当時は、折しもバブル崩壊以降の経済成長の鈍化や、高齢化、国際化、

図 1　救援物資の搬入

図 2　炊き出し

情報化などの時代潮流のなか、住民のニーズは著しく多様化し、「物の豊かさ」から、「心の豊かさ」へと人々の関心が移行し、人や社会のための活動に自らの生きがいを見出したいという風潮が全国的に現れ始めた時期でもありました。こうした状況下で、大都市直下の大地震が発生し、隣人同士の救助や避難所の協働生活での助け合いや支えあう被災者の姿に感動を覚えた若者たちが被災地に集まり支援活動を始めたといえます（金川・水本 2010）。

　このことから、1995 年は「ボランティア元年」と呼ばれ、後に内閣府が 1月 17 日を「防災とボランティアの日」、17 日を中心とした前後 3 日の計 7日間を「防災とボランティア週間」と定めるきっかけにもなりました。

　しかし一方で、被災地の状況を理解せず、自らの食料や寝袋などを準備しないで来る自立できていないボランティアも多数いました。被災地での活動に当たっては、被災地に迷惑をかけない「自立したボランティア」としての心構えがまず必要となります。また、ボランティア・コーディネーターの不足など受け入れ態勢の不備といった課題も残りました。災害時のボランティア活動の調整や課題対応などは、被災地の社会福祉協議会や行政が設置する、災害ボランティアセンターが担うこととなります。災害直後から速やかに災害ボランティアセンターを設置できるよう、普段からの備えが必要です。

　この震災をきっかけにボランティア活動に対する理解が深まり、災害時の受け入れについて体制づくりが進められることとなりました。

■2.3　NPO 活動の発展・多様化——NPO 法の制定

　被災地では被災者を支援するためのさまざまなボランティア活動が展開され、数多くのボランティア団体や NPO が生まれました。

　大震災を契機としたボランティア活動の全国的な広がりに伴い、ボランティア活動を行う団体の法人化の機運が高まり、震災から 3 年後の 1998 年 3 月、「特定非営利活動促進法（NPO 法）」が制定されました。この法律は、「特定非営利活動を行う団体に法人格を付与すること等により、ボランティア活動をはじめとする市民が行う自由な社会貢献活動としての特定非営利活

動の健全な発展を促進し、もって公益の増進に寄与することを目的」（1条）としています。この法律により小規模のNPOでも容易に法人格を取得できるようになり、市民活動が一層促進されることとなりました。被災県である兵庫県でも、その後5年間のあいだに（2003年度まで）、約400のNPO法人が設立されています。

一方で、刻々と変化する被災者ニーズに的確に対応するため、これらの団体の活動を「つなぎ」「まとめる」中間支援組織（インターミディアリー）も設立されました。中間支援組織は、NPO同士あるいはNPOと企業、行政、助成団体等とをつなぎ、コーディネート力を発揮しつつ、NPOに情報提供や相談・アドバイス、助成金提供などを行って、NPOの立ち上げや活動を支援します。

被災地では震災を契機として、コミュニティ・サポートセンター神戸や神戸まちづくり研究所などをはじめとした中間支援組織がつくられました。

■ 2.4　市民活動を支える仕組みが進展——復興基金・助成金

震災以降、NPO法人の法制度化のほかにも、被災地ではNPO支援センターの開設、活動助成基金の設置など、行政によるボランティア活動への支援が定着してきました。

2002年6月には、NPOや地域活動団体の全県的な支援ネットワークの拠点として、「ひょうごボランタリープラザ」が公設民営方式で設置され、県民のボランティア活動への支援の実施と災害時における災害ボランティアセンターの全県組織のまとめ役として機能しています。

また一方で、被災地においては、阪神・淡路大震災復興基金や阪神・淡路コミュニティ基金をはじめとした数多くの復興基金が整備されました。ボランティア活動を支援するための助成金がこれら基金を通じて被災地へ供給されたことも、NPO活動が飛躍的に拡大する要因となった点も見逃すことはできません。しかし、全国的な助成団体による震災特別枠は震災5年目頃を境になくなり、阪神・淡路大震災復興基金による助成も震災後10年で終了したので、この頃を境に被災地のNPO活動は大きな転機を迎えることとな

40

りました（金川・水本 2010）。

　各種団体の活動基盤の整備が進められたとはいうものの、資金や人材を確保する仕組みなど、活動基盤の一層の充実は、今後の残された課題となりました。また、企業や市民が市民活動を支えていくための寄付文化の浸透も今後の課題となります。

■ 2.5　地元企業等の貢献——地域とのパートナーシップ

　大震災では地元の民間企業も大きな貢献をしています。震災後、社員への安否確認や支援だけでなく、多くの被災者に食料や生活必需品を供給したり、社員によるボランティア活動を展開したりと、復旧・復興の過程で大きな役割を果たしました。

　また、地域の一員として、震災直後から自衛消防隊による消火活動や敷地内の井戸水の提供などを行うところや、基金を創設して、震災遺児への奨学金や教育機関への寄付を行う事例もあるなど、地元企業の貢献が被災者支援の大きな力となりました。

　震災を契機に、企業の社会貢献活動への意識が一層高まり、ボランティア休暇・休職制度の導入が進んだほか、CSR（企業の社会的責任）活動という形で、利益を追求するだけでなく、企業活動が社会に与える影響に責任をもち、行政や地域社会からの要求に対して適切な役割を果たすべきという考え方が広がりました。

　地元大学も同様に被災地の復旧・復興に重要な役割を果たしました。震災直後は校舎を一時的に避難所として開放したり、学生たちのボランティア活動を後押ししたほか、復興計画づくりや地域の活性化事業などにも、多くの大学教員や学生が参画しました。大学は、震災復興に大きく関わったことをきっかけに、その後も地域貢献の取り組みを充実させ、自治体との間で防災協定を結んで緊急物資の備蓄に取り組んだり、地域のまちづくりを継続的に支援しています。

■ 2.6 地域コミュニティの参画——まちづくり協議会

　阪神・淡路大震災では、倒壊家屋の瓦礫のなかから救出された人のうち、約8割は近隣住民によって救出されたといわれています（河田 1997）。こうした事実によって、防災における地域コミュニティの重要性がクローズアップされました。

　その後の復旧・復興過程においても、地域コミュニティや地域住民の協力が、共同住宅の建て替えや区画整理などのまちの再建には不可欠となります。神戸市では、「まちづくり協議会」を通して、地域住民が復興まちづくりに関わっていく仕組みがつくられました。「まちづくり協議会」は「神戸市まちづくり条例」に基づき設立された地域住民による任意団体で、多くは既存の町内会、自治会などの地域団体を核としています。震災後、被害の大きかった復興プロジェクト実施区域を中心に組織され、地域住民が地域の将来像を話し合い、住民意向を集約する場として機能しました。それぞれのまちづくり協議会にはコンサルタントが派遣され、都市計画に関する専門的アドバイスが提供されるとともに、まちづくり協議会を通して住民と市の行政当局との調整が図られました（図3）。被災地には震災3年後の1997年12月時点で、98のまちづくり協議会が発足していました。

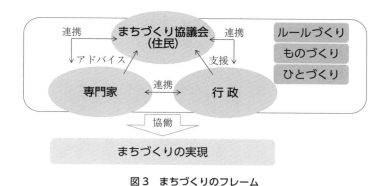

図3　まちづくりのフレーム

出典：兵庫県（2009）をもとに筆者作成

> **事例：神戸真野地区の復興まちづくり**
>
> 　真野地区は神戸市の中心地から 5 km ほど西に立地する人口約 5,500人程度の下町で、工場、住宅、小店舗などが混在する地区です。住民は高度経済成長時代に地区内の工場から出る環境汚染に対する住民運動を展開してきており、1960 年代にさかのぼる長いまちづくり運動の歴史をもっています。
>
> 　震災直後、行政機能や消防体制が麻痺しているなか、神戸市内では各地で大きな火災が発生しましたが、真野地区の人々は、バケツリレーによって火の延焼を食い止めました。その後も住民自らが、食料提供、夜警の配備、ニューズレターの発行、避難所運営、被災建物の補修など多くの活動を行いました。復旧・復興段階でも、まちづくりセンターの設立、公営住宅建設への署名運動、高齢者のための共同住宅の建設運動、デイケアセンターの運営などめざましい活動を行っています。
>
> 　こうした多様な活動の背景には、地域住民のまとまりのよさや、優れた地域リーダーの存在などが指摘されています。
>
> （出典：神戸市（2011）等をもとに筆者作成）

　このように阪神・淡路大震災からの復興過程では、被災者個人の自助努力や行政からの公助に加え、まちづくり協議会を通じた地域コミュニティの活動やボランティア・NPO 活動、地元企業の貢献など市民相互の協力（共助）が相まって、被災者の生活再建やまちの再建が進められたといえます。

3　東日本大震災における市民活動

■ 3.1　東日本大震災——広域に及ぶ複合的大災害

　阪神・淡路大震災から 17 年目のこと、日本は再び大きな地震災害「東日本大震災」に見舞われることになりました。2011 年 3 月 11 日に発生した東北地方太平洋沖の地震は、マグニチュード 9.0 というわが国観測史上最大の

地震であり、世界でも 1900 年以降 4 番目の巨大地震でした。この地震により、東日本の広範囲に強い「揺れ」が観測され、日本各地の沿岸部で大きな「津波」が発生し、加えて、「原子力発電施設の事故」が重なるという、未曽有の複合的な大災害となりました。

　東日本大震災は、死者 1 万 5,884 人、行方不明者 2,636 人（2014 年 2 月末、警察庁発表）という多大な犠牲者と、16.9 兆円（内閣府推計）という世界史上最大の経済被害をもたらすことになりました。被災地は 10 都県の 241 市区町村に及び、きわめて広範囲で、なかでも津波による浸水被害を受けた岩手県、宮城県、福島県の沿岸部は、多くのまちや集落が津波で流されるなど深刻な被害を受けました。被災地の農漁村ではもともと人口減少と高齢化が進展していましたが、震災がその流れを加速させてしまいました。また福島県の原子力発電施設周辺の避難指示区域では居住が制限され、避難が長期化し、元の地域への帰還が困難な人たちも多数存在するなど住民生活に大きな困難をもたらしました。

■3.2　災害ボランティア活動の展開——多様な人々の参加

　震災発生後、日本全国あるいは海外から、多くのボランティアが被災地に駆けつけ、救援・支援活動を展開しました。阪神・淡路大震災を機に注目を浴びたボランティア活動が、東日本大震災の発生によって、再び大きな注目を集めることになりました。津波被害にあった家屋の泥出しや家屋の撤去、炊き出し、避難所や仮設住宅でのケアなど、多様な取り組みが多くのボランティアによって行われました。

　ボランティア活動者数は、2012 年 3 月（震災後 1 年）には、岩手、宮城、福島 3 県の災害ボランティアセンターを経由した者だけでも延べ 100 万人を超えました。災害ボランティアセンターを経由しないで、NPO・NGO 等で活動した者も加えれば、さらに多くのボランティアが活動に参加したものと考えられます。

　阪神・淡路大震災では、最初の 1、2 カ月間に、非常に多くのボランティアが被災地に駆けつけ、3 カ月を過ぎた頃からその数が頭打ちになったのに

対し、東日本大震災では、最初の1カ月間は比較的ボランティア活動者数が少ないものの、震災後8カ月頃（2011年11月）まで多くのボランティアが被災地を訪れています（図4）。

その理由として、東日本大震災では、被災地が大都市から遠隔地で、被害が広範囲に広がっており、交通アクセスも良くなかったことが挙げられます。また、原発事故の発生が人々をボランティア活動から遠ざけたことや、地元の自治体をはじめ、あらゆる機関が被災しており、ボランティアコーディネートの準備態勢が間に合わなかったことなども要因として指摘されています。

ボランティア活動に参加した人たちは阪神・淡路大震災では、大学生など若者たちが中心でしたが、東日本大震災では比較的年齢層が高く、かつさま

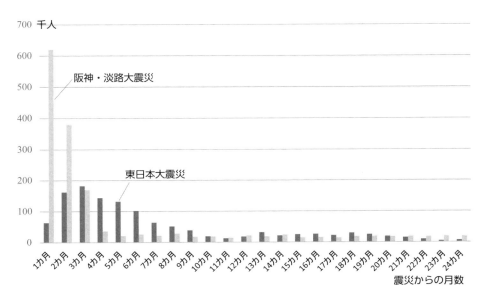

注：東日本大震災におけるボランティア活動者数は、各市町村に設置された災害ボランティアセンターを経由して集計されたものであり、災害ボランティアセンターを経由せず、NPOなどを通じて活動した人も多数に上ると考えられるが、これらは計上されていない。
資料：「災害ボランティアセンターで受け付けたボランティア活動者数の推移」全国社会福祉協議会、「阪神・淡路大震災一般ボランティア活動者数推計」兵庫県県民生活部をもとに筆者作成

図4　東日本大震災と阪神・淡路大震災のボランティア活動者数（月間延べ人数）

ざまな年代の人たちが参加しました。職業別では、高賃金・長時間労働の就業者たちも会社のボランティア休暇などの制度を活用して参加したと予想されています（山本・坂本 2012）。

■3.3　NPO による被災地支援——NPO ネットワークの発展

　東日本大震災においては、全国規模の NPO ネットワークが構築されるとともに、被災 3 県にそれぞれ地元の NPO ネットワークが構築され、NPO 同士が連携して、被災者支援及び復興支援を担っているのも特筆すべき点です。

　さらには NPO と行政との連携も深まっており、NPO、社会福祉協議会、国、地方自治体等による連絡会議が開催され、具体的課題について連携したり、地元の NPO ネットワークが県の委託を受けて応急仮設住宅の生活環境調査を実施するなど、官民の協働による取り組みが進められています（防災白書 2012）。

　また、NPO の支援活動や組織間の連携が、インターネットを通じて幅広く展開されたことも今回の支援の特徴でした。インターネット黎明期であった阪神・淡路大震災発生時は、ML（メーリングリスト）が主要な活用手段であったのに対し、高度に ICT が発達した東日本大震災では、ツイッター（現 X）やフェイスブックといった SNS（Social Network Services）の活用が図られました（桜井 2013）。また、被災地やボランティア活動情報をホームページやツイッターで発信する情報ボランティア活動も広がりをみせました。

事例：東日本大震災支援全国ネットワーク（JCN）

　東日本大震災後、防災ボランティアの団体、活動者及び学識者が中心となり、全国の NPO 等による広域連携のネットワークづくりが始まり、2011 年 3 月 30 日「東日本大震災支援全国ネットワーク」（JCN）が設立されました（2011 年 12 月時点で約 700 団体が参加）。

　大きな災害においては、ボランティア団体ごとに個別の活動を展開しても、支援が行き届かない被災地が生じるおそれがあること等から、

JCN 加盟団体の間で、物資・情報の交換を行う「横の連携」が図られました。

　こうした連携を支える情報インフラとして、ホームページを立ち上げるとともに、

・全国の団体とメールで情報共有する「メーリングリスト」
・全国の団体の活動状況を地域別・支援内容別に紹介する「全国支援状況」
・支援活動を続けていくための工夫と指針を情報提供する「活動ガイドライン集」
・広域避難者を支援する「広域避難者支援」
・各団体の支援事業等を紹介する「活動事例集」
・各府省庁との連絡会議等、国とボランティアとの連携を図る「政府との連携」

などの整備・推進が図られました。

　JCN は、防災活動を行うボランティア団体が「全国規模の受援側と支援側のネットワークづくり」のために自ら立ち上げた組織であり、今後の広域連携のあり方を探る重要な試みとなりました。

（出典：防災白書 2012、JCN ホームページ）

■3.4　被災地支援を行う NPO への支援──支援金・寄付税制

　東日本大震災では被災地が遠方であるなどさまざまな要因が重なり、初期段階のボランティア活動者数は、阪神・淡路大震災に比べて少なかったといえます。このため震災直後、寄付という行為が被災地に寄せる支援の実行手段として強く認識されたと考えられます（寄付白書 2012）。この震災を受けて、今までにない巨額の寄付金が、国内の市民・企業・団体はもちろん、国外からも多く寄せられました。

　そのうち被災者への直接の資金的支援となる「義援金」については震災 3年後の 2014 年 2 月末時点で、3,718 億円が日本赤十字社、中央共同募金会、

日本放送協会、NHK 厚生文化事業団の 4 団体に寄せられました（内閣府ホームページ）。阪神・淡路大震災では、震災 4 年後の額が 1,791 億円だったことと比較しても 2 倍以上に上っています。

　加えて被災地支援活動を行う NPO・ボランティア団体への資金的支援である「支援金」の寄付も活発に行われました。主だった支援金の仲介組織（ジャパン・プラットフォーム、日本財団、中央共同募金会など）に寄せられた支援金の総額は、およそ 260 億円であったと推定されています（寄付白書 2012）。こうした支援金の寄付活動は、阪神・淡路大震災では大々的に行われておらず、今後の NPO 活動の持続的な発展にも大きな役割を果たしうるものといえます。

　一方、政府も今までにない大胆な寄付税制をスタートさせました。2011 年 3 月 15 日、財務省は中央共同募金会が実施する「災害ボランティア・NPO 活動サポート募金（通称ボラサポ）」を指定寄付金に指定し、本募金への寄付は、個人の場合は所得税の寄付金控除対象、法人の場合は全額損金算入可能として、支援金寄付活動をサポートしました。また、2011 年 4 月には、これと同様の指定寄付金制度が、被災者支援活動を行う認定 NPO 法人にも適用され、5 月には被災者支援活動を行う公益社団・財団法人にも適用が始まるなど、NPO・ボランティア活動を資金面でサポートする仕組みが充実してきました。

■3.5　企業の社会貢献活動——本業を生かした被災地支援

　東日本大震災においては、企業からもさまざまな被災者・被災地支援活動が行われました。日本経済団体連合会（経団連）が 2012 年 3 月にまとめた「東日本大震災における経済界の被災者・被災地支援活動に関する報告書」によると、企業・団体から直接又は社員や消費者・顧客への呼びかけによって提供された資金は、総額で約 1,224 億円に上るとされます。

　このほか、企業の本業を生かし、人材・技術・ノウハウ等のさまざまな要素を組み合わせて、被災地ニーズに即した独自の支援活動が行われました。たとえば、宅急便事業を営むヤマト運輸㈱では、社員たちがボランティアで

救援物資の仕分けや在庫管理、配送を支援したり、「宅急便1個につき10円の寄付」という支援事業を行っています。また、グーグル日本法人は、震災直後から「パーソンファインダー」というウェブサイトを通じた人の安否確認のためのサービスを始めています。

また、多くの企業は社員のボランティア活動を支援するため、企業自らによるボランティアプログラムを企画したり、労働組合と連携した社員へのボランティア参加の呼びかけや、震災を契機としたボランティア休暇制度の拡充・新設、さらには業務扱いによるボランティア派遣等のさまざまな被災者・被災地支援を行いました。

3.6 地域コミュニティの取り組み——地域住民組織の活躍

東日本大震災の死者数は大きいものの、それでもその数を減らした要因として、長年にわたり災害に備えてきた、地域社会に根ざした住民組織の存在が挙げられます。

まず東日本大震災では、各地の消防団員が自らの命を危険にさらして救援活動を行ったことが特筆されます。消防団員は普段は定職をもっているが、ひとたび災害が発生すれば自分の地域の防災活動に参加する非常勤の地方公務員で、2013年現在、日本全国で約87万人が活動しています（消防職員の数の5〜6倍に相当）。

東日本大震災では、各地の消防団員は住民を避難所に誘導し、身障者や高齢者の避難を手助けしました。また、多くの地域で津波防御の水門やゲートが停電のために自動作動しなくなり、団員が手動で閉門した事例が報告されています（宮古市、大船渡市、釜石市、大槌町、石巻市など）。しかし、その結果、約250人の団員が死亡・行方不明となりました（ラジブ・ショウ他2012）。

事例：釜石の出来事

東日本大震災の大津波が東北地方沿岸部で多数の犠牲者をもたらすなか、岩手県釜石市内の児童・生徒の多くは無事でした。この事実は『釜

図5　東日本大震災当日一緒に避難する釜石東中学校生徒と鵜住居小学校の児童たち

石の出来事』と呼ばれ、大きな反響を呼んでいます。なかでも、海からわずか500m足らずの近距離に位置しているにもかかわらず、釜石市立釜石東中学校と鵜住居（うのすまい）小学校の児童・生徒、約570名は、地震発生と同時に全員が迅速に避難し、押し寄せる津波から無事生き延びることができました（図5）。事前に積み重ねられてきた防災教育が実を結び、震災発生時に学校にいた児童・生徒全員の命を大津波から守りました。

（出典：内閣府ホームページ）

　また、緊急避難後の応急対応においても、地震・津波によって一部の市町村の行政機能が麻痺したため、地域住民による共助活動が避難所運営等において重要な役割を果たしました。多くの避難所では当初、施設運営は地域の教職員、ボランティア及び市民グループが行っていましたが、避難期間が長くなるに伴い、次第に被災者自身がさまざまな活動を自主的に運営するようになりました。多くの施設で、各種委員会の委員やリーダーを被災者から選んだ運営組織が発足しています（図6）。

　復旧・復興段階においても、安全な高台への集落の集団移転など復興計画づくりには、地域住民の協力や合意形成が不可欠となります。数多くの地区で住民会合が行われ、地域住民が協力してまちづくりに取り組んでいます（図7）。しかし一方で、世代や職業などさまざまな違いを超えての合意形成は容易ではなく、また、防潮堤建設や地域の将来像を巡って行政と対立する地区も存在します。地域住民の参加と協力が復興推進を左右する重要な要因となっています。

図6 避難所(宮城県南三陸町)

図7 コミュニティミーティング(宮城県南三陸町)

4 大震災の教訓と今後の防災に向けた市民活動

4.1 大災害の教訓と今後の市民活動

　阪神・淡路震災では、被災地内外から年間138万人ものボランティアが駆け付け、被災者に寄り添ったきめ細かな支援を行いました。また、震災時の被災地支援活動を通じて、ボランティア団体やNPOなどが発展・多様化する一方で、地域の既存組織も活性化しました。

　さらに、震災時のボランティアの活躍が契機となり、NPO法が成立したり、民間の助成機関や中間支援組織によるNPOへの支援が展開されるようになり、ボランティアやNPOは、成熟社会における市民セクターの担い手として発展していくこととなりました。

　こうして発展してきたボランティア活動やNPO活動は、東日本大震災を経て、寄付税制の改正や支援金の寄付が行われるなど、制度が充実されたほか、被災地支援に向け全国的なNPOのネットワークが設立されるなど、より豊かな展開をみせることになりました。

　また一方で、市民活動はそれぞれの災害における被害の程度や被災地の状況などを受け、都市部・農村部などの地域的な違いや、高齢化、情報化などの時代背景に即した独自の展開をみせています(表1)。

　このような市民活動の高まりと、それを支える諸制度の整備が行われて来

表1　二つの大災害における市民活動の特徴の比較

	阪神・淡路大震災（1995 年）	東日本大震災（2011 年）
ボランティア活動	・1 年間に 138 万人、活動者数は震災直後の 1，2 カ月がピーク ・学生など若者中心 ・「ボランティア元年」	・活動者数は当初伸び悩んだが、震災後 8 カ月くらいまでなだらかなピーク ・正社員、中高年が相対的に多い
NPO 活動	・多種多様な NPO が設立され発展 ・NPO をつなぎ、まとめる中間支援組織が出現	・全国的な NPO ネットワークの形成 ・Twitter、Facebook など ICT の活用
ボランティア・NPO への支援制度	・NPO 法成立（1998） （NPO の法人格取得が容易に） ・復興基金等からの活動助成金	・支援金の寄付 （NPO 活動への資金的支援） ・寄付税制改正（2011） （認定 NPO 等への寄付の税控除）
義援金	・1,793 億円	・3,718 億円（2014.2 末時点）
企業の活動	・地元企業などによる被災地支援活動	・企業の本業を活かした支援活動 ・社員によるボランティア活動の充実
地域コミュニティの活動	・近隣の人によって多くの人が瓦礫の中から救出された （コミュニティの重要性を認識） ・まちづくり協議会を通じた住民参画	・地元消防団による避難・救助活動 ・住民自らの避難所運営 ・自治会等による高台移転に向けたまちづくり協議

出典：筆者作成

た背景には、災害対応においては、政府・自治体など行政による対応だけでは限界があり、住民、企業、ボランティア等の民間主体と行政が連携していく必要があるとの認識が、国民全体に共有されつつあるためといえます。

　東日本大震災から 2 年後の 2013 年に内閣府が実施した「防災に関する世論調査」では、国民が重点を置くべきだと考えている防災政策に関する質問

で、「公助に重点を置くべき」という回答が 8.3％ と大幅に減少し（2002 年比 16.6 ポイント減）、「公助、共助、自助のバランスが取れた対応をすべき」という回答が 56.3％ と大幅に増加しています（同 18.9 ポイント増）（図 8）。

その約 10 年後の 2022 年に実施された同調査においても、調査方法が異なるため単純な比較はできないが、2013 年と同様に、「公助」より、「自助」「共助」や「自助、共助、公助のバランスをとるべき」という考え方を持つ人が多く、両震災を通じて培われた国民意識は根付きつつあるとみられます。

日本社会は、阪神・淡路大震災、東日本大震災の後も、熊本地震（2016 年）、西日本豪雨災害（2018 年）、新型コロナ感染症のまん延（2020 年、2021 年）、能登半島地震（2024 年）などの課題に次々と直面することになりました。

今後、首都直下地震や南海トラフの巨大地震の発生が懸念されるなか、これらの大規模災害への備えを強化・促進するためにも、これまでの大震災を教訓としつつ、ハード対策とソフト対策を組み合わせ、地域社会の特性に応じた効果的できめ細やかな防災体制を構築する必要があります。このためには、その基盤として、市民同士が助け合い、行政と連携しつつ、主体的・能動的に自らの地域を守っていこうとする公共意識を醸成していく必要があります。

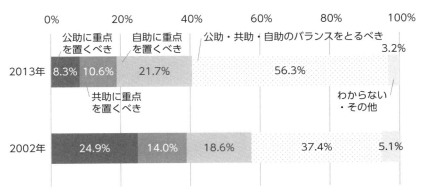

図 8　国民が重点を置くべきだと考えている防災政策
出典：内閣府「防災に関する世論調査」（2013 年 12 月調査）

■4.2　情報化社会と市民活動のさらなる発展に向けて

　二つの大災害を経て、いまや災害時にボランティアが救援・支援活動に参加する姿は、珍しいものではなくなりました。しかし、三谷（2013）が指摘するように、災害ボランティア活動はマクロな規模のボランティア人口の拡大にほとんど寄与しない可能性があります。阪神・淡路大震災や東日本大震災を経ても、1980年代から2010年代にかけて、日本全体のボランティア活動の参加率はほとんど変化しませんでした。局所的には、目を見張るほどの多数のボランティアが活躍しているように見えていても、日本社会全体のボランティア活動の参加率を押し上げるほどのものではありませんでした。大震災によって、ボランティア人口全体が拡大するという現象は、現実には起こりにくいと考えられます。

　人口に対するボランティア行動者率は、総務省の社会生活基本調査によると、東日本大震災のあった2011年は26.3％、2016年は26.0％でしたが、2021年は新型コロナ感染症の影響もあって17.8％に減少しています。

　また、寄付に関しても、寄付白書（2010, 2021）によると、2010年は33.8％の個人が1年間に何がしかの寄付をしていましたが、東日本大震災のあった2011年に68.6％と寄付者率の増加がみられるものの、それ以降は概ね45％前後の個人が寄付をしている状況となっています。

　では、大災害における緊急対応や安全な地域づくりにも不可欠なボランティアや寄付などの市民活動を、今後も持続的に活性化させていくことはできないのでしょうか。

　ボランティアや寄付をはじめとした被災地支援に関する市民活動を長期的な展望をもって見ていくと、情報通信手段の発展に伴う人と人とのコミュニケーションの構造変化が大きな関わりを持ってきたことが窺えます。

　これまで日本で発生した大災害とその対応における市民活動をみてみると、1923年、関東大震災が発生した際には、まだ不特定多数の人々に情報を伝達する媒体は存在しておらず、被害の全体像を人々が正確に把握することや、被災地に向けた情報発信は困難であったとされます。死者・行方不明

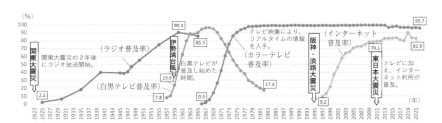

図9　日本の大災害と情報通信媒体の普及率の推移
出典：防災白書 2023

者は約 10 万 5,000 人に及びましたが、身近な住民同士の相互の助け合いが救護の中心となりました。1959 年、伊勢湾台風が発生した際は、ラジオの普及率が 9 割に達し、また白黒テレビの受信契約数が伸び始めた頃でした。しかし情報通信の不備から、広域的な冠水地域からの避難支援や被災者への食糧供給等に大きな課題を残すこととなりました。その後、カラーテレビが主流となり、1995 年の阪神・淡路大震災では、多くの人がテレビの映像により被害の状況を知ることとなり、また被災地での人々の協力活動の様子が映し出され、ボランティア活動も活性化しました。近年ではインターネットが広く普及するようになり、2011 年の東日本大震災では、インターネットや SNS を使った多様な主体による情報発信も行われ、それが支援活動にも生かされるようになりました。

　近年の SNS などのコミュニケーションツールの一層の普及は、災害発生時にこれらを使った助け合いが大きな力を発揮する可能性を秘めています（内閣府 2023）。仲間同士の情報交換、物資・資金支援の募集と応募、復旧作業の手伝いの募集と応募などさまざまな場面で SNS などを使って災害時の共助を進める「つながる共助」という取り組みが全国災害ボランティア支援団体ネットワーク（JVOAD）などを核として進んでいます（内閣府 2023）。

　また近年、寄付においても、インターネット技術の発展と共に、クレジットカード決済やクラウドファンディングという手法が用いられるようになってきています。クラウドファンディングでも寄付型、購入型、貸付型、投資

型などのさまざまなタイプがあり、それらを全て合わせた市場規模は2018年に2,000億円規模を超えてきています（寄付白書2021）。こうした寄付や社会的投資といった「共感型」の民間資金の流れは、情報化の流れとも相まって世界全体として拡大傾向にあるとされます。

　また、近年の幸福感の研究において、災害寄付や災害ボランティアを行うことは、支援者の犠牲のもと被災者を救うという構図ではなく、むしろこうした活動を通じて支援者と被災者の両者の幸福感が上昇していく関係性（共感や協力が生まれ地域社会や国家全体が結束していく）であったことが明らかになっています（kawawaki 2023ほか）。また、災害前の寄付・ボランティアの経験が災害時の支援活動参加にプラスの影響を与えている事実も分かっています。平時から寄付やボランティアといった市民活動を活性化させることが、社会全体の幸福感の上昇と共に、災害に強い地域づくりにもつながることになります。

（川脇康生）

参考文献

Kawawaki, Yasuo（2023）"Giving of time or giving of money? An empirical analysis of nationwide prosocial behavior in times of disaster", International Journal of Disaster Risk Reduction

東日本大震災支援全国ネットワーク（JCN）（http://www.jpn-civil.net/）2014.4.27

兵庫県（2009）『伝える――阪神・淡路大震災の教訓』ぎょうせい

金川幸司・水本有香（2010）「第6章 阪神・淡路：復興過程における中間支援組織の活動」国際復興支援プラットフォーム『復興過程におけるコミュニティの役割に関する報告書――国際事例から』pp. 50-70

河田恵昭（1997）「大規模地震災害による人的被害の予測」『自然災害科学』16-1, pp. 3-13

神戸市（2011）『阪神・淡路大震災の概要及び復興』

三谷はるよ（2013）「第4章 ボランティア活動者の動向――阪神・淡路大震災と東日本大震災の比較から」桜井政成編著『東日本大震災とNPO・ボランティア』ミネルヴァ書房 pp. 69-88

内閣府（2012）『平成24年度版防災白書』

内閣府（2023）『令和5年度版防災白書』

内閣府（2023）『防災に関する世論調査（令和4年9月調査）』

内閣府（http://www.bousai.go.jp/2011daishinsai/pdf/gienkin_260228.pdf）2024.4.27

内閣府（http://www.bousai.go.jp/kohou/kouhoubousai/h23/64/special_01.html）2024.4.27

日本ファンドレイジング協会（2012）『寄付白書 2012』経団連出版

日本ファンドレイジング協会（2021）『寄付白書 2021』日本ファンドレイジング協会

日本経済団体連合会（2012）『東日本大震災における経済界の被災者・被災地支援活動に関する報告書——経済界による共助の取組み』

桜井政成（2013）「第 1 章 東日本大震災と NPO——救援期の動向と議論」桜井政成編著

総務省（2021）『令和 3 年社会生活基本調査』

『東日本大震災と NPO・ボランティア』ミネルヴァ書房 pp. 1-20

ショウ・ラジブ・石渡幹夫・Arnold, Margaret（2012）『教訓ノート 2-1 非構造物対策 コミュニティ防災』世界銀行

山本勲・坂本和靖（2012）「第 7 章 震災ボランティア活動参加の決定メカニズム」瀬古美喜・照山博司・山本勲・樋口美雄編『日本の家計行動のダイナミズムⅧ 東日本大震災が家計に与えた影響』pp. 205-232

第4章

新しい公共経営

1　新公共経営論と日本の財政

　2001年6月に経済財政諮問会議[1]において、「今後の経済財政運営及び経済社会の構造改革に関する基本方針（骨太答申）」がまとめられ、その後閣議決定されました。この骨太答申の特徴の一つは、新公共経営論（NPM：New Public Management）に基づく経営改革が国や地方自治体に求められているということです。ここで述べられている新公共経営論は、民間企業における経営理念、手法、成功事例などを可能な限り公共経営の現場に導入することを通じて、公共経営の効率化・活性化を図るための理論で、1980年代に英国で提唱されました。簡単にいえば、NPMとは、民間企業の経営についての考え方やその方法を、国や地方自治体の経営にも導入する手法であるといえるでしょう。

　それでは、なぜ今NPMを導入して公共経営の効率化・活性化を図る必要があるのでしょうか。その主な理由としては、「経済の低成長と税収の落ち込みによる財政難の深刻化」、「経済・社会問題の多様化」、「新しい公共の推進」の三つが挙げられます。

　まず、「経済の低成長と税収の落ち込みによる財政難の深刻化」について詳しくみていきましょう。一般に、その国の経済活動の規模は、国内総生産

1）経済財政諮問会議とは、内閣総理大臣をはじめとする政治家や財界や学者などの民間人により構成される会議です。経済財政諮問会議は、特に小泉政権の下で、予算編成過程の改革、財政運営に関する改革、金融システムの改革、郵政民営化、三位一体の改革に貢献しました。

58

（GDP：Gross Domestic Product）によって表されます。GDP は国内のすべての企業が生み出した付加価値の合計です。付加価値とは、売上から材料費を引いたものです。たとえば、パン一個の値段が 200 円だとしましょう。そして、小麦粉やバター、砂糖、その他のパンの材料費を足し合わせたら 50 円だったとします。このとき、パンの付加価値は 150 円です。企業は商品やサービスを売ることで儲けていますが、企業の得た儲けの一部は、企業で働く人たちに支払われる賃金、株主への配当金、政府に支払う税金（法人税）、オフィスの賃貸料などに充てられます。これらを支払った残りは企業の利益となります。つまり、賃金や賃貸料、税金、企業の利益などをすべて足したものが付加価値であるといえます。GDP には名目国内総生産（名目 GDP）と実質国内総生産（実質 GDP）があります。名目 GDP は実際に市場で取引されている価格に基づいた値で、実質 GDP は物価変動の影響を取り除いた値です。ここで、名目 GDP と実質 GDP の違いを理解しやすくするために次のようなシンプルなケースを考えてみましょう。ある国では、昨年 1 年間にパンを 200 円で 10 個、LED 電球を 500 円で 10 個生産したとします。今年は小麦の仕入れ値が上がったため、パンの価格が値上がりして 210 円になりましたが、生産量は昨年同様 10 個です。一方、LED は技術革新のため生産性が向上し、値段は 500 円のままですが、11 個生産できるようになったとします。このとき今年の名目 GDP と実質 GDP は表 1 のように計算されます。つまり商品の値上がりを考慮しないのが実質 GDP ということになります。

　一方、GDP が前年と比べて、どれくらい規模が増大したのかを示すのが経済成長率（GDP 成長率）です。表 1 の例でいうと、昨年を基準とした場合、今年の名目経済成長率と実質経済成長率は、それぞれ 8.57 と 7.14 になります[2]。この例でもわかるように名目経済成長率が上昇する要因は、物価の上昇と生産性の向上ですが、実質経済成長率が上昇する要因は生産性の向上のみということになります。生産性の向上は、その国の経済を成長させる力の源ですから、物価変動の影響を取り除いた実質 GDP の方が、名目 GDP より、

　2）ここでは名目経済成長率と実質経済成長率を、それぞれ［(7,600 − 7,000)／7,000］×100％ ≒ 8.57、［(7,500 − 7,000)／7,000］×100 ≒ 7.14 のように計算しています。

表1　名目 GDP と実質 GDP

	昨年	今年	
	名目＝実質	名目	実質
パン	200 × 10	210 × 10 = 2,100	200 × 10 = 2,000
LED 電球	500 × 10	500 × 11 = 5,500	500 × 11 = 5,500
名目 GDP／実質 GDP	7,000	7,600	7,500
名目経済成長率／実質経済成長率	―	8.57	7.14

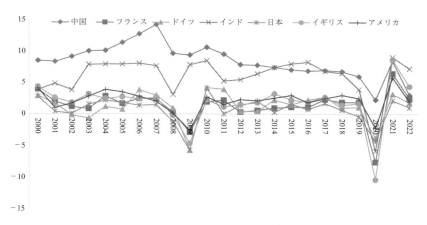

図1　世界主要国の実質経済成長率

出典：OECD Data Explorer を用いて筆者が作成

その国の経済の成長力を正確に把握していることになります。

　図1は、世界の主要な国々の実質経済成長率をグラフ化したものです。図1から明らかなように、日本の実質経済成長率は、他の国に比べて低いままで推移していることがわかります。コロナ禍までは勢いのあった中国の実質経済成長率も鈍化しています。対して、2023年に最も人口の多い国となったインドは、2022年には中国を上回る経済成長率を達成しています。対し

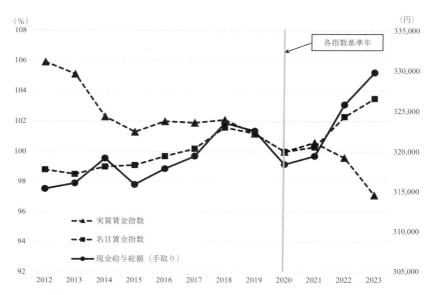

図2 日本の物価変動と賃金
出典：総務省データを用いて執筆者が作成

て日本の経済成長率は低いまま推移しており、また、ほとんど成長していない（ゼロ成長）年すらあります。ゼロ成長のもつ意味は、去年も今年も同じ経済規模だということです。このような経済では、国内企業はあまり大きな儲けを期待することはできません。それどころか、これまでより儲けが少なくなる恐れさえあります。たとえ少しくらい儲けが増えたとしても、これまで経験した経営危機に関するトラウマから企業は積極的に名目賃金を増やすことができません。

コロナ禍以前、日本では名目賃金の上昇がほとんど見られませんでしたが、デフレ（物価の低迷）の影響により、食品や生活必需品が高くて買えないと感じるほどではありませんでした。しかし、コロナ禍が終息し、経済活動が再開されると、インフレ[3]が顕著になり始めました。アメリカの連邦準備制度理事会（FRB）は、インフレ抑制と雇用の安定を目指して、政策金利

を調整する役割を果たしています。FRB は金利を引き上げ、経済活動を抑制し物価上昇を緩和しようとしました。通常、金利が上昇すれば経済活動が鈍化し、物価が下がる傾向がありますが、それでもアメリカ経済は引き続き堅調な成長を見せました。インフレが本格化したことを受け、2024 年 9 月と 11 月には FRB は利下げを実施しました。

　一方、日本銀行は 2023 年 7 月に約 7 年間続けたゼロ金利政策を終了し、政策金利を引き上げました。それでもなお、日米間の金利差は依然として大きく、これが円安が続く一つの大きな要因となっています。一般的に、金利が低い方から高い方へ資金は流れ込むため、円は売られ続け、結果として日本は円安と物価高に苦しむこととなりました。

　コロナ禍からの回復を受けて、特に製造業や IT・テクノロジー関連の日本企業は世界市場で競争力を高め、業績を回復しつつあります。しかし、多くの企業はその利益を設備投資や研究開発に再投資する一方で、賃金引き上げは後回しにする傾向があります。物価上昇は消費者だけでなく、企業にも影響を及ぼします。特に原材料費の増加などによって生産コストが上昇しています。加えて、原材料を輸入している企業にとっては、円安がさらなるコスト増を引き起こしています。多くの企業は賃金を引き上げているものの、実質賃金率は依然として低下しており（図 2 参照）、物価上昇に対して名目賃金の増加が追いついていないのが現実です。その結果、国民の生活は厳しさを増し、特に多くの中小企業にいたっては賃金の引き上げに対する余裕などありません。

　名目賃金（手取り）よりも実質賃金の方が、私たちの生活の実態をより正確に反映します。たとえば、昨年と今年の給料が同じ 20 万円であったとしても、昨年 100 円だったリンゴが今年 120 円に値上がりした場合、同じ 20 万円で購入できるリンゴの数は、今年の方が少なくなります。

　現在の円安物価高の状況には、前述した要因に加えて、さまざまな複合的な要因が影響を及ぼしており、円安ドル高や物価高が進行しています。さら

　3）商品の価格が上がり続けることをインフレ（インフレーション）、商品の価格が
　　下がり続けることをデフレ（デフレーション）といいます。

に、経済のグローバル化が進む中で、もはや日本の経済政策は国内の状況だけで自由に調整できるわけではなく、外部要因にも大きく影響されるようになっています。

　私は毎年アメリカに出張しており、その度に日本人の経済力が年々低下していることを実感しています。人口減少や少子高齢化といった社会問題が一層深刻化している中、今後の日本がどのような未来を迎えるのか、大きな不安を抱かざるを得ません。

　次に「経済・社会問題の多様化」を考えてみましょう。なぜ国や地方自治体は税収を必要としているのでしょうか。皆さんは、ワーキングプアやネットカフェ難民、限界集落、待機児童といった新しい経済・社会問題を指す言葉を聞いたことがあると思います。働けども、働けども貧しいままのワーキングプアや定住先がなく、ネットカフェに寝泊まりして日雇いの仕事をするネットカフェ難民、町や村の人口のほとんどが65歳以上の高齢者となってしまった限界集落や、保育園に入りたくても入れない待機児童など、経済・社会問題は複雑化し、その性質もさまざまです。

　このように多様な性質をもつ経済・社会問題を解決し、私たちの暮らしを良くするような公共財を供給することが国や地方自治体の仕事の一つです。財[4]を大別すると公共財と私的財に分けることができます。分けるときの基準となるのは、非排除性と非競合性です。非排除性とは、ある特定の人が消費することを排除することが難しい、もしくは排除に費用がかかりすぎるため、あるいは政策的視点から排除することが望ましくないとする性質のことを指します。他方、非競合性とは、同時に多くの人々によって消費されることが可能であるため、そのようなことになっても他の人の取り分が少なくなることはなく、消費者の間で取り合いになったりしない性質のことを指します。競合性と非排除性の両方の性質をもつ財を純粋公共財といいます。たと

4）ここで「財」とは、家、服など、私たちの目に見える形の商品のことです。一方、サービスは、家事、介護、塾など、他の人がその人の役に立つよう手助けする行為のことで、目には見えない形の商品です。本章では、このような区別をせず財と一言で表現しています。また一言で「サービス」と表現した章や「財・サービス」とまとめて表現した章もありますので注意してください。

えば、灯台の光はそれを必要とするすべての人たちが利用できますし、灯台の光をめぐって他の人と取り合いになることもありません。灯台の光や国防、外交は純粋公共財の代表例です。純粋公共財の場合、対価を支払わずとも誰からも排除されないし、誰とも競合しないわけですから、対価を支払わずに消費しようとする人たち（フリーライダー）が現れます。これでは商売は成り立ちませんので、そのままにしておくと、誰も供給しなくなります。しかし、灯台の光や国防、外交が供給されなくなると、たくさんの人が困ります。そこで国・地方自治体の出番となるわけです。誰も対価を払わないが、必要な財であるため、国は強制性のある税金を徴収し、そこからこれらを供給するための費用を拠出するという手段をとります。

　非排除性と非競合性のうち、どちらか一方の性質だけをもつものは、準公共財と呼ばれています。準公共財には道路、港湾設備、図書館、プール、警察、消防、公園などがあります。これらのなかには国・地方自治体だけでなく、民間も供給しているものもあります。

　一方、ガソリンやパン、トイレットペーパーなどは、私的財と呼ばれています。私的財の場合、代金を払わない人は消費できませんので、フリーライダーは発生しません。また、複数の人が同時に消費しようものなら他の人の取り分が少なくなり、取り合いになります。つまり、私的財は、非競合性と非排除性のどちらの性質ももっていません。そのため、国や地方自治体の手助けがなくとも、市場に任せておけば人々の欲求にあわせて財が無駄なく生産され消費されます。

　これに対し、非競合性と非排除性という基準ではなく、財に社会的な価値があるかどうかという基準で分類されるのが価値財（メリット財）と呼ばれるものです。価値財の例としては、医療や教育、介護、公営住宅などが挙げられます。価値財は私的財ですが、社会的価値が高い財（公共性の高い財）であるため、社会全体に良い影響をもたらすことが期待できる財です。そのため価値財の場合も民間だけでなく国・地方自治体もまた供給します。

　アベノミクスの3本の矢は経済を成長させ、社会的問題を解決するための準公共財や価値財の供給に必要な税収を増やすという的に向けて放たれた矢

でもあります。国や地方自治体が社会的・経済的問題を解決し、私たちの生活を良くするために、準公共財や価値財を供給するという仕事を行うには、たくさんのお金（税収）が必要です。では、税収を増やすにはどうしたらよいのでしょうか。方法は大きく分けて二つあります。一つは経済を成長させることです。経済の活動規模が大きくならないと、企業は生産量を増やせませんから、儲けも増えません。儲けが増えないと企業が払う法人税からの収入は増えません。また、賃金も増えませんから、所得税からの税収も増えません。

　税収を増やすもう一つの方法は増税することです。ただし、われわれ国民は増税という言葉にとても敏感です。「増税を検討する前に国や地方自治体は支出の無駄をなくせ」と言いたくなる国民の気持ちはよくわかります。一方、東日本大震災の復興のための財源確保、高齢化のために増え続ける社会保障費の財源確保など、支出を免れない事象がたくさんあり、増税やむなしと考える人も多いと思います。

　図3を見てください。図3は税収のうち、所得税収入、法人税収入、消費税収入、そして実質経済成長率を比べたグラフです。

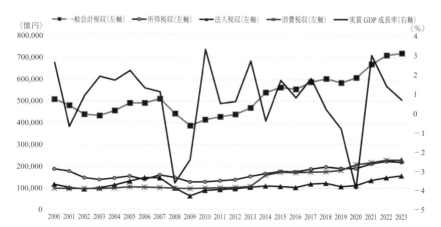

図3　主要税目の税収（一般会計分）の推移と実質経済成長率
出典：財務省と内閣府のデータを用いて筆者が作成

図3を見ると、日本経済が成長していないにもかかわらず、税収が増加していることが明らかです。経済成長率が低迷している中で税収が増加している主な要因として、消費税率の引き上げ、法人税の増加、資産価格の上昇、税制改革などが挙げられます。これらの要因が相まって、低成長にもかかわらず税収が増加しています。

　まず、消費税率の段階的引き上げが税収増加に大きく貢献しています。2014年には消費税が5％から8％に引き上げられ、その後2019年に10％へとさらに引き上げられました。消費税は物品やサービスの購入時に課税されるため、極端なインフレが発生しない限り、税率の引き上げは税収の増加をもたらします。経済が低迷している状況でも、消費税率の引き上げやインバウンド観光客の増加は税収を押し上げる要因となっています。

　次に、法人税収の増加も重要な要因です。法人税が増加している背景には、リーマンショック[5]やコロナ禍といった経済的困難を乗り越え、企業が国外での事業展開の成功や生産性向上を通じて収益を上げた結果として、法人税収が増加したことがあります。企業業績の改善が法人税収の増加に繋がっているのです。

　さらに、資産価格の上昇も税収増加を後押ししています。たとえば、日経平均株価が4万円台に達したり、不動産市場でマンションや土地の価格が高騰しているというニュースを耳にした人も多いのではないでしょうか。株式市場や不動産市場の好調が資産価格の上昇をもたらし、それに伴い、資産売却益にかかる譲渡所得税や相続税の収入が増加しています。

　しかし、税収が増加している一方で、物価上昇率が賃金上昇率を上回る状況が続いており、多くの国民が生活の改善を実感できていないのが現状です。この点は重大な社会問題であると言えるでしょう。物価の上昇が賃金の

5）米国第4位の銀行だったリーマン・ブラザーズの経営破たんをきっかけとした世界同時不況のことです。リーマン・ブラザーズは、信用度の低い人を対象にした高金利の住宅ローンであるサブ・プライムローンを証券化して大量に保有し、儲けを得ていました。ところが住宅バブルが崩壊したことで、2008年に経営破たんしました。これが世界的な金融不安を引き起こし、株価が大暴落して世界同時不況となりました。

上昇を上回ることにより、実質的な購買力が低下し、生活の質の向上を実感できない層が増加しています。そして、所得格差や資産格差が広がっており、これらの格差がさらに拡大することへの懸念の声が高まっています。

最後に「新しい公共の推進」についてです。皆さんは、「官から民へ」という言葉を聞いたことがありますか。官[6]とは、狭くは「官僚」のことを意味します。前述したように、国や地方自治体における財政状況が厳しさを一層増しています。一方で、経済・社会問題が多様化した分、それを解決するための準公共財や価値財へのニーズも多様化しています。そのため、民（民間）でも供給可能な準公共財や価値財については、できる限り民から供給してもらい、官は官でないと供給できない純粋公共財、あるいは官が供給する方が望ましい準公共財や価値財の供給に集中するという「選択と集中」の考え方が広まってきました。また民間組織がもつ専門的な知識や創意工夫する力を準公共財や価値財の供給に生かしていくことが必要だという NPM の考えも広まりました。

このように、官と民とがそれぞれ役割分担したり協力したりして、多様化した経済・社会問題に対応した準公共財や価値財を供給することは、官民連携（PPP：Public Private Partnership）と呼ばれています。PPP は、1990 年代後半に欧米で普及しはじめた概念です。PPP の具体的手法としては、民営化や民間委託、公共事業への民間資金の導入（PFI：Private Finance Initiative）のほか、独立行政法人化などがあります。

PPP では、民もまた準公共財や価値財の供給者ということになります。準公共財や価値財の供給主体としての民には、NPO（Nonprofit Organization：非営利組織）、ビジネスの手法を用いて社会的問題を解決する社会的企業（ソーシャルエンタープライズ：コミュニティービジネスを含む）、多くの大企業が取り組んでいる CSR（Corporate Social Responsibility：企業の社会的責任）を実践する営利企業などがあげられます[7]。経済・社会問題が複雑化する一方、財政難に苦しむわが国において、官と民との協働により、準公共財や価値財

6）第 1 章に官や民についての詳しい説明が述べられています。
7）社会的企業や企業の社会的責任については、第 6 章に詳しく述べられています。

の供給を行うという新しい供給システムの推進が、公共経営効率化に向けた新しい公共経営の手法の一つとして注目されています。

2　新公共経営論の三つの特色

　Naschold（1996）[8] は、NPM の特色を、「業績・成果主義」、「市場メカニズムの導入」、「市民主導型」の三つにまとめました。これまで法律に基づいてさまざまなことを規制することは、いわば官僚の特権でした。そして、官僚に求められていたことは規制に則り、滞りなく業務を執行することだけでした。したがって官僚は法令や規則ばかりを重んじていましたし、公共経営に業績や成果（アウトカム）[9] が求められることもありませんでした。その一方で、民間組織で働く従業員は、利益をもたらしたら、昇給したり昇進したりしますし、逆に損害をもたらしたら、減給されたり降格されたりするのが当たり前です。従業員の業績や成果を評価することを人事考課といいます。民間企業で働く従業員が所属する部門もまた業績や成果に応じて評価されます。そして民間組織は供給する私的財の市場からの評価が悪いと、減益を経験したり、ひどいときは倒産を経験したりします。このような厳しい環境に身を置いたからこそ獲得できた経営効率化を達成するためのさまざまなノウハウが、民間組織の経営手法には蓄積されています。財政難に直面している国・地方自治体には今まさに、公共経営効率化に向けた取り組みが求められています。そこで、民間組織の経営者が常に意識して経営を行っている業績や成果といった考え方を公共経営にも導入することにより、公共経営資源の最適な配分を行い、公共経営の効率化を図ろうというのが「業績・成果主義」の狙いです。民間組織で働く従業員同様、国・地方自治体で働く官僚が行った仕事内容やその官僚が所属する部局がどの程度業績・成果を社会にもたらしたかを評価し、それに応じて官僚や部局を評価しようとしています。そし

　8）Naschold, F.（1996）New Frontiers in Public Sector Management: Trends and Issues in State and Local Government in Europe, Berlin, Germany: Walter de Gruyter.
　9）業績とは事業で獲得した成果のことで、成果とは、事業をして得られたよい結果のことです。

68

てその評価に応じて部局へ配分される予算が決定されることになります。

　ここで重要なのは「成果（アウトカム）」という考え方です。これまでの公共経営では成果よりむしろ産出（アウトプット）が重視されてきました。ここで、成果とはどれだけのその経済・社会問題が解決されたかということであり、産出は成果を生み出すために行われたさまざまな取り組みのことです。たとえばある地方自治体では待機児童が問題になっていたとしましょう。この時どれだけ保育園を作ったかということは、成果ではなく産出です。しかし、重要なことは、単に新しく作られた保育園の数（アウトプット）ではなく、適切な場所に適切な保育園を作った結果減らすことのできた待機児童の数（アウトカム）です。業績・成果主義では、官僚や部局のアウトプットではなくアウトカムが評価されます。目覚ましいアウトカムを達成した官僚は昇進し、その官僚が所属する部局に配分される予算は増やされ予算の使い方に関する自由度も高まります。

　業績・成果主義の公共経営への導入により、必要としている準公共財や価値財を、必要なところに必要なだけ、いかに効率よく届けることができるかということが、官僚に問われることになります。現実には、業績・成果主義の公共経営への導入には課題も多く、試行錯誤と四苦八苦が続いている地方自治体も少なくないようです。導入をあきらめた地方自治体もありますが、時間をかけて一つひとつの課題に丁寧に取り組み、少しずつでも着実に業績・成果主義の導入に向けて前進することが望まれます。世界のさまざまな成功事例から、業績・成果主義の実践により効率化された公共経営がもたらす社会的便益はとても大きいことが実証されているからです。

　次に、「市場メカニズムの導入」についてです。市場メカニズムとは、価格が変化することによって、自動的に需要と供給のバランスが調整されることをいいます。行楽シーズンには、ガソリンの値段は普段より高くなることがあります。ガソリン価格が1リットル当たり数円上がっても、行楽地へ車で出かけたいという人が増えますから、ガソリン・スタンドは価格を上げます。そしてガソリンへの増加する需要に対応するため、製油所はガソリンの生産量を増やします。ところが行楽シーズンが終わるとどうでしょう。ガソ

リンは行楽シーズン期間中より安くなる傾向にあります。行楽シーズン期間中のように少々高い価格でもガソリンを買いたいという人が減るからです。したがって、製油所のガソリン生産量も減ります。このように、社会全体で人々の欲求に合わせた財の供給が自動的に実現するというのが市場メカニズムです。

　医療や教育、介護、公営住宅などのような社会的価値が高い（公共性が高い）価値財は、NPO（非営利組織）や営利企業などの民間組織による供給が可能ですが、市場メカニズムに 100％任せるのではなく、国・地方自治体もその供給に関与しています。また、道路、図書館、プールなどのような、非排除性と非競合性のうち、どちらか一方の性質をもつ準公共財にも、NPOや営利企業などの民間組織による供給が可能なものもあります。ここでいう「市場メカニズムの導入」とは、民間組織による供給が可能であったにもかかわらず規制等により供給量が制限されていた財の供給に対して積極的に規制緩和・制度改革を行い、民間組織の活力をもっと取り入れることであると解釈できます。また、国・地方自治体が財を供給する場合でも、民間組織がもつ経営理念や手法を取り入れ効率化を図ることも市場メカニズムの導入といえるでしょう。民間組織は、市場での生き残りをかけて市場メカニズムの荒波にもまれたからこそ会得した公共経営の効率化のためにも役立つさまざまな取り組みや知恵をたくさんもっています。

　最後に市民主導型ですが、これはどのような準公共財や価値財を、どこにどれだけ供給するのかといった計画を練る段階から市民が積極的に関与し、その主導権を握ることを意味します。どのような準公共財や価値財が必要で、どのような準公共財や価値財が必要でないかを一番よく知っているのは、準公共財や価値財の需要者である市民ですから、市民主導型へと移行することにより不必要な準公共財や価値財を供給することによる財政の無駄遣いを阻止する効果が期待できます。

　市民主導型の公共経営を実践するには、官僚の意識改革だけでなく、市民の意識改革も必要です。私たちは自分の家族だけ良ければそれでいいというような、利己的思考から、自分の住んでいる地域や市町村、そして国自体も

良くならなければならないという利他的思考へと転換する必要があります。日本の資本主義の父といわれた渋沢栄一は、公益を追及することが私益につながると考えていました。いくら官僚が市民主導型の公共経営に移行したいと思っても、肝心の市民が利己的思考のままでは移行できません。しかし、現状は、地域コミュニティ組織（町内会や老人会、婦人会、子供会、青年団など）への参加率は低下し続けています。一方、現代の経済・社会問題は解決できないくらい多様化・複雑化しています。国・地方自治体だけでなくNPO、営利企業、社会的企業、大学、地域コミュニティなどのさまざまな組織が協力しなければ解決できない状態にあります。政治家や官僚、ビジネスマン、地域コミュニティで活動している人たち、主婦、学生などの立場の異なる人たちが、いろいろな経験や考え方を議論の場に持ち寄り、議論に議論を重ねて私たちが直面している経済・社会問題に対する最善の解決策を探るという社会システムづくりは、市民主導型の実践に欠かせない作業なのです。

3　新しい公共を担う NPO 法人

　阪神・淡路大震災が発生した 1995 年はボランティア元年、あるいは NPO 元年といわれています。それは、100 万人を超えるボランティアが復興支援のために集まった年であり、NPO が多くのボランティアをコーディネートし、被災者を支援した年でした。被災者支援活動における NPO の機動性と俊敏性には目を見張るものがあり、その活動はメディアに連日のように取り上げられました。しかしこれら NPO の多くが法人格をもたない任意団体だったことで、さまざまな活動上の制約を受けました。そこでさまざまな経済・社会問題を解決しようと自発的に結成された民間組織の活動を活発かつ円滑にする法律が必要だという声が、NPO からだけでなく、市民、メディア、政治家からもあがりました。このことを契機に、特定非営利活動促進法（NPO 法）が 1998 年 3 月に制定されました。NPO 法が制定された目的は、非営利活動を行う団体に対して、簡単かつ迅速に法人格を与えることによって、市民が行う自由な社会貢献活動を後押し、公益を促進させることです。したがって、下記の条件を満たせば、比較的スムーズに任意団体は NPO 法

人になることができます。

　まず、「特定非営利活動であること」です。具体的にはNPO法人は、規定されたいずれかの活動分野に該当する活動をしていなければなりません。またある特定の人のため（私益）の活動であってはならず、公益のための活動でなければなりません。

　次に、「営利を目的としないこと」です。NPOは儲けてはいけないと思っている人はいませんか。「営利を目的としないこと」と「儲けてはいけないこと」は同じ意味ではありません。つまり、NPOは儲けてはいけないと考えるのは誤りです。ただし、「利潤（儲け）」の扱いに対してはNPOであるがゆえの縛りがあります。それは「利潤の非分配制約」と呼ばれるものです。これは、得られた利潤をNPOのスタッフ等の関係者に分配してはならないことを意味します。では、得られた利潤は一体どうするのでしょうか。それは、次のミッションに使用することになります。ミッションとは「使命」のことです。営利組織の場合、その第一の活動目的は利潤を追求することですが、NPOの第一の活動目的はこのミッションを達成することです。NPOのミッションとは、簡単にいえば経済・社会問題を解決する準公共財や価値財を供給することです。

　次に、「宗教活動を目的としないこと」です。宗教活動とは施設の有無を問わず宗教の教義や儀式行事、信者育成のことをいいます。宗教活動を目的とした組織は宗教法人という別の種類の法人格をもつことになります。

　そして、「政治活動を目的としないこと」です。これは、特定のイデオロギー（ある特定の政治的立場に基づく考え）を推進、支持または反対をするような活動をしてはならないということです。ただし、政策を推進したり政策提言を行ったりすることはこれに該当しませんし、政治に物申してはならないということでもありません。政策の推進や政策提言を行うNPOは特に、「アドボカシー（団体）」と呼ばれています。

　最後に「特定の公職の候補者、公職者、政党の推選、支持、反対を目的としないこと」です。これは特定の政党のための活動をNPO法人はしてはならないということです。

法人格をもつことにより NPO はこれまでより一層活動を活発化していきました。内閣府によると、2024 年 11 月現在、認証 NPO 法人の数は約 5 万団体に上ります。これは、セブン・イレブン、ファミリーマート、ローソンの数を足した値とほぼ同じです。

NPO には NPO 法人以外のさまざまな組織があります。たとえば私立大学も学校法人に区分される NPO ですし、広い意味では医療法人も NPO です。皆さんの自宅の近くにある病院やクリニックの看板を見てみてください。医療法人〇〇会△△医院などと看板に書かれていると思います。マンションの管理組合のような法人格のない任意団体や少年野球チームも NPO です。NPO といったときそれは必ずしも NPO 法人を指すわけではありません。

NPO は儲けてはならないという誤解以外にも、いくつかの誤解があります。たとえば、NPO のスタッフはすべてがボランティアだと思っている人はいませんか。確かに NPO は準公共財や価値財を供給する際に、寄付金やボランティアの助けをかりています。しかし、NPO には営利組織と同じように有給で働くスタッフもいます。日本では、一般に NPO 法人で働く人たちの給与は、営利企業で働く人たちの給与より少ない傾向にありますが、それでも NPO 法人のスタッフを志す人たちはたくさんいます。このような人たちは、「困っている人を助けたい」、「地域が抱える問題を解決したい」、「自分の仕事が社会に貢献しているということを実感したい」というような強い思いをもって働いています。私たちの生活を良くしようと、さまざまなミッションをもった沢山の NPO に囲まれて私たちは生活しているのです。

4 公共経営学の守備範囲

この章では、国・地方自治体による準公共財・価値財の供給を実践するために必要な財源である税収の動向について概観しました。そして、国・地方自治体が直面する財政難の状況及びそれを改善するための方法についても考えました。私たちの家庭と同じように、国も借金を減らし財政状況を改善するためには、入ってくるお金（歳入）を増やすか出ていくお金（歳出）を減らすしかありません。主たる歳入である税収を増やすには、経済を成長させ

るか税率を上げる必要があります。ここで、どのようにしたら経済を成長させることができるのか深く考えることは、経済学（特にマクロ経済学）の守備範囲になります。一方、いかに無駄遣いをなくすか（無駄な歳出を減らすか）について考えることが公共経営学の守備範囲になります。具体的には、効率的な公共経営に寄与する NPM や公共を担う新しい主体としての NPO の社会的役割、効率的な公共経営を行っている地方自治体の事例などを学ぶことによって、無駄な歳出をカットする方法を探ります。本章では特に公共経営学的視点からに無駄な歳出を減らすという課題にアプローチしましたが、どちらか一つに取り組めばよいというものではなく、持続的な経済成長と効率的な公共経営の実践は同時進行させなければなりません。

　次章では NPM の考え方に則して、公共経営効率化のための戦略マネジメントについて考えてみたいと思います。

（桝永佳甫）

第5章

公共経営の戦略マネジメントモデル

1　公共経営戦略マネジメントの理論モデル

　新しい公共経営に必要なものは「戦略」の概念です。公共経営戦略とは、組織の使命（ミッション）、将来像（ビジョン）、及び目標（オブジェクティブ）をどのようにして実現するかを明示したプランのことをいいます。そして公共戦略マネジメントとは、共通のミッションとビジョンをもつ人たちが、組織の経営資源を上手に生かして成果を上げられるようにする一連のプロセスであると定義づけることができます。

　この章では公共戦略マネジメントの理論モデルを検証してみましょう。公共経営も企業経営同様、戦略を練るきっかけは、その必要が生じる出来事の発生です。戦略を練るきっかけとなる事象をトリガーイベントといいます。トリガーイベントには、1995年1月の阪神・淡路大震災や2011年3月の東日本大震災、そして2024年能登半島地震のような自然災害もあれば、政権が変わったり市区町村や都道府県の首長（市長や知事など）が変わり、経済・財政政策を新たに打ち出すときにも公共経営戦略を練る必要があります。

　公共経営戦略マネジメントの一連のおおまかな流れを示した図1について、それぞれのステップごとにこの理論モデルを詳しくみていくことにしましょう。前述したように、まずトリガーイベントが発生します。この時、トリガーイベントにどのように対応するかを考える委員会が国や地方自治体の内部に作られます。ここでは仮に戦略プランニング委員会と名づけることにしましょう。この戦略プランニング委員会のメンバーは、戦略を練る必要のある問題に詳しい政治家や官僚、学者や専門家などの民間有識者によって構

75

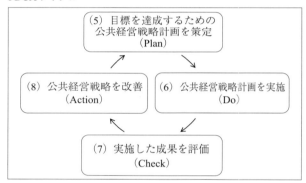

図1　公共経営戦略マネジメント理論モデル

成されます。

　次に、戦略プランニング委員会が公共経営戦略を練る上で必要な情報を提供するために、戦略プランニング委員会を支えるスタッフやシンクタンク[1]

1）シンクタンクとは、さまざまな領域の専門家を集めた研究機関のことです。社会や経済の問題や政策、企業経営戦略や公共経営戦略などについて、調査・分析を行い、問題解決に向けた政策提言や将来予測などを行う研究組織で、さまざまな領域の専門家がその研究組織で働いています。日本では、株式会社野村総合研究所や三菱UFJリサーチ＆コンサルティング株式会社、公益社団法人日本経済研究センター、財団法人総合研究開発機構、内閣府経済社会研究所、経済産業省経済産業研究所などがあります。組織形態は営利から非営利、政府系までさまざまです。

が国や地方自治体を取り巻く外部環境及び内部環境を分析します。そして、この二つの環境分析結果を使って SWOT 分析を行います。SWOT 分析については次の節で詳しくみていきます。その分析結果を参考に、戦略プランニング委員会は目標を設定します。次に戦略プランニング委員会が立てた目標を実現するための具体的な戦略計画を策定します。そして、戦略計画を実行に移します。計画を実施したことにより得られた成果を官僚自身が評価したり、シンクタンクなどの組織外部の民間の研究機関が評価します。これらの評価結果に基づいて、改善が必要な部分については改善を行います。そして、目標が達成されるまで（5）〜（8）は繰り返されることになります。この一連のサイクルを、計画（Plan）、実施（Do）、評価（Check）、改善に向けた行動（Action）のそれぞれの頭文字をとって、PDCA サイクルと呼びます。

2　SWOT 分析

　それでは、公共経営戦略マネジメントの理論モデルのなかの（2）〜（4）までの流れについて詳しくみていくことにしましょう。組織を取り巻く内部環境や外部環境を把握し、それらを分析することにより、組織は公共経営戦略を練るための有益な情報を得ることができます。そこで、内部環境分析、外部環境分析、これらの分析結果を利用して行われる SWOT 分析を行うことになります。ここで SWOT とは強み（Strength）、弱み（Weakness）、機会（Opportunity）、脅威（Threat）の頭文字をとったものです。SWOT 分析は、多くの営利企業が経営戦略を練るときに実践しています。同様に公共経営戦略を練る際にも有用な情報を与えます。

　組織を取り巻く環境は大きく分けて内部環境と外部環境の二つに分けることができます。内部環境とは簡単に言うと組織自身が自分でコントロールできる環境のことで、外部環境とは組織自身が自分ではコントロールできない環境のことです。内部環境にはたとえば、経営資源（ヒト、モノ、カネ）の配分の仕方や、生産ノウハウ、販路など、組織が自身の判断で変化させたり、開発したり、開拓したりすることのできる事象が含まれています。一方、外部環境[2]にはたとえば、景気動向や顧客動向、天気、災害、外国が行う政策

やライバル企業の生産量など、組織が自身ではコントロールすることのできない事象であり、与えられた事象として受け入れるしかない事象です。

　内部環境を分析することからわかることは、自分の組織の強みと弱みです。他者と比較して自分が優れている点（強み）はさらに努力を重ねれば、もっと優位な立場に立てるでしょうし、劣っている点（弱み）は努力をしなかったら、ますます不利な立場に立つことになるでしょう。弱みは自分の努力次第で強みにも変えられますし、強みも怠けていたら弱みに転じるかもしれません。つまり強みと弱みは自分でコントロールできる事象です。たとえば、「優れた商品開発力」や「充実した販路をもっている」、「多くの社員が常に危機感をもって仕事している」などは、企業の強みです。そして、これらは企業自身が決定する経営方針や経営手法によりコントロールすることができる事象です。一方、「自社のブランド力がない」、「経営トップがいずれも事なかれ主義である」、「営業担当者が御用聞き的な営業しかできない」などは、企業の弱みです。そしてこれらもまた企業自身が決定する経営方針や経営手法によりコントロールできる事象です。商品力、マーケティング力、販売力、ブランド力、技術力、生産能力、研究開発力、資金力、立地、人材、組織力、物流網などは、その企業の経営努力次第で、強みにも弱みにもなりえます。

　一方、外部環境からわかることは、自分の組織が直面している機会と脅威です。たとえば、「中国での消費意欲が高まっている」、「業界全体の国内需要が伸びている」、「本格参入しても十分利益を上げられる市場がある」などは、企業が売り上げを伸ばし、企業を大きくすることのできる機会であるといえます。しかし、これらの事象は一社がコントロールできる事象ではありません。一方、「同業他社が新製品を開発した」、「製品を輸出しているある

　2）外部環境分析には、社会経済環境分析、市場分析、仕事環境分析などがあります。また市場分析はニーズ分析とライバル分析の二つに分けられます。ニーズ分析とは、サービスの需要者のニーズ（そのサービスを必要とする人たちがいるかどうか、その人たちはどんな人たちか）について分析します。一方、ライバル分析は、同種のサービスの供給者の経営戦略を分析します。これはライバルの戦略を加味した戦略を練るために行われます。

国で戦争が起こった」、「天候不順により輸出船が出航できない」、「外国で日本製品の不買運動が発生した」などは、その企業にとっては脅威となる事象です。これらもまた、一社がコントロールできる事象ではありません。外部環境は、それを所与として受け止めるしかない事象だといえます。政治・法律環境、社会・文化環境、自然環境、経済環境、人口、競合他社の動き、仕入先・取引先の動き、海外市場の動きなどは、一つの企業の経営方針や経営手法が大きく影響を及ぼし得る事象ではありません。つまり、自身でコントロールできない事象です。また、その時の状況によりその企業にとって機会にも脅威にもなります。

　一般に、内部環境と外部環境は、組織内の社員や職員にインタビューやアンケート調査を行って、あぶりだすことになります。またシンクタンクや経営コンサルタント会社に民間委託して、第三者の目から客観的にあぶりだしてもらうことも可能です。

　内部環境分析及び外部環境分析により、組織にとっての強み（S）、弱み（W）、機会（O）、脅威（T）を把握することができたら、それらを SWOT マトリックスに転記します。マトリックスとは日本語で行列の意味です。SWOT マトリックスは一般的に表 1 のようなものです。強みと機会、強みと脅威、弱みと機会、弱みと脅威をクロスした部分それぞれについて分析することを、ここでは SWOT マトリックスによるクロス分析と呼ぶことにしましょう。

表 1　SWOT マトリックスによるクロス分析表

SWOT マトリックス

	O	T
S		
W		

表1の行はSとWで列はOとTです。この例だと上段左にはSとOの
事象を、上段右にはSとTの事象を書くことになります。他方、下段左に
はWとOの事象を、下段右にはWとTの事象を書くことになります。
　SWOTマトリックスによるクロス分析の結果をどのように経営戦略の策
定に利用するのでしょうか。表2には、4つのセル（分割された小部屋）の
なかに、それぞれのセル対応する経営戦略が示されています。
　強みと機会が交差するセル（上段左）では、強みを機会に対して生かす経
営戦略を考えることになります。この組織には強みをさらに強化できる追い
風が吹いている状況です。戦略がうまくゆけば、その組織は大きく成長する
ことができるでしょう。一方、強みと脅威が交差するセル（上段右）は、強
みを生かして脅威を排除するための経営戦略を考えたことになります。この
戦略がうまくゆけば、これまで組織にとって向かい風であった脅威が、軽減
されたり、脅威でなくなったりする可能性があります。他方、弱みと機会が
交差するセル（下段左）では、機会を生かして弱みを克服するための経営戦
略を考えることになります。つまり、弱みを克服するには好都合の追い風が
組織に吹いているということになります。経営戦略がうまくゆけば、弱みで
なくなる可能性もありますし、それまでの弱みが一転、強みに変わる可能性
もあります。最後に、弱みと脅威が交差するセル（下段右）です。ここでは、
組織にとって弱みであることに対して向かい風が吹いている状況です。組織

表2　SWOTマトリックスの各セルにおける経営戦略

SWOTマトリックス

	O	T
S	強みを機会に対して生かす経営戦略は何か	強みを生かして脅威を排除するための経営戦略は何か
W	機会を生かして弱みを克服するための経営戦略は何か	弱みと脅威が重なることから、損失を最小限にするための公共経営戦略は何か

80

にとってかなり不利な状況であるといえるでしょう。この時組織は、できる
限り損失を最小にする経営戦略を考える必要があります。市場から撤退とい
う選択肢も考えなければならないかもしれません[3]。

3 SWOT マトリックスの公共経営への応用

　ここでは SWOT 分析の公共経営へのごくシンプルな仮想的応用例をみて
いきましょう。少子化により労働力人口（15 歳以上で働く意思のある人）が
減少傾向にあります。一国の経済を成長させる要素の一つは労働力人口の増
加ですから、労働力人口の減少はわが国の経済力低下といった深刻な問題を
引き起こします。そして、それは地方経済にも大きなダメージを与えます。
少子化を食い止めることはとても重要なことですが、いま少子化問題が解決
できたとしても、労働力人口が増加し始めるのは今から 15 年後になります。
もっと迅速に女性の労働力人口を増やすことはできないでしょうか。地方自
治体 C にも何らかの対策が求められています。そこで地方自治体 C はまず
SWOT 分析を行い、労働力人口を増加させるための戦略を練ることにしま
した。下記の地方自治体 C を取り巻く外部環境及び内部環境に関する次の
記述が、それぞれ O（機会）、T（脅威）、S（強み）W（弱み）のいずれに該
当するかを考え、①〜④を記入することにより SWOT マトリックスを完成
させてみたいと思います。

① 子育て世代が増加傾向にある地方自治体 C は、同じように待機児童問題
　を抱える地方自治体に比べて対策が遅れており、保育園の数は全国平均
　よりかなり少ない。

② 男女雇用機会均等法が施行されたが、女性の労働力人口を増加させる効
　果は極めて限定的である。

③ 全国的に発生している空き家の防災や防犯上の問題が浮き彫りとなり、

---

3) それまで事業に投資した額を考えると撤退するかどうかの判断はとても勇気が
　必要です。人それぞれ撤退を決断するポイントは違うと思いますが、ソフトバン
　クを設立した孫正義氏は、30％以上の確率で失敗すると考えるときは撤退を決断
　するそうです。30％の損であれば、挽回できるというのが彼の持論です。

この問題に関する世論の関心は大きい。また、この問題の早期解決を望
　　む地方自治体Cの市民の声も大きい。
④　社会における女性の活躍を推進することに熱心な首長が当選し、地方自
　　治体Cでは、待機児童問題の解消に多くの予算を投じることができる。

　まず、①についてですが待機児童問題そのものは、地方自治体C自身が
保育所をたくさん設置したり、NPO等による保育所新設に対して補助金を
出したりするなどの方法により、保育園の増加が見込めますので、地方自治
体Cがコントロールできる事象です。しかし、①はその対策が遅れている
と述べています。したがって、①は弱み（W）となります。一方、男女雇用
機会均等法の効果は地方自治体Cがコントロールできる事象ではありませ
んので、②は外部環境です。そして女性の労働力人口を増やそうとしている
地方自治体Cにとっては、向かい風となる事象です。したがって、②は脅
威（T）ということになります。他方、全国的に発生している空き家の防災
や防犯上の問題に対する世論の高まりは、地方自治体Cがコントロールで
きる事象ではありません。したがって③の記述は外部環境です。しかしこの
問題の解決を望む市民の声が大きいことは、地方自治体Cにとって、世論
の高まりを背景に官と民とが協力してこの問題に取り組むよい追い風です。
したがって、③は機会（O）ということになります。最後に、④は地方自治
体Cが、待機児童問題の解決のために投じる多くの予算があると述べてい
ます。これは地方自治体Cがコントロールできる事象ですし、多くの予算
を使い、さまざまな対策を講じることができます。したがって、④は強み
（S）ということになります。
　このように考えると、地方自治体CのSWOTマトリックスは、表3のよ
うになります。
　次に、機会を生かして弱みを克服する地方自治体Cの公共経営戦略を考
えてみましょう。つまりSWOTマトリックスの上段下（①③）の情報を用
いて公共経営戦略を練るということになります。③には、空き家問題の解決
を望む地方自治体Cの市民の声が大きいこと（機会）が述べられていました。

4 政策を評価する

表3 地方自治体 C の SWOT マトリックス

SWOT マトリックス

	O	T
S	③　④	②　④
W	①　③	①　②

一方で①には、地方自治体 C の保育園の数は全国平均以下であること（弱み）が書いてありました。そこで、公共経営戦略にとしては、改築することにより流用可能な空き家はどんどん改築して小規模な保育園を増設していくことが考えられます。空き家問題を何とかしなければならないという世論の追い風が、待機児童問題という地方自治体 C の弱みを克服する追い風になるという例です。この公共経営戦略を実行するにはさまざまな問題もあるでしょうが、これにより待機児童問題だけでなく空き家問題も解決できれば一石二鳥です[4]。そのほかにもこの例から実行可能で現実的な公共経営戦略が考えられるかもしれません。皆さんも考えてみてください。

4　政策を評価する

■ 4.1　政策を評価する意義

　皆さんは、これまで、小、中、高、大と教育課程を進むにつれ、さまざまなテストを受けてきたと思います。社会人になってからも、資格試験を受けたり、TOEIC や英検などの語学検定試験等を受けたりする人がいます。テ

---

4) 東京都は 2013 年から、空き家や空き店舗などを活用して小規模保育事業に転用する市区町村に対し財政支援を行う「東京スマート保育」を実施しています。これまで国から一切補助のなかった 6〜19 人の小規模保育施設の開設、運用、貸借料や運営費に対して一定額まで補助する制度です。

ストの点数を見るときが一番ドキドキしますし、その結果に一喜一憂したことも多いでしょう。勉強方法がこのままで良いのか、それとも改善すべきか評価する際に有用な情報をテスト結果は与えてくれます。

国や地方自治体が行う政策についても評価は大切な作業です。どんなに良いと思える政策が実施されていても、その成果を検証しなければ、その政策は市民のニーズにマッチしているのか、意図した市民に準公共財や価値財が届けられているか、政策の改善は必要なのか、今後もその政策を継続すべきか、などを決めることができません。政策の実施には多額の費用がかかります。その費用はわたしたちが支払った税金から拠出されているわけですから、政策の成果を正確に把握するための政策評価は、税金の無駄遣いをなくすための重要な手段の一つであるといえるでしょう。長期にわたる財政難に直面しているわが国にとっては、政策を評価することの重要性が今後ますます認識されています。

それでは評価とはいったいどのようなものでしょうか。評価の概念とその手法は、1930年代のアメリカで形成されました。そこで、まずは評価に関するアメリカの歴史を少しだけ振り返ってみましょう。

アメリカでは政策に対して実施される評価を、プログラム評価と呼びます。アメリカでプログラム評価がより広く実施されるようになったのは、1960年代以降のことです。その契機となったのが、ジョンソン政権下で行われた「貧困との戦い」という政策です。この政策では、貧困を撲滅するために、連邦政府予算を投じましたが、それだけでなく、貧困撲滅のための政策の効果を測定することも求められました。また1967年には議会の付属機関である米国会計検査院（GAO：General Accounting Office）に政策に対する評価を行う権限が与えられました。GAOは、政府が多額の予算を投じて実施した政策が、財政支出額に見合った効果をもたらしているかを評価しようとしたのです。つまり、税金を使って実施される政策のValue for Money（VFM：税金に見合った価値）を重視してプログラム評価が実施されたといえるでしょう。そして、1970年代に入ると、どの連邦政府機関においても、プログラム評価が実施されるようになりました。また客観的なプログラム評

価を求めて、外部機関にプログラム評価を委託することも行われるようになりました。このことによりプログラム評価を請け負うシンクタンクなどが多数設立され、いわば「評価市場」なるものが誕生しました。1980年代のレーガン政権下では、新しい政策に対する予算がカットされたため、プログラム評価もやや滞りがちとなりました。しかし、クリントン政権下で政府業績結果法（GPRA：Government Performance and Results Act of 1993）が1993年に制定されたことにより、プログラム評価が再び脚光を浴びることになります。このGPRAは、政策目標の達成度の測定とその報告を義務づけた法律であり、わが国で2001年に施行された行政評価法（行政機関が行う政策の評価に関する法律）のモデルとなった法律です。その後のブッシュ政権、続くオバマ政権とプログラム評価は、政策実施とセットで当然のごとく行われています。

4.2　プログラム評価の定義

　マサチューセッツ大学のピーター・ロッシによると、プログラム評価とは、「社会的介入プログラムの成果を体系的に検討するため、社会科学的手法を用いて検証すること」であるとしています。つまり、プログラム評価を行うには、①プログラムの成果（アウトカム）を正確に計測し、②その計測結果を用いて成果を客観的に評価する基準が必要であるいうことです。そして①、②の作業は社会科学の手法に則って行われるということです。科学的手法というからには、政策の成果を何らかの基準に則して定量的に（数字で）測ることになります。つまり、「この政策は、ある程度うまく機能し、住民も満足している様子なので市民のニーズにもマッチしていたと考えられる。したがってこの政策は継続すべきである。」というような定量的裏づけのない評価は、プログラム評価とはいえません。評価者は、プログラムの成果を計測する方法を考え、それをデータ化し、分析を行って、客観的評価基準に則して政策の成果を評価するという一連のプロセスを踏まなければなりません。

　政策を実施するためには、「ヒト」、「モノ」、「カネ」、「情報」といった経営資源を投入する必要があります。それらは総称してインプット（投入要素）

と呼ばれています。インプットを使って社会問題を解決するために産出されるのがアウトプットです。ここでは、アウトプット（産出）は供給された準公共財や価値財そのもののことです。アウトプットが社会問題解決のために使われて、政策の最終目標である社会問題が解決されます。そして、準公共財や価値財の供給により、社会問題がどの程度解決されたかを示すものがアウトカム（成果）です。ここで重要なのは、政策の評価はアウトプットに対してではなく、アウトカムに対して行わなければならないということです。もし政策の評価がアウトプットに対して行われると、たとえば箱物をどんどん作って、箱物ができたこと自体に満足してしまいます。そして不必要な箱物をどんどん作り、その箱物がどれほど社会問題の解決に寄与したのかということに対する関心は薄れます。アウトカムでなくアウトプットを重視していたのが、これまでの日本の公共経営の特色でした。

　アウトプットとアウトカムはやや混同しやすい概念ですので、次の例によりその違いをはっきりと区別できるようにしておくことが大切です。たとえば、慢性的な違法駐車が救急車の病院への到着時間を妨げているとしましょう。このとき、違法駐車取り締まり件数はアウトプットで、救急車の病院への到着時間の短縮部分がアウトカムということになります。たとえば A 市の政策目標が、新たにがんになる患者の 5 年後の生存率を 10% ポイント上昇させることである場合、インプットは、人的資源（医師、看護士など）と物的資源（抗がん剤や MRI、CT、PET などの検査機器など）です。一方、アウトプットは市民がんセンターの建設、市民がんセンター利用患者数、手術の成功率などであり、アウトカムは、がん患者の 5 年後の生存率ということになります。また、失業者対策を考えるとき、ハローワークの職員が面談を行った失業者の数はアウトプットで、そのうち何人再就職したかということがアウトカムということになります。

■ 4.3　プログラム評価の特色

　プログラム評価には、一般に「必要性の評価」、「セオリー評価」、「プロセス評価」、「インパクト評価」、「効率性の評価」の 5 種類があります。ここで

は、それぞれの評価手法についてみていきましょう。まず、「必要性の評価」です。前述したとおり政策の実施には、多額の費用を必要とします。その費用の主な出所は私たちが払う税金です。したがって、その政策を本当に実施する必要性があるのか、あるならどういった理由からかということを、政策を実施する以前に入念に調べ、多額の費用をかけてまで実施する必要性がある政策であることを確認しておくことが重要です。必要性の評価は、プログラムを実施する前に行う評価ですので「事前評価」といわれています。政策実施の必要性を説くには、どんな社会問題に市民は直面しているのか、その社会問題の程度はどの程度かということについて入念に調査し分析することから始めます。たとえば、特別な介護サービスを必要とする人が増加し社会問題が明らかになったとしましょう。その介護サービスの特色やそれを必要とする人の数、そのサービスを供給できる組織数などを調べることになります。つまり社会問題の性質、程度をまず社会科学の手法を用いて分析・把握し、その社会問題解決に特化した政策の必要性を検証することが必要性の評価であるといえるでしょう[5]。

次に、「セオリー評価」です。セオリーは日本語に訳すと「理論」です。これは政策目標を達成するために政策のシナリオが理論的に正しいかどうかを評価するというものです。つまり政策目標のために書かれた設計図が理論的に正しいかどうかを評価することになります。政策目標が非現実的であったり、社会問題を解決する効力をもたない準公共財や価値財を供給したり、それが理論的に妥当性を欠くシナリオであれば、その政策シナリオは再検討されなければなりません。たとえば飲酒運転によって引き起こされる交通事故を減らすには、いったいどうしたらよいのでしょうか。警察官を増やし取り締まりを強化するべきでしょうか、それとも酒気帯び運転に対する刑罰を重くすべきでしょうか。どちらが効果的に飲酒運転による交通事故の発生を抑えることができるのでしょうか。少年犯罪はどうしたら減るのでしょうか。補導歴のある少年たちに、刑務所の悲惨な生活を見学させるのはどうで

---

5) 2010年度予算編成のために民主党政権が導入した事業仕分けは、必要性の評価の一種と考えることができます。

しょう。政策目標達成のための政策シナリオが十分理論的であるかどうかを検討することは、とても重要なことです。なお、セオリー評価も政策が実施される前に行われることから「事前評価」に分類されます。

　「プロセス評価」は、プログラムが実施されている途中で、当初計画したとおりに実施されているかを検証するものです。計画したタイムスケジュールどおりに準公共財や価値財の供給が行われているか、想定された質と量の準公共財や価値財が、対象とする需要者に届けられているかなどを検証します。その方法としては、これらの財の供給量や質に対する需要者の満足度や投入予算額などの記録を取り、計画と実施との間に乖離がないか検証することになります。これらの財が、実際需要者に届けられる段階で、計画したときと異なる量や質になってしまう例もあります。特に、国が計画した政策を地方自治体が実施する時などには、そのようなことが発生する可能性は少なくありません。プロセス評価を行うことにより、計画と実施状況の間の乖離を埋める微調整が実施されることになります。

　「インパクト評価」はプログラム評価のなかでも特に重要な評価です。インパクトは、影響力や反響、効果といった意味をもっています。政策によって社会問題がどの程度解決あるいは軽減されたのかを検証する目的でなされるのがインパクト評価です。前述したとおり、政策の効果はアウトプットではなく、アウトカムで測ります。もしアウトカムが改善していなければ、それは政策の効果がなかったことを意味します。先ほどの犯罪率の例でいうと、警官の数を増やし飲酒運転取り締まりを頻繁に行っても、飲酒運転による事故が少なくならなければ、その政策のインパクトがないということになります。そしてインパクトがない政策は止めるべきだという結論になります。なお、インパクト評価は政策の実施後に行われますので、「事後評価」の一つになります。

　最後に「効率性の評価」です。インパクト評価では、アウトカムを計測することにより、政策の効果がどれだけあるかを定量的に示すことができました。しかしながら、インパクト評価は、その政策を実施するためにかかった費用は考慮に入れていません。どんなに優れたアウトカムをもたらす政策で

あっても、それに見合わない費用がかかっていては、費用対効果の視点からは優れた政策とはいえません。投入された資源にかかった費用に見合った政策の効果があったかどうかを、効率性という観点から評価することは重要です。たとえば、まち中の公営駐車場の駐車料金を引き下げることが駐車違反を劇的に減らしたとしても、多くの委託監視員を雇い頻繁に違法駐車を取り締まった方が、同程度の効果を安価に実現できるとすれば、後者の方が優れているということになります。このように、政策に投入した費用に見合うアウトカムが得られているかどうかを評価することが効率性の評価です。また、効率性の評価は政策を実施する以前に行うものもありますし、政策の実施後に行うものもあります。

　同じような効果をもつ他の政策との比較により効率性の評価を行うこともできますし、他の地方自治体が行う同じような政策を比較することにより、効率性の評価を行うこともできます。前者の場合、まず、政策を実施することにより将来期待できる便益を予測し、その貨幣価値を計算します。そしてその便益と政策を実施するためにかかる費用を比較することになります。これは、費用・便益分析と呼ばれています。一般的に将来期待できる便益を貨幣価値で表すことは容易ではありません。また、将来期待できる便益をどう予測するかによって費用・便益分析の評価結果は大きく変わってしまいます。たとえば、新しいバイバス道路をつくる際、それにかかる費用は積み上げ計算をすれば比較的簡単に算出することができます。しかし、新しいバイパスがもたらす将来にわたる便益は多岐にわたり容易に算出できません。

　後者の場合、インパクト評価のために計測したアウトカムに関するデータと政策実施に要した費用に関するデータを用いて効率性の評価を行うことになります。このような効率性の評価は費用・効果分析と呼ばれています。アウトカムをインプット（投入資源量）で割ってアウトカムとインプットの比率を計算し、複数の地方自治体、あるいは複数の政策の間で比較することになります。

■4.4 インパクト評価の実践

　ここではインパクト評価の実践例を紹介します。インパクト評価の結果が妥当かどうかはアウトカムの計測が妥当であるかどうかに大きく依存します。アウトカムは政策の介入以外にも、その他多くの事象から影響を受けるため、純粋に政策のみがアウトカムに及ぼす影響を把握することは難しいです。たとえば、補導歴のある少年に刑務所の生活を見せるという政策を実施したにもかかわらず、少年犯罪率が増加したとしましょう。このとき、少年に刑務所の生活を見せるという政策のインパクトはなかったといえるでしょうか。景気が急速に悪化するというような事態が発生し、親が失業するなどして家庭が貧困に長く苦しめられるような生活環境に少年が直面したとき、やむなく窃盗を犯す少年は増加するでしょう。つまりインパクト評価を正確に行えるかどうかは、実行した政策以外にアウトカムに影響を与える事象をすべて把握した上で、それらのアウトカムへの影響を除去し、実行した政策のみのアウトカムへの影響を把握することができるかどうかにかかっているといえます。

　そこで、政策のアウトカムに対するインパクトを正確に測定したインパクト評価の例として、ランダム実験モデルを見てみましょう[6]。図2に示されているように、ランダム実験モデルでは、まず評価対象集団を無作為に二つのグループに分けます。一つは政策を実施するグループ（実施グループ）で、もう一つは政策を実施しないグループ（比較グループ）です。

　次に政策実施後にそれぞれのアウトカムを計測します。このとき、グループへの政策のみの純粋な効果を測定するために、政策以外のアウトカムに影響を与えるような事象をコントロール指標として計測し、これらの影響を取り除いておくことが重要です。実施グループと比較グループでは、政策を実施するかしないか以外、まったく同じ性質をもつグループであることが理想

　6）ここで取り上げたランダム実験モデル以外のインパクト評価について詳しく知りたい読者は、竜慶昭・佐々木亮（2004）『「政策評価」の理論と技法』多賀出版を参照してください。

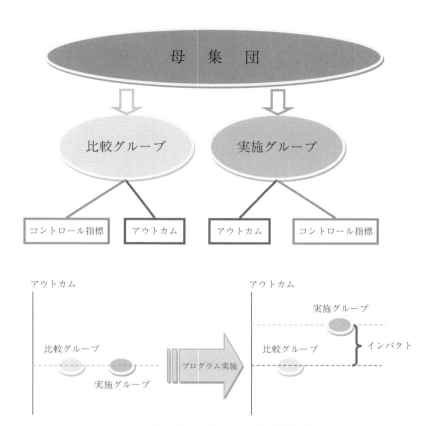

図2　インパクト評価－ランダム実験モデル

的です。さもないと比較グループと実施グループのアウトカムに差が生じたとしてもそれが政策による影響なのか、その他の影響なのかがわかりません。たとえば特別な英語教育プログラムを実施する英語特区のインパクト評価を行うとしましょう。このとき英語特区の学生グループ（実施グループ）とその他の学生のグループ（比較グループ）を比較し、特区で実施された特別な英語の授業が学生の英語力にどれだけ影響を与えたかを知るためには、特別な英語の授業が実施される以前の二つのグループの学生の平均的な英語力（アウトカム）は同程度である必要があります。さもなければ、特別な英

語の授業を実施したのち、英語特区の学生の方がその他の地域の学生より英語力がついていたとしても、特別な英語の授業を始める以前にそもそも英語特区の学生の英語力の方が高かったという可能性を排除することができないからです。

以下では、竜・佐々木 (2004)[7] でも取り上げられている Rossi ほか (1980)[8] によるランダム実験モデルによるインパクト評価の事例を見てみましょう。

事例：アメリカメリーランド州ボルチモア市の LIFE プログラム

刑期を終えて出所したばかりの元受刑者が、またすぐに犯罪を起こして刑務所に逆戻りしたという話は日本でもよく耳にします。その原因の一つに出所直後の金銭的困窮があるのではないかといわれています。刑務所での生活を通じて、犯罪者を更生させるにもコストがかかっています。出所後直ぐまた刑務所に逆戻りという状況は、犯罪者を更生させるという刑務所の機能に疑問を生じさせる大変望ましくない事象だといえます。そこで、アメリカのメリーランド州ボルチモア市では、刑期を終えて出所したばかりの元受刑者に当面の生活費の援助を行うという LIFE プログラムを 1970 年代に実施しました。このプログラムの目的は再犯率を低下させることにあります。したがってこのプログラムのアウトカムは再犯率（%）です。

このプログラムでは、まず刑期を終えて出所した受刑者 432 人を無作為に二つのグループに分けました。一つは雇用されるまでの間、最大で 13 カ月間、毎週 60 ドルの生活費を支給する実施グループ（216 人）で、もう一つは生活費を援助しない比較グループ（216 人）です。1 年後のボルチモア州警察の逮捕記録から図 3 のような結果が得られました。

図 3 より明らかなように、このプログラムを実施したことにより、窃盗については再犯率が 8.6 % ポイント減となり、軽犯罪については再犯率が 2.3 % ポイント減となっています。一方で、その他の深刻な犯罪については再犯率

---

7) 竜慶昭・佐々木亮 (2004)『「政策評価」の理論と技法』多賀出版。
8) Rossi, P.H., Berk, R.A. and Lenihan, K.J. (1980) *Money Work and Crime: Some Experimental Evidence*, Academic Press.

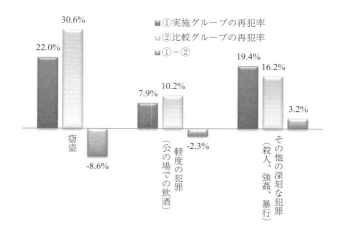

図3 ボルチモア市のLIFEプログラム
出典：Rossi, P. H., Berk, R. A., and Lenihan, K. J.（1980）*Money, Work and Crime: Some Experimanetal Evidence*, Academic Press.

が3.2％ポイント増となっています。ただし、実施グループと比較グループに元受刑者を無作為に分けたとはいえ、このプログラムに参加したか否か以外のことが大きく再犯率に影響を与えた可能性は否定できません。そこで統計的な処理を行い、実施グループと比較グループの再犯率の差が統計的に意義あるものであるかどうかをテストしました。その結果、窃盗のみがこのテストをクリアしました。つまり、窃盗以外の実施グループと比較グループの再犯率の差は、統計的には信ぴょう性が薄いということになります。よって、窃盗という犯罪に限っては、このプログラムのインパクトがあったが、軽犯罪とその他の深刻な犯罪については統計的にインパクトがあったとはいえないことになります。

このプログラムには、どのような改善の余地があるでしょうか。一つは、窃盗犯罪で服役した元受刑者のみに対してLIFEプログラムを実施することです。そしてその他の犯罪歴をもつ元受刑者に対しては別のプログラムを考えるべきだと考えます。そのほかに、どのようなLIFEプログラムの改善策があるのか、皆さんで考えてみてください。

■4.5　効率性の評価の理論モデル

　複数の地方自治体の間で公共経営の成果（アウトカム）を比較することが可能であるなら、最も効率性の高い地方自治体をベスト・プラクティスとみなし、そのベスト・プラクティスを良く研究し、模倣することにより、ベスト・プラクティスに近づけるように改善策に向けた行動（Action）をとることも可能です。そこで効率性の評価の結果からベスト・プラクティスを発見し、そのベスト・プラクティスを模倣することにより準公共財や価値財供給の効率性を改善するという公共経営戦略の理論的応用例を見てみましょう。

　いま図4のように、地方自治体A〜Eがひったくり犯の年間検挙者数の増加に取り組んでいるとしましょう。人口1万人当たりのひったくり犯の年間検挙数をアウトカムとします。ひったくり犯の増加を阻止する要因としては、失業率の改善や給与所得の上昇などに表れる経済状況の好転や取り締まる警官数の増加、監視カメラの設置場所の増加や街路灯の増設などが挙げられます。ここでは話をわかりやすくするために、インプットを人口1万人当たりの警官数に限定しましょう。

　図4では縦軸に人口1万人当たりの年間平均ひったくり犯検挙数を表し、横軸には人口1万人当たりの警官数を表しています。縦軸がアウトカム、横軸がインプットであり、A〜Eで表される各点は地方自治体A〜Eのアウトカムとインプットの組み合わせを示しています。たとえば地方自治体Fでは、100人の警官がひったくり犯を年間50人検挙しています。一方、地方自治体Bでは、160人の警官がひったくり犯を年間90人検挙しています。

　さて、図4から最も効率的に警官がひったくり犯を捕まえている地方自治体（ベスト・プラクティス）を見つけてみましょう。ここで各地方自治体は、「人口1万人当たりのひったくり犯の年間検挙数」を生産していると考えます。このとき、図5のように、原点、A、Bを結ぶ直線を描いてみます。この直線は、「生産可能フロンティア直線」と呼ばれるものです。

　この生産可能フロンティア直線の下方領域であれば、さまざまなアウトカムとインプットの組み合わせが可能です。たとえば地方自治体Bは地方自

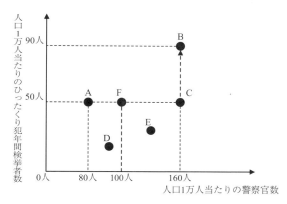

図4　公共経営の効率性の比較

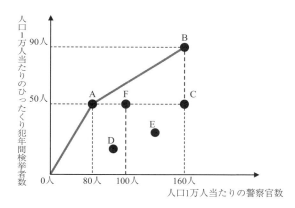

図5　生産可能フロンティア直線とベスト・プラクティス

治体Cと同じインプットの量（人口1万人当たりの警官数が160人）です。地方自治体Bはアウトカム90人を達成していますが、それより少ない地方自治体Cのアウトカム50人も生産可能です。一方、生産可能フロンティア直線より上の領域には、どの地方自治体も存在しません。つまり、生産可能フロンティア直線より上の領域は、生産可能な領域ではないことを示しています。したがって、生産可能フロンティア直線より上の領域には実行可能なアウトカムとインプットの組み合わせはありません。生産可能な領域で、そ

95

の最もフロンティア（先駆）を示すのが生産可能フロンティア直線ということになります。

　さて、生産可能フロンティア直線上に地方自治体があれば、それはベスト・プラクティスを実践している地方自治体です。つまりこの例では、地方自治体Ａと地方自治体Ｂはベスト・プラクティスです。このことを確認するために地方自治体ＢとＣを比較してみましょう。地方自治体ＢとＣは同じインプット（160人の警官数）を投じています。しかしながら両者のアウトカムはどうでしょうか。同じインプットを投じているにもかかわらず、地方自治体Ｂのアウトカムは90人、地方自治体Ｃのアウトカムは50人です。これら二つの地方自治体を比較すると明らかに、地方自治体Ｃより地方自治体Ｂの警官のほうが効率よく、ひったくり犯を検挙していることになります。つまり地方自治体Ｃはベスト・プラクティスではないということになります。一方、警官160人を投入している地方自治体のうち地方自治体Ｂより大きなアウトカムをもつ地方自治体は存在しません。したがって、地方自治体Ｂはベスト・プラクティスだということができます。

　今度は地方自治体ＡとＣを比較してみましょう。地方自治体ＡもＣも同じアウトカム（50人）です。一方、インプットはどうでしょうか。地方自治体Ａはインプット80人で地方自治体Ｃはインプット160人です。つまり同じアウトカムを得るのに、地方自治体Ａでは、インプットが80人で済むのに対し、地方自治体Ｃではインプットが地方自治体Ａの2倍の160人必要だということになります。したがって、地方自治体Ｃはベスト・プラクティスではありません。また地方自治体Ａより少ないインプットでアウトカム50人を達成できる地方自治体は存在しませんから、地方自治体Ａはベストプラクティスであるということになります。

　地方自治体Ｃはインプットでみても、アウトカムでみてもベスト・プラクティスではないことがわかりました。ベスト・プラクティスである地方自治体を、効率的な公共経営を行っている地方自治体であると言い換えると、地方自治体Ｃは効率的でない（非効率な）公共経営を行っている地方自治体であるといえます。では、地方自治体Ｃはどれくらい効率的なのでしょ

96

うか。どれくらい効率的かを表す指標を効率値といいます。地方自治体 C の効率値は、ベスト・プラクティス（地方自治体 A と地方自治体 B）と比較することにより明らかになります。まず、インプットでみた地方自治体 C の効率値を考えてみます。地方自治体 A と C は、同じアウトカム（50 人）を得るのに、地方自治体 A では、インプットが 80 人で済むのに対し、地方自治体 C ではインプットが地方自治体 A の 2 倍の 160 人必要でしたから、インプットでみた地方自治体 C の効率値は、1 / 2（＝80 / 160）です。同様に、地方自治体 B と地方自治体 C を比較すると、アウトカムでみた地方自治体 C の効率値は、5 / 9（＝50 / 90）です。なぜなら、地方自治体 C と B は、同じインプットを投じているにもかかわらず、地方自治体 B のアウトカムは 90 人、地方自治体 C のアウトカムは 50 人だからです。なお、生産可能フロンティア上にない地方自治体 D、E、F もまた非効率な公共経営を行っている地方自治体です。

　では、ベスト・プラクティスである地方自治体 A と B の効率値はどうでしょうか。もし、地方自治体 C が地方自治体 A を模倣してベスト・プラクティスになろうとするならば、図 6 のように、地方自治体 C は C' → C" へと移動します。このときの効率値はたとえば 80 / 120（C' 点）、80 / 100（C" 点）というように大きくなり、そして、地方自治体 C が地方自治体 A と完全に一致したとき、地方自治体 C もまたベスト・プラクティスとなります。このときの効率値は 80 / 80、すなわち 1 です。

　他方、地方自治体 C は、地方自治体 B を目指すことでベスト・プラクティスを達成することも可能です。このとき図 7 のように地方自治体 C は C* → C** へと移動します。そして、地方自治体 C が地方自治体 B と一致したとき、効率値は 1 となり、地方自治体 C はベスト・プラクティスとなります。つまり、生産可能フロンティア直線上にある地方自治体の効率値は、インプットでみてもアウトカムでみても 1 ということになります。

　なお、非効率的な公共経営を行う地方自治体 F が警官数 100 人で効率値 1 を目指すとき、達成しなければならないアウトカムの値は 60 人で、これは線分 AB の式を求めることで簡単に確認することができます（図 5 参照）。

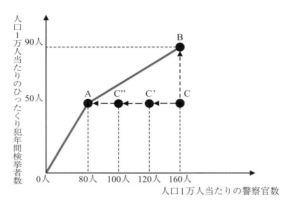

図6 改善に向けた動き－その1

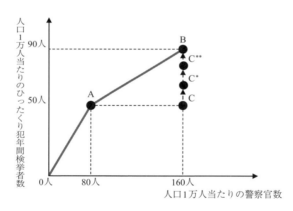

図7 改善に向けた動き－その2

　ところで、地方自治体Cは効率的な公共経営を行っていないという効率性の評価がでました。そこで、地方自治体Cは改善に向けた行動（Action）を実施し地方自治体Aか地方自治体Bのどちらかを目指す（効率値1を達成する）としましょう[9]。それは地方自治体Cの財政状況や政策の優先順位などによって決まってくると考えられます。たとえば地方自治体Cは財政難に直面しており、警官の数をカットしなければならないとしましょう。しか

し、警官の数をカットすると、人口 1 万人当たりのひったくり犯の年間検挙者数は減るかもしれません。警官の数をカットしても、カットする前と同レベルにアウトカムを保つためには、警官 1 人当たりのひったくり犯検挙率を上げる必要があります。つまり、警官 1 人当たりのひったくり犯検挙率を上げるという改善（Action）を行いながら、地方自治体 C は地方自治体 A を目指すことになります。

　一方、地方自治体 C では、ひったくり犯の年間検挙者数をもっと増やし、安全・安心なまちづくりを実現することが政策的に優先される事項であると首長[10]が考えているとしましょう。このとき地方自治体 C は警官の数をカットして地方自治体 A を目指すのではなく、警官数はそのままにして人口 1 万人当たりのひったくり犯検挙者数を増加させることにより地方自治体 B を目指すことになります。このとき地方自治体 C はベスト・プラクティスである地方自治体 B をお手本に改善に向けた行動（Action）を行うことになります。地方自治体 B がどのようにして、現状のレベルのひったくり犯の年間検挙者数を達成できたのかを検証し、地方自治体 B が行っている方法を模倣することにより、地方自治体 C は、警官 1 人当たりの検挙者数を上昇させることが可能です。

■4.6　プログラム評価の相互作用と PDCA サイクル

　以上の 5 つのプログラム評価手法はそれぞれお互いに関連し合っていることに注意が必要です。必要性の評価はセオリー評価を実施するために必要な基礎情報を与えてくれます。そもそも必要性とされない政策の理論上の効果を議論しても何の意味もありません。セオリー評価は政策の設計図です。セオリー評価で、理論的に政策の効果がどのような理屈で実現できるのかを把握しておかなければ、政策のアウトカムが何であるかを示すことができませ

　9）　生産可能フロンティア直線上に移動しさえすれば、効率値 1 は達成されますので、無論、地方自治体 C は垂直あるいは平衡移動しかしないというわけではありません。

10）　内閣総理大臣や都道府県知事、市町村長などの行政機関の長を指します。

ん。したがって、政策実施途中で理論どおりうまくいっているかどうかを評価するプロセス評価はもとより、政策実施後に行われるインパクト評価もできないことになります。アウトカムがはっきりしないと、効率性の評価も行うことはできません。このように5つの評価はお互いに影響しあい、一つが欠けても正確な評価を行うことができません。正確な評価（Check）が行えないと改善に向けた行動（Action）も的外れとなり、ひいてはPDCAサイクルの失敗という結果になりかねません。効率的な公共経営を行うには、プログラム評価の実施は必要不可欠です。したがってプログラム評価のための費用は政策実施のための予算の一部として、もとより計上されるべき費用なのです。

（松永佳甫）

第6章

新しい公共の担い手
——NPO とソーシャルビジネス

1　NPO とソーシャルビジネスへの期待

　近年、多様な社会課題は、重層化し、時系列でとらえると年々深刻化している課題が散見されるようになりました。たとえば、児童相談所における児童虐待相談対応件数は、平成 12 年に児童虐待の防止等に関する法律が制定されたものの 1 万 1,631 件（平成 11 年度）から 21 万 4,843 件（令和 4 年度）へと大幅に増加し続けています。また、小中学校の不登校者数は、およそ 12 万人（平成 11 年度）から 34 万 6,000 人（令和 4 年度）へと拡大し、在籍児童数の 3.7％に達するなど児童への対応は緊要な課題です。2023 年こども家庭庁が発足したことからその対策が注視されます。

　フリーターやニートなど若者就労支援は、一層複雑化し引きこもり対策[1]、学び直し、孤立・孤独対策など省庁を超えた対策がとられています。さらに、高齢者においては、認知症患者数が今後益々増加することが予測されます。厚生労働省によると令和 4 年における認知症の高齢者数は 443.2 万人、そして軽度認知障害（MCI）の高齢者は 558.5 万人と推計されています。2040 年には同様に 584.2 万人と 612.8 万人となり、合計 1,200 万人が認知機能の有病者となります。誰しもが認知症になり得るという理解が社会に広まりつつあり、また、令和 6 年には共生社会の実現を推進するための認知症基本法が施行されました。医療と介護をどのように組み合わせて対応していくことができるのか模索が続いています。

1）たとえば、厚生労働省が発表した令和 7 年度予算において、非正規雇用労働者支援に 288 億円、生活困窮者自立支援・ひきこもり支援の推進等は 760 億円に上る。

いずれも政策課題として十分に認識され予算を投じて対策をとってきています。しかしながら、長期にわたる社会課題の原因は複雑であり、しかも、いまだ効果的な解決策を見出せない課題も少なくなく、新たな解決手法や、その課題に取り組む多様な担い手が求められています。

　1995年、阪神・淡路大震災を契機に、市民の力は、公共サービスの質を向上させうる担い手として、期待されるようになりました。第3章でも説明されていますが、1998年、特定非営利活動促進法（通称：NPO法）が議員立法で制定されました。この法律は、1条に「ボランティア活動をはじめとする市民が行う自由な社会貢献活動としての特定非営利活動の健全な発展を促進し、もって公益の増進に寄与することを目的とする。」とあるように、市民の活動を促進するものです。具体的には、本法律の別表には「保健、医療又は福祉の増進を図る活動」など20項目の分野が、また、公益社団法人及び公益財団法人の認定等に関する法律（通称：公益法人認定法）の別表では23項目の分野を明示しているとおり、NPOの活動は多岐にわたります。2009年に当時の民主党政権は、内閣府の政策として「新しい公共」を推進しました。その担い手として市民の活動を含むNPO法人や公益法人など多様な非営利セクターを位置付けました。市民の主体的な活動をもって社会を築く重要性が改めて認識されたといえるでしょう。このようなNPOの活動は、国際的にも活発であり、非営利セクターの台頭によって、「政府にできることと市民の必要性の間のギャップを埋めあわせることができる」（サラモン 1994）ととらえられてきました。

　かつて、渋沢栄一は、以下のように発言しました（渋沢 1999）。

　　慈善救済と云ふものは、昔日は唯だ人情の発露を直ぐに現すだけであったが世の進むに従って、（中略）方法も進化して昔の可憫そうだといふ一念が発露しただけに留まるといふことは、此20世紀の慈善としては決して適当なものではなく、さらに一歩進めたならば、矢張り経済の原理に基づいた、（中略）組織的継続的慈善で無いと救済せらるる人に効能があるとはいへぬ。

当時の慈善活動に対して、個人の志を積み重ねて組織的に活動し、かつ継続的にあるための工夫と責任を求めました。21世紀の現代において、NPOセクターは、「新たな公共の担い手」と期待される一方で、どのように受益者や社会に影響を与えることができるのか、そのために、どのように持続的にサービスを提供することができるのか、社会の変化に見合った活動を一層求められているといえるでしょう。

本章では、市民の力による社会課題の取り組みに着目するなかで、特に、「ソーシャルビジネス」と呼ばれる公益の増進に寄与する「事業」とは何か、どのように事業を推進していくことが重要かを考えていきます。そして、NPOやソーシャルビジネスがもつ社会課題解決力の可能性をみていきます。

2　ソーシャルビジネスとは何か？

2.1　ソーシャルビジネスの位置付け

「ソーシャルビジネス」には、現在、法律に基づいた定義づけはありません。経済産業省では、ソーシャルビジネスに着目し、2007年よりソーシャルビジネス研究会、その後、2010年よりソーシャルビジネス推進研究会によって概念整理をするとともに、地域振興経済政策を検討してきました。また、神戸市では、ソーシャルビジネスを推進することを目的として積極的に支援策を展開し、2012年には先進的実践例に「KOBEソーシャルビジネスマーク認証」制度を創設しました。

ソーシャルビジネス推進研究会の定義では、「ソーシャルビジネスは、様々な社会的課題（高齢化問題、環境問題、格差問題など）を市場としてとらえ、その解決を目的とする事業。「社会性」「事業性」「革新性」の3つを要件とする。推進の結果として、経済の活性化や新しい雇用の創出に寄与する効果が期待される。」とあり、社会目的事業であることを強調しています。この文言からソーシャルビジネスを遂行する主体は、NPO法人や一般社団・一般財団法人をはじめとする市民社会組織（CSO）に加えて、商法上の法人格をもつ株式会社も該当します。収益事業を行うNPOやワーカーズコレク

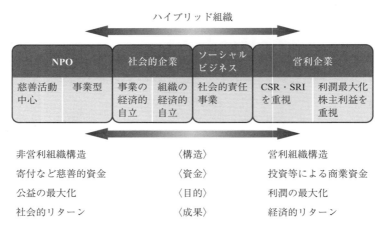

図1 米国のハイブリッド組織の類型
出典：Dees 1998；Emerson 2003；Alter 2004；Bibb et al. 2004 を参考に翻訳作成

ティブ（労働者協同組合）、革新的な協同組合法人、社会的責任を重視した民間営利企業、地域再生に取り組む地元商店など、多様な主体の事業が連想できます。[2]

　図1は、非営利組織から営利組織まで社会貢献事業を展開する組織の類型として米国で頻繁に引用されてきました（ディーズ 1998；エマーソン 2003；アルター 2004；ビップ et al. 2004）。法人体系を網羅しているものではなく、非営利セクターと営利セクターの区別が曖昧になってきていることを読み取ることができる図です。ここでは、ソーシャルビジネスを非営利セクターよりも、民間企業がより社会性を強めた領域として位置付けています。日本ではソーシャルビジネスの定義に関する議論は続いていますが、主体による区別をせず、事業型 NPO から民間企業が行う事業まで広くとらえる傾向にあります。むしろ、慈善活動がもつ社会的使命感や手法を用いていることに加えて、人材や資金など資源を効率的に配分する事業だといえます。このように営利と非営利セクターの強みや特徴を備えているため「ハイブリッド」と

2）日本ではソーシャルビジネスの統計調査は限られていますが日本政策金融公庫総合研究所では 2014 年度にソーシャルビジネスの経営実態に関する調査を実施。

表現されます。それでは、われわれの周りにある従来の事業との相違点や共通点はどこに見出すことができるのか、まず、ハイブリッドな組織について特徴をみていくことにします。

■2.2　社会性と経済性を兼ね備えたハイブリッドな組織

　ソーシャルビジネスに関係する用語を列挙してみると、社会的企業、ソーシャルファーム、ソーシャルベンチャー、社会イノベーション、社会起業家、社会インパクト、社会責任投資など、既存の言葉に「社会」をつけて表現していることがわかります。「社会」という言葉の有無によって新たな概念に意義を見出したといえます。フィルス他（2008）は、ソーシャルイノベーションの概念を明確化することに挑戦した論文ですが、「社会とは何か」、「イノベーションとは何か」、という整理をしながらソーシャルイノベーションの本質に迫りました。そのなかで、米国の判例を引用し、「社会を定義することはできないが個別に判断することができる」ものであり、「結果として社会起業家精神、社会的企業、非営利マネジメントなどを研究もしくは実践の場においている人々は、動機や活動意図、法人格、解決すべき課題、社会への影響力の広範囲において」社会性を解釈し表現するようになったと論じています。

　社会的企業は、社会性と経済性を兼ね備えたハイブリッドな組織です。英国、イタリアをはじめとするヨーロッパ各国、そしてアジアでは韓国において法的に位置付けています。その対象は、協同組合法人を中心にとらえた法律や、多様な法人格をもって社会的企業の認定を受け登録する制度などさまざまです。意図するところは、主として、社会的弱者の雇用創出や、多様な担い手によってコミュニティに便益をもたらすこと、また、そのための新たなしくみを創造するところにあります。既述の類型図では、社会的企業は、非営利セクターよりに位置付けられています。非営利と営利セクターの特徴を兼ね備えているならば、両者の最も異なる点として、利害関係者（ステークホルダー）がどのように意思決定に関わるのでしょうか。

　ヨーロッパにおいて協同組合の研究をコアとする連帯経済の研究者ネット

ワークである EMES（社会的企業の台頭を意味する名称）は、サードセクターにとって重要な視点である参加型のガバナンスを社会的企業の指標の一つととらえました。つまり、ユーザーや顧客を含むさまざまなステークホルダーが意思決定に関与することが社会的企業の重要な性質を構成するとし、「多くの場合、経済的活動を通して地域レベルの民主主義をより深めることが社会的企業の目的の一つである。」ととらえたのです。また、「社会的企業の主要な目標の一つは、コミュニティもしくは人々の特定のグループに奉仕するということであり、社会的企業の特質は、彼らの地域レベルにおける社会的責任を促進しようとする欲求である。」としています。

　実際、社会的企業は地域活性や地域再生に取り組んできたコミュニティに根づいた組織に多くみられ、新しく創造された組織だけではないことがわかります。EMES が強調する「コミュニティを利するという明確な目標」をもっていること、「市民社会組織によって開始されたイニシアティブ」である、「有意なレベルの経済的リスク」をとる、といった指標は、日本では、コミュニティビジネスを想起させます。

　社会的企業とコミュニティビジネスの相違点は、利潤配分の考え方にあります。社会的企業は、利潤配分を限定的にとらえています。「社会的目的の重要性は利潤分配の制限に反映されなければならない。しかしながら、社会的企業は完全な非分配制約で特徴づけられる組織だけを含むのではなく、多くの国の協同組合のように、限定された範囲で利潤を分配するものも含む。それは利潤最大化行動を避けるということである」とし、非営利組織とも異なることを強調しています。他方、コミュニティビジネスは、むしろ利潤を地域に還元することがビジネスの目的であり、場合によっては積極的に利害関係者に分配することになります。

　経済産業省では、地域特有の課題解決に取り組む事業をソーシャルビジネスと区別してコミュニティビジネスと呼んで地域振興経済政策として支援しています。

　しかし、「ソーシャルビジネスは、コミュニティビジネスを包含する概念」と整理しているにすぎず、明確な定義はありません。

3　ソーシャルビジネスの特性

　また、コミュニティは地域性だけではなく、特定のテーマを意味します。ソーシャルファームは、特定の福祉の課題解決に事業を行う社会的企業です。

　このようなハイブリッドな組織からみるように、これまでの枠組みでは語ることのできないビジネスのあり方が台頭し注目されています。具体的にソーシャルビジネスには、どのような特徴があるのでしょうか。本章では、ソーシャルビジネスの目的、手法、成果の三つの視点から特性をまとめ、新しい公共の担い手としての意義を明らかにします。

3　ソーシャルビジネスの特性

■ 3.1　ソーシャルビジネスとアドボカシー

　ソーシャルビジネスの特性は、まず、社会課題を詳細に特定し、その目的を達成するためにアドボカシー（政策提言）を行うことです。課題はどのような根拠をもって示されたのか、なぜ問題となるのか、といった調査研究に基づいて抽出する課題発見能力と、背景となる状況を伝えて問題提起を行う発信力が求められます。クラッチフィールド、グラント（2007）は、米国の調査研究から、インパクトのある非営利組織が重要視する要素の一つとしてアドボカシーを上げたように、アドボカシーは、ソーシャルビジネスにとっても普及の観点から有益な視点となります。また、課題の導出には、地域のニーズを明らかにすることで導くことができる「ニーズ深耕」型と、すでに定着した考えや価値観を疑うことでみえてくる「既成概念打破」型があります。この場合、社会から理解が得られ、実績が出るまであきらめずに取り組む中長期的な姿勢が必要となります。

　たとえば、「ニーズ深耕」型の例として、高齢社会における地域の医療と福祉のサービスがあります。両者は、一般に、施設やサービスは分離していることが多く、高齢者に向けた包括的な地域支援ができるよう改善策が論じられていますが、まだ、地域に定着していません。ソーシャルビジネスは、このような地域課題を事業可能性のある「機会」ととらえます。どのような

高齢者にどのようなサービスを提供することが、高齢者自身や介護者など利害関係者、そして、地域にとって便益を高められるかを模索し、事業モデルを構築していきます。

「既成概念打破」型の例としては、マイクロファイナンスが挙げられます。2006 年にノーベル平和賞を受賞したムハマド・ユヌス（Muhamad Yunus）が創設したグラミンバンクや、NGO 大手の BRAC は、バングラデシュをはじめ途上国の貧困層にお金を貸しても返ってこないという一般常識を覆し、小口で融資をすることで自立を促しました。マイクロファイナンスという新たな事業モデルは各国に広がりました。また、日本では、病気の子どもは親が看るものだという考えに対して、仕事をもつ母親の過度の負担に着目した結果、病児保育の整備へとつながりました。ソーシャルビジネスが、経済的にも持続可能な事業として普及する背景には制度変革が伴っていることから、アドボカシーが重要であることを裏づけています。

■3.2　ソーシャルビジネスと協働

次に、ソーシャルビジネスの成果を最大化させる手法として、協働を重視する特性があります。ソーシャルビジネスは、事業を推進する際に複数の負荷が生じることがあります。

ソーシャルビジネスの事業目的を人々の生活に起こす変化からみると、主に四つに整理できます。一つめは、社会的不利者を直接雇う「雇用創出」事業です。ニート対策を意図してスキルがなくとも訓練を行いながら雇用する場合や障がい者雇用などが挙げられます。二つめは、市場にサービスや商品を提供することで、消費者や社会にメッセージを送り、消費行動を変化させて新たな資金循環を促す「市場取引型」事業です。三つめは、新たな価値観を提供する啓発活動や、よりよい生活のための理解を促す教育事業などを通じて、市民、個人の行動の変化を促す「啓発・人材育成」事業です。たとえば、普及していない環境適応素材を用いた事業や学校教育では十分習得できない冒険教育や自然教育などが挙げられます。四つめは、地域社会のつながりを構築し、豊かにする「地域資源醸成・コミュニティ再生」事業です。実

108

際には複数の目的をもって活動しています。

　たとえば、フェアトレードを例に挙げましょう。フェアトレードとは、第三世界で伝統的に栽培されてきた生産物に対して、現地小規模生産者の働きを尊重し公正な取引を継続的に行うものです。現地の生産者を育成し、生産地域を豊かにするとともに、市場を通じて商品を提供し、消費地の人々の行動を変化させる両方の目的があります。しかし、既存の市場が成り立っているところに、価格の高い商品を提供して参入するわけですから、経営は容易ではありません。国内においても、コミュニティビジネスのように、地域活性化を意図して農産物を小規模で始める場合、競合に対して事業の持続可能性を見出すためにはどうすればいいのでしょうか。その産物に商品やサービスの新たな価値を見出す、コミュニケーションを工夫する、というように新たな市場を創出することが求められます。ソーシャルビジネスは、このように社会的意義が高いものですが、経営上は負荷となるものにあえて挑戦する事業といえます。財務的にみて収益がなければ事業自体が成り立たないため、ソーシャルビジネスもさまざまな経営戦略が必要となります。

　したがって、一つの事業や主体だけでは社会への影響力や課題解決力が限られるため、協働は一つの戦略となります。国際的には活発に議論しているテーマで、「レバレッジをどう利かすか」という表現があります。レバレッジとはてこの原理を意味するとおり、限られたリソースであっても、他の力を集めて、使えるリソースを増大させ、成果につなげる考え方をいいます。また、クラマー、カニア（2011）は、「コレクティブ・インパクト[3]」と表現して、どのような協働が社会への影響力を高めることができるかを研究しています。これは、民間企業が事業を進める上で戦略をもって、パートナー企業を選択することと同様ですが、ソーシャルビジネスの場合は、その関係性が対等もしくは、対等に議論する関係にあることが特徴となります。日本で

　3）たとえば、米国コンサルタントの FSG は協働による社会への影響力を高めることを「Collective Impact（コレクティブ・インパクト）」と名づけ、The ASPEN Institute とともに議論と実践のコミュニティ Collective Impact Forum を設立しています。

も行政と NPO、企業と NPO との協働は、長年挑戦が続いています。双方の理解の上に成り立つものですが、実績からみると協働が容易ではないことがわかっています。

　インドのプラディープ・カシュヤップ（Pradeep Kashap）は、協働関係者がそれぞれ有益性をもつウイン・ウイン・フォー・オール（Win-Win for All）となるようにビジネスモデルを構築することが協働による事業を成立させる要素だと主張してきました。カシュヤップは、シャクティ・プロジェクトの構築に貢献した第一人者です。

　シャクティ・プロジェクトとは、ヒンドゥスタン・ユニリーバが、既存の流通網ではカバーできない人口1〜2千人の村で、その村の女性をユニリーバ商品の訪問販売事業者として育成し、ユニリーバの流通網拡大と、女性たちの生活の安定という二つのニーズをうまく結びつけて展開した事業です。このプロジェクトの当初の成果は、事業者の女性の世帯収入が2倍になったこと、また、地域にすでに存在したマイクロファイナンスや、女性小規模事業主などを、いわばインフラとみなして活用したことで、会社としては新たな投資を行う必要なく市場を拡大することができ利益を上げる可能性を見出せたことです。女性事業主は、2000年開始当時の50名程度から10年超を経て、多くの村で女性がビジネスに参加するようになり、今では48,000人［Hindustan Unilever Ltd.（2012）］へと拡大しました。

　シャクティ・プロジェクトのように経済のピラミッドの底辺にあたる途上国の貧困層を顧客と考えることで、地域開発と企業活動の融合をもって事業を展開することを BOP ビジネスと呼びます。BOP とは、ベース・オブ・ピラミッド（Base of Pyramid）の頭文字をとったもので、プラハラードらが提唱しました。この概念[4]は、世界銀行をはじめ国際開発や支援の現場で注目され、多様な利害関係者を包括し社会的弱者をはじめ誰しも疎外しない事業

4）Coimbatore, Prahalad K.; Stuart, Hart, L.（2002）The Fortune at the bottom of the pyramid, Strategy + Business, issuee 26, PwC Stratey & Inc. で発表。その後まとめられた書籍の翻訳本として、スカイライトコンサルティング訳（2005）『ネクスト・マーケット』英治出版。

であることから、インクルーシブ・ビジネス（Inclusive Business）とも呼ばれています。シャクティ・プロジェクトは、BOP ビジネスの先駆的なモデルとして広く知られています。

これらの論点は、ソーシャルビジネスの本質を明らかにします。つまり、ソーシャルビジネスの特徴として見逃してはならない点は、シャクティ・プロジェクトが地方の十分に教育が得られなかった女性の社会参加を拡大し、かつ、地域経済の変革につながったとおり、利害関係者が複雑な環境下においても協働した主体の便益が持続することで変化を加速化したことにあるといえます。

■ 3.3　ソーシャルビジネスと成果

社会性と経済性を兼ね備えたソーシャルビジネスはどう評価することができるでしょうか。成果の視点からソーシャルビジネスをとらえ、新たな評価基準で示すことが社会の理解を得る上で有益です。ソーシャルビジネスの活動は、社会をどのように変えることができたのかという社会価値と、どれだけ利益を生みだすことができたのかという経済価値双方が成果だと考えられます。なかには、環境価値を加えて評価することがあります。経済価値は、これまで構築されてきた企業会計等で示し、市場の基準をもって評価されます。社会価値はどうでしょうか。

ディーズ（2001）は、「価値は、企業において、売られている財やサービスを生み出すのにかかるコストよりも消費者がより多くを払おうとするときに生み出される。市場は社会起業家にとっては十分に機能しない。市場は、社会の向上や公共の利益あるいは損害、さらに、払う余裕のない人々に対して生じた利益を評価する役目を果たすことはない」、よって、「社会価値の評価基準は社会に対する影響力 "社会インパクト" であり、社会、財務の成果から事業の進展を評価する」ことを提案しています。ディーズは、社会起業家研究の父と呼ばれ、社会課題の解決を目指した事業を推進する社会起業家を起業家の一つの類型として位置付け、理論的説明を加えた「社会起業家精神の意義」を著わしました。この論文は、ソーシャルビジネスを含む社会目

的事業の概念を従来の営利事業や非営利セクターの支援と区別した学問領域として各国に研究を広げ深化させる契機となったものです。

　では、市場がなぜ社会課題に寄与するのかについて、岡田（2014）は、制度経済学者のハイエクの主張を引用しました。「ハイエクは、分散知識を市場の重要な要素の一つととらえる。分散知識とは、コミュニティや複雑な組織に内在する多様な知識や観点の集合知を作り出すのに有用な、分散して存在する個人が持つ知識や観点を意味する。」とし、市場は、「個人個人が異なった知識を持ち、各個人が異なった行動をとる可能性を持っていることから、知識が分散して存在する場」であるため、多様な知識が除外されることなく存在する、と説明しました。したがって、市場は、社会課題解決を目的としたソーシャルビジネスを受け入れ、事業の発展に寄与する可能性があると考えられます。

　つまり、ディーズが「自分達が価値を生み出しているということを証明しなければならない。」と述べたとおり、市場が判断できるように、ソーシャルビジネスは、使用した資源に対して十分な社会価値を創出できたことを示すことが求められるのです。そのためには、顧客や受益者についての的確な情報や理解をもつこと、そして、それによって資金提供者を含む利害関係者のニーズや価値観と、現場で必要としているニーズや価値観とを一致させることが有益であり、ソーシャルビジネスにとっての挑戦となります[5]。

4　ソーシャルビジネスの成長支援

　ソーシャルビジネスの成長は、規模の拡大だけで測ることはできないでしょう。成長の尺度を量的拡大と質的拡大にわけて整理する必要があります。量的拡大の場合は、顧客の増大、拠点や店舗の拡大、販路や展開エリア

5）たとえば、2010 年にパイロットケースが始まったソーシャル・インパクト・ボンド：SIBs は、業績に対する評価に基づいて公共経営を行うもので、米国、オーストラリアなど各国に広がり始めています。英国のシンクタンクであるヤング財団、NESTA、ニューエコノミクス財団（NEF）らが研究を重ね、公共サービスに対する成果報酬（Payment by Results：PbR）を提唱し政策に取り入れられたものです。

の拡大、事業収益や利益率の向上など、営利セクター同様に経済規模の拡大を意味します。従業員に関しては、非営利組織の場合は、有償スタッフのみならず、ボランティアやより責任をもって継続的に関わる無償のスタッフの増加も量的拡大の要素になります。

　他方、質的拡大とは、受益者の満足度の向上、連携する組織や人とのネットワークの拡大、活動の認知の拡大、さらには、事業モデルが広がることや地域社会のつながりが強化されることなどです。組織単体の拡大ではなく、使命を達成する過程で社会に与える影響力が高まっていくことを意味します。国際的な議論においても、持続可能な事業展開のためには、組織規模を大きくする「スケールアップ」から、コミュニティでの成功モデルをより迅速に他の地域に展開する「スケールアウト」に関心が移行しています。社会課題を解決するためにいかに組織外のネットワークを広げ、「スケールアウト」ができるのか、そのためにはどのような支援が必要か、という論点です。経済産業省は、スケールアウトの支援となる「ソーシャルビジネスノウハウ移転・支援事業」を行っています。

　ソーシャルビジネスへの支援の主体は、政府、民間ともにありますが、政府が主導する、あるいは、民間の動きを政府が後押しする方法で支援策を講じています。なかでも、英国では、中間支援機関を通じて社会的企業を支援する手法をとり、政権が交代しても継続されてきました。新たな政策は、財政支出を削減するためだけではなく、公共サービスの質を高める社会目的事業に民間の資金が循環することが主要な目的です。米国では、ソーシャルビジネスの成長を支援する政策や研究が活発化しています。

　デューク大学ヒュークワビジネススクールの CASE（Center for the Advancement of Social Entrepreneurship）は、社会インパクトを拡大させる研究（Scaling Social Impact）を実施してきました。なかでも、ブルーム（2012）は、事業をより効率的に、そしてより影響力をもつことを説明する要素は何か、米国非営利組織の調査に基づいて計量経済分析を行い、有意に働く7つの説明変数を抽出しました。具体的には、表1のとおり、人材（Staffing）、コミュニケーション（Communicating）、連携の構築（Alliance-building）やロビー活

表1　スケーリングの説明変数とその指標（一例）

人材	組織内にスタッフを効率よく配置しているか 優秀なスタッフを引き留めているか 不足する労働力を補うためにボランティアを集められるか 有益な人材を理事として引きつけてくることができるか 定期的に戦略立案を行っているか
コミュニケーション	組織のストーリー性を社会に認知させたか 組織が生み出してきた価値を資金提供者に知らせることができているか 取り組んでいる課題解決につながるように個人に訴えかけているか
連携	ウインウイン関係になる組織とパートナーシップができているか 新しいプログラムを進めるとき協働で実施しようと試みているか 単独でする以上のことを連携することで達成しようとしているか 成果を共有しようとしているか
ロビー活動	政府機関等に働きかけているか その結果自らが取り組んでいる活動に対して資金提供を得られたか 政府機関等が活動にとって有益な法律や制度を設立することになったか 取り組んでいる課題が公共政策のより重要な位置付けとなったか
複製展開	複数の地域、環境、状況のもとで、効率的に自らの活動やシステムは機能することができるか 容易に自らのプログラムを複製、展開することができるか 複数の地域で、自らのプログラムを管理し調整することができるか
収益事業	組織が提供する商品やサービスの収入が主要な収益源となるか 組織にとって主要な収益源となる寄付者や支援者を開拓しているか 持続可能な組織に導く活動に対して資金調達をする方法を見出したか
市場創出	活動を通じてそのビジネスが資金を得られることを論証できているか 商品やサービスを支援することで消費者が便益を得たことを明らかにすることができるか 課題の解決に市場の力を信頼できるか

出典：ポール（2012）より翻訳、作成

動（Lobbing）、技術移転・汎用性など複製展開（Replicating）、収益事業（Earning Generation）、市場創出、そして市場の力を生かすこと（Stimulating Market Forces）です。ソーシャルビジネスの成長にむけて、どの部分に課題を抱えているか組織を見直すことが有益であることを示唆しています。

ハーバード大学ケネディスクールのハウザー非営利センターでは、成長した非営利組織は、ブランド戦略を単に資金調達のツールとして用いておらず、むしろ、組織の結束に必須のものとして生かしているという研究成果を発表しました。カイランダー、ストーン（2012）は、ブランド戦略とは対外的なコミュニケーションによる収益の向上や認知度の向上を図るためだけではなく、組織内の多様な関係者のつながりを強化すること、相互の信頼関係を構築すること、そして、組織の使命や価値を共有する手段として重要な役割を果たすものであることを示しました。

米国 K. W. ケロッグ財団やウィスコンシン大学エクステンションセンター PD＆E：program of development and evaluation（開発と評価プログラム）、そして、アーバン・インスティテュートの Outcome Indicators Project（成果指標プロジェクト）などでは、ロジックモデルを使用した業績評価手法の事例研究を行っています。ロジックモデルとは、「プログラムのための利用可能な資源，計画している活動，達成したいと期待する変化や成果の関わりについて，自らの考えを体系的に図式化するもの」です。

活動にあたって短期、中期、長期の経過ごとに、成果目標を定め、結果（アウトプット）とともに、設定した目標に対する成果（アウトカム）[6] がどれだけ到達できたか、さらには社会に変化を起こしたか（インパクト）を評価す

---

6) W. K. Kellogg Foundation（2001），Logic Model Development Guide
（財農林水産奨励会農林水産政策情報センター訳）では、以下のように説明しています。「アウトプット（Outputs）とは，プログラムにおける活動の直接の産物で，そのプログラムで提供するサービスの種類，レベル，及び対象が含まれます。アウトカム（Outcomes）とは，プログラム参加者の行動，知識，技能，立場，及び機能レベルにおける特定の変化をいいます。短期のものは1〜3年以内，中長期なものには4〜6年以内に達成可能なものです。インパクト（Impact）とは，プログラム活動の成果として，7〜10年以内に起きる組織，地域社会又は制度内で生じる意図した変化と予想外の変化で根本的なものです。」

る動きが 1990 年代以降広がりをみせています。ソーシャルビジネスにとっ
て、長期的な活動における質的変化を適切にみせていくことになるこの手法
を用いることで活動の透明性が高まります。また、「プログラム（事業，施策）
の計画から実施、その効果の評価という一連の流れのなかでプログラムに関
係する計画立案者、実施者、受益者等で意見を交換し、プログラムの効果を
高め、改善するためのツールである。」と説明しているとおり、多様な利害
関係者によるコミュニケーションの促進が事業の改善につながることが明ら
かになっています。社会性の高いビジネスも成長支援が必要であるという考
え方が定着しさまざまな研究が進められています。

5　公共の担い手として

　ドラッカー（1989）は、「非営利組織は、人と社会の変革を目的としている」
と述べました。そのためには、まず、「組織の強みと成果に目を向けなけれ
ばならない」と、非営利セクターにとってもマネジメントの重要性を説きま
した。そして、設定した使命を具体化して事業を進め「しかるべき成果をあ
げられそうか」、「自分たちの強みを発揮できそうか」目標に向かって常に問
い続けることが必要であることを示しました。

　ソーシャルビジネスは、ドラッカーが提起した人と社会の変革を目的とし
たビジネスだといえるでしょう。本章では、ソーシャルビジネスに必須の要
素をアドボカシー、協働、インパクト評価だと述べました。影響力を高めて
いくための成長戦略は、利害関係者とのコミュニケーションにありました。
ソーシャルビジネスの利害関係者に包括する地域や社会的弱者、政府、時に
は、営利を追求する組織体と連携し、相互に利潤があるようなウイン・ウイ
ン・フォー・オールの関係を構築していく方法です。利害関係者が複雑な環
境下においても協働を築きそれが持続することで変化を加速化していきま
す。ソーシャルビジネスの社会的、経済的成果の双方を評価することは、利
害関係者への説明責任だけではなく、利害関係者間で共通認識をもち事業を
進めていくために有益であることがわかりました。しかし、異なるセクター
間の協働のためのマネジメントは容易ではありません。共有された成果目標

に向かって公益のための戦略的なマネジメントを行う人材の育成があわせて
必要になります。

　そして、ソーシャルビジネスが、真に新しい公共の担い手であるかどうか
は、多様な価値観をもった市民自らが市場を通じて判断することになりま
す。的確な判断がなされるためのしくみづくりと、社会の変革に一人一人が
どう携わっていくのかが問われていくでしょう。

（服部篤子）

参考文献

Alter, Suita, K.（2004）*Social enterprise typology*, Virtue Ventures LLC Bibb, Elizabeth, Fishberg, Michelle, Harold, Jacob and Layburn, Erin（2004）*The Blended Value Glossary*（http://www.blendedvalue.org/wp-content/uploads/2004/02/pdf-blendedvalue-glossary.pdf）2014.4.14

Bloom, Paul, N.（2012）*Scaling Your Social Venture*: *Becoming an Impact Entrepreneur*, Palgrave Macmillan

Crutchfield. R. Leslie, Grant M. Heather,（2008）Forces for Good; The six practices of high-impact nonprofits, Jossey Bass

Dees, Gregory, J.（1998）Enterprising Nonprofits, *Harvard Business Review,* January–February 1998 pp. 55-67

Dees, Gregory, J.（2001）*The meaning of Social Entrepreneurship*, Center for Advanced study of Social Entrepreneurship（CASE）, Fuqua Business School, The Duke University（http://www.caseatduke.org/documents/dees_sedef.pdf）2014.4.14

Defourny Jacques, Nyssens Marthe（2012）, The EMES approach of social enterprise in a comparative perspective, EMES WP. No 12/03（今村肇訳（2014）），

Drucker, Peter, F.（1989）Managing the Nonprofit Organization, Harper Collins（上田惇生・田代正美訳（1991）『非営利組織の経営—原理と実践』ダイヤモンド社）

Emerson, Jed（2003）The blended Value Proposition: Integrating Social and Financial Returns, *California Management Review*, Vol. 45, No. 4 pp. 35-51

服部篤子・武藤清・渋澤健編著（2010）『ソーシャルイノベーション—営利と非営利を超えて』日本経済評論社 pp. 35-36

Hindustan Unilever Ltd.（2012）Unilever Sustainable Living Plan Progress Report 2012 INDIA p. 17（http: //www. hul. co. in/Images/USLP%E2%80%93India-2012-Progress-Report_tcm114-241468.pdf）2014.4.14

Kylander, Nathalie and Stone, Christopher（2012）The Role of Brand in the Nonprofit Sector, *Stanford Social Innovation Review*, Spring 2012 pp. 36-41

Kramer, Mark and Kania, John（2011）Collective Impact, *Stanford Social Innovation Review*, winter 2011. pp. 36-41

Mulgan, Geoff（2009）*The Art of Public Strategy : Mobilizing Power and Knowledge for the Common Good*, Oxford University Press

岡田仁孝（2014）「制度変革と BOP ビジネス―持続可能性と分散知識―」『国際ビジネス研究』第 5 巻第 2 号、p. 17

Phills, James, A.; Deiglmeier, Kriss and Miller, Dale, T.（2008）Rediscovering Social Innovation, *Stanford Social Innovation Review*, fall 2008, pp. 34-43

Salamon, Lester, M.（1994）The rise of Nonprofits Sector, *Foreign Affairs*, Vol. 73, No. 4 （「福祉国家の衰退と非営利団体の台頭」『中央公論』1994 年 9 月号）

渋沢研究会編（1999）『公益の追求者・渋沢栄一：新時代の創造』山川出版社

W. K. Kellogg Foundation（2001）Logic Model Development Guide

㈶農林水産奨励会農林水産政策情報センター訳（2003）『ロジックモデル策定ガイド』政策情報レポート 066

（http://www.maff.go.jp/primaff/kenkyu/gaiyo/pdf/066.pdf）2014.4.14

第7章

公共経営における企業の責任
──持続可能な社会をめざして

1 はじめに

■ 1.1 公共経営と企業

　現在、私たちの社会は持続可能性が大きな社会問題になっており、国や自治体においても重要な施策の一つになっています。しかし、持続可能性は企業のビジネスがもたらす資源や生物多様性への負荷、温暖化への影響、さらにはサプライチェーン上での強制労働などの労働者の人権侵害の問題、消費者の安全の問題など企業のビジネスのあり方が大きく関わることから、企業の責任あるビジネスのあり方が問われます。本章では、持続可能な社会における企業の責任をベースに公共経営と企業の責任を述べていきます。

■ 1.2 持続可能性をめぐる国や自治体の政策

　持続可能な社会を目指すことが今や社会の共通認識になっています。1984年の国連の「環境と開発に関する世界委員会」の報告書で、持続可能な発展論が提起され、「持続可能な社会」の問題が人々に認識されたことがきっかけになったといえるでしょう。その後、環境のみならず労働者の労働環境等の問題がクローズアップされ、持続可能な社会は人権などの社会課題も含めて国や自治体で取り組むべき社会課題であると認識されることになります。

　現在、持続可能な社会を目指して、国や自治体は、SDGs（持続可能な開発目標）の推進、ビジネスと人権に関する指導原則などに基づいた施策を行っています。なかでも持続可能な社会を目指す政策において、世界で強く求め

119

られているのが GX です。GX とは Green Transformation（グリーントランスフォーメーション）の略で、化石エネルギー中心の産業・社会構造を、クリーンエネルギー中心の構造に転換していく、経済社会システム全体の改革への取り組みを指しています。

　気候変動問題に対応し、脱炭素社会を実現することは、世界共通の緊急かつ重要課題であり、脱炭素への対応は、近年、事業を営むすべての企業・団体等にとっても重要な経営課題となっています。特に、日本国内においては、2020 年 10 月の菅首相（当時）による「2050 年カーボンニュートラル宣言」以来、脱炭素に向けた流れが急激に加速しています。さらに、2022 年 2 月のロシアによるウクライナ侵攻等をきっかけに、エネルギー安全保障上の問題が改めて認識されたことも受け、「産業革命以来の化石エネルギー中心の産業・社会構造をクリーンエネルギー中心へ転換させ、経済社会システム全体を変革させること」、すなわち GX を実現することが強く求められるようになりました。日本では経済産業省主導のもと、関連する施策を一括してGX と呼び、社会経済システム全体の変革をポジティブにとらえ、カーボンニュートラルと経済成長の両立を目指そうとしています。

　政府は、有識者と協議を行う「GX 実行会議」を 2022 年から継続的に開催し、具体的な施策の検討を行っています。そして、脱炭素社会への円滑な移行を推進するため、2023 年 2 月 10 日に GX のための政策パッケージ「GX 実現に向けた基本方針」が閣議決定され、2023 年 5 月 12 日には GX 推進法が成立しています。

2　持続可能な社会と企業の責任

■2.1　グローバル化と責任あるビジネス

（1）グローバル化がもたらす負の影響と企業の責任

　1990 年ごろから、企業活動がグローバル化し、安くて質の良い製品を販売するために途上国の資源や安い労働力を求める動きへとなって、地球環境やサプライチェーン上の労働などの人権問題を引き起こし大きな社会問題と

なっていきます。

　企業の廃棄物による環境汚染や劣悪な労働環境による労働者の人権、さらには消費者の健康被害などの負の影響は、経済的には「負の外部性」とか「外部不経済」と呼ばれています。この負の外部性は当初、企業の責任が十分認識されていなかった、あるいは将来のリスクまで考慮しての事業がなされなかったことが、今日の持続可能性の問題につながったことから、企業は社会的責任あるいは責任あるビジネスとして対応する必要があることが認識されるようになっています。

（2）株主第一主義からステークホルダー資本主義へ

　米国の経営者を中心に企業のこれまでの取り組みが格差の拡大や環境破壊などの諸問題をもたらしたことの反省から経営姿勢を見直す動きが見られるようになっています。

　2019年8月、米国経営者団体である「ビジネス・ラウンドテーブル」[1] が株主第一主義を見直し、従業員や地域社会などの利益を尊重した事業運営に取り組むと宣言しました。これは、1997年以来の「企業は株主のために存在する」との原則を転換するものであり、米国型の資本主義の大きな転換点になると注目されています。また、2020年1月、WEF（世界経済フォーラム）[2] のダボス会議でもステークホルダー資本主義が一つのテーマとなりました。米国大手企業のCEOは、企業は株主への利益の最大化ばかりに目を奪われて、不平等と地球環境の緊急事態を招いたとし、すべてのステークホルダーに配慮することが事業継続の条件になると語るようになっています。

■2.2　企業を取り巻く持続可能な社会へのルール策定の動き

　持続可能な社会への企業の取り組みは企業の社会的責任として長い歴史が

---

1) BRTとも呼ばれているビジネス・ラウンドテーブルは、米国の主要企業のCEOたちが名を連ねる財界のロビー団体。企業はステークホルダー資本主義だけでなく、パーパスの実現も目指すべきだとしています。
2) グローバルかつ地域的な経済問題に取り組むために、政治、経済、学術等の各分野における指導者層の交流促進を目的とした独立・非営利団体。

あります。特に議論が活発になるのは、1992年の地球サミットのころからであり、世界レベルの環境対策がスタートします。1990年代末になると、青年や移民の失業問題を引き金に欧州から「CSR（Corporate Social Responsibility、企業の社会的責任）」の取り組みが世界に発信され、その推進について政府だけではなく、労使、NGO、消費者団体などが参加する「マルチステークホルダーフォーラム」が設定され、CSRは世界中に広まっていきます。このように企業の持続可能な社会への取り組みが進んでいく中で企業を取り巻くさまざまな国際ルールも策定されることになります。ここでは主なルールの概要を紹介します。

（1）国連グローバル・コンパクト[3]

急速な経済のグローバル化についての「負」の側面に対して、1999年、当時のコフィー・アナン国連事務総長は企業にグローバルな課題解決への参画を求め、世界の経営トップに国連グローバル・コンパクトを提唱しました。これは、各企業・団体が責任ある創造的なリーダーシップを発揮することによって、社会の良き一員として行動し、持続可能な成長を実現するための自発的な取り組みを求めるものです。

国連グローバル・コンパクトは、人権、労働、環境、腐敗防止の4分野にわたり、10原則から構成されています（表1）。

（2）ISO26000（組織の社会的責任に関するガイダンス）

2010年11月に発行されたISO26000は、組織の社会的責任（SR）を定めたものですが、企業にとってはCSR（企業の社会的責任）であり、それまでさまざまに存在していたCSRの定義が明確になったといえます。SRの定義は、「組織の決定及び活動が社会及び環境に及ぼす影響に対して、次のような透明かつ倫理的な行動を通じて組織が担う責任」とされ、求められる行動を、

3）国連グローバル・コンパクトは、国連と民間（企業・団体）が手を結び、健全なグローバル社会を築くための世界最大のサステナビリティ イニシアチブです。

2　持続可能な社会と企業の責任

表1　国連グローバル・コンパクト

人権	原則 1	国際的に宣言されている人権の保護を支持、尊重する
	原則 2	自らが人権侵害に加担しないよう確保すべきである
労働	原則 3	結社の自由と団体交渉の実効的な承認を支持する
	原則 4	あらゆる形態の強制労働の撤廃を支持する
	原則 5	児童労働の実効的な廃止を支持する
	原則 6	雇用と職業における差別の撤廃を支持すべきである
環境	原則 7	環境上の課題に対する予防原則的アプローチを支持する
	原則 8	環境に関するより大きな責任を率先して引き受ける
	原則 9	環境にやさしい技術の開発と普及を奨励すべきである
腐敗防止	原則 10	強要と贈収賄を含むあらゆる形態の腐敗の防止に取り組むべきである

出典：グローバル・コンパクト・ネットワーク・ジャパン[4]ホームページ

　―健康及び社会の繁栄を含む持続可能な発展への貢献

　―ステークホルダーの期待への配慮

　―関連法令の遵守及び国際行動規範の尊重

　―組織全体に統合され、組織の関係の中で実践される行動

と明記しました。

　また同規格は、組織が社会的責任を果たすために取り組むための考え方として7つの原則を、取り組む課題として7つの中核主題を掲げています（表2）。なお、「人権」は、取り組むべき課題であり、すべての課題の原則という位置付けになります。

4）グローバル・コンパクト・ネットワーク・ジャパン（GCNJ）は、2003年12月に日本におけるカントリー・ネットワークとして発足し、2024年7月12日現在、623企業・団体会員が加盟しています。

表2　ISO26000 における 7 つの原則及び 7 つの中核主題

7 つの原則	7 つの中核主題
透明性	組織統治
倫理的な行動	人権
ステークホルダーの利害の尊重	労働慣行
法の支配の尊重	環境
国際行動規範の尊重	公正な事業慣行
人権の尊重	消費者課題
説明責任	コミュニティへの参画

出典：筆者作成

（3）SDGs（持続可能な開発目標）

　SDGs とは、2015 年 9 月の国連サミットで加盟国の全会一致で採択されました。2030 年までに持続可能でよりよい世界を目指す「持続可能な開発のための 2030 アジェンダ」に記載された国際目標です。「目標 1　貧困をなくそう」や「目標 2　飢餓をゼロに」、「目標 12　つくる責任つかう責任」などの 17 のゴール、169 のターゲットから構成され、「誰一人取り残さない」ことを基本理念とし、政府のみが取り組むものではなく、企業も市民も取り組むものとされており、現在、学校教育での取り組み、企業の報告書への記載のほか、マスメディアでも取り上げられるなど大きく広がっています。

（4）「ビジネスと人権に関する指導原則：国際連合『保護、尊重及び救済』
　　　枠組実施のために」（以下、指導原則）

　2013 年 4 月に、バングラデシュの首都ダッカ近郊のビルのラナ・プラザが倒壊し、1,100 人以上の従業員が命を落とすという悲惨な事故が起きました。このビルには 5 つの縫製工場が入っており、事故の衝撃は工員たちの劣悪な労働環境を浮き彫りにし、取引先である欧米や日本のアパレル企業の責任が問われることになりました。ラナ・プラザ事故に象徴されるように、企業活動のグローバル化は企業活動のサプライチェーン上での児童労働や強制

労働など人権の侵害事例が問題視されるようになってきたのです。

　現在、2011 年に国連の人権理事会において全会一致で支持された指導原則はこのような企業のビジネス上の人権侵害リスクについての基盤となる取り組みとして、各国や企業に導入されるようになっています。指導原則は、「人権を保護する国家の義務」、「人権を尊重する企業の責任」、さらに「救済へのアクセス」という 3 本の柱から構成されています。現在、各国では国別行動計画が策定され、日本でも 2020 年「『ビジネスと人権』に関する行動計画（2020-2025）」が策定され、企業においても人権尊重の取り組みの指針として広く用いられるようになっています。さらに、海外諸国では、イギリス、ドイツ、フランス、オランダ、ノルウェーなど人権の取り組みや情報開示などの法制化の動きが活発となっています。

（5）責任ある企業行動に関する多国籍企業行動指針（以下、OECD ガイドライン）

　企業が経済発展と社会繁栄に果たす役割と責任の重要性から、1976 年にOECD 多国籍企業行動指針が策定され、その後、企業を取り巻く社会経済の環境変化に合わせて 5 回の改訂が実施されました。前回 2011 年改訂では、人権に関する章の新設や、企業は自企業が引き起こす又は一因となる実際の及び潜在的な負の影響を特定し、防止し、緩和するため、リスクに基づいたデュー・ディリジェンスを実施すべき等の規定が新たに盛り込まれました。そして、2023 年の改訂では、企業によるサプライチェーンの下流へのデュー・ディリジェンスの適用範囲の明確化、企業に対する気候変動や生物多様性について国際的に合意された目標との整合性を図ることへの期待、データの収集や使用を含めた技術に関するデュー・ディリジェンスの期待等の規定が新たに盛り込まれました。またこれを機に、名称が「責任ある企業行動に関する多国籍企業行動指針」に変更されています。

　OECD ガイドラインでは、一般方針、情報開示、人権、雇用及び労使関係、環境、贈賄及びその他の形態の腐敗の防止、消費者利益、科学、技術及びイノベーション、競争、納税等、幅広い分野における責任ある企業行動に関す

る原則と基準を定めています。

（6）情報開示ルールの策定へ

　サステナビリティ情報を掲載している企業の報告書には、サステナビリティ報告書、統合報告書など複数のものが混在し、そこでの掲載基準の根拠についても従来からの ISO26000、GRI スタンダード[5] に加えて、最近は、ESG 投資への関心の高まりにより、TCFD[6]、SASB スタンダード[7] などが登場しています。

3　企業のサステナビリティへの取り組みの特徴

　企業のサステナビリティの取り組みは社会の要請や国際ルールの策定などを背景にその取り組みの範囲を広げながら進んでいます。

3.1　企業の責任範囲の拡大

　世界的なサステナビリティへの要請は企業の負の影響への責任を問う動きとともに企業の責任範囲を拡大させています。その内容として、本業への統合、サプライチェーン上の責任、デュー・ディリジェンスの取り組みと情報開示の特徴を見てみましょう。

（1）本業への統合

　企業のサステナビリティに関わる取り組みは、気候変動問題、生物多様性や人権尊重など多様になっていることから、経営者はより本質的に、包括的

　5）GRI スタンダードとは、グローバル・レポーティング・イニシアティブ（GRI）スタンダードのことで、報告主体が経済、環境、社会に与えるインパクトを報告し、持続可能な発展への貢献を説明するためのフレームワークを提供しています。
　6）TCFD は、金融安定理事会（FSB）により設立された「気候関連財務情報開示タスクフォース（Task Force on Climate-related Financial Disclosures）」を指します。TCFD は 2017 年 6 月に企業等に対し、気候変動関連リスク、及び機会に関する項目について開示することを推奨する最終報告書を公表しています。
　7）SASB スタンダードとは、SASB（サステナビリティ会計基準審議会）が公開しているもので、2018 年に初版が導入されています。

な視座をもってサステナビリティ経営に取り組む必要があります。余裕があるときに取り組む社会貢献ではなく、サステナビリティの要素を経営方針及び経営システムに組み入れる必要があります。そこでは本業を通じて企業のビジネスを社会の持続可能性にいかに統合するかの思考が求められます。これまで、企業のサステナビリティへの取り組みは本業とは独立して取り組まれることも少なくなく、経営者は法律を遵守して自社の利益の最大化に専念することで、株主にも社会全体にとっても最適な経済活動が行われると考えられていました。しかし、自社が生み出す利益の源泉は環境や社会という公共資本に依存しているのであり、その環境や社会との関係性を重視した経営こそが自社の企業価値向上を向上させると考えられるようになっているのです。つまり、経済活動の前提として社会があり、さらに社会が成り立つ前提として環境があるとの統合思考に変化しつつあるといえるでしょう（図1）。ビジネスが社会や環境を毀損すれば、ビジネスそのものが成り立たなくなることが認識されるようになっています。

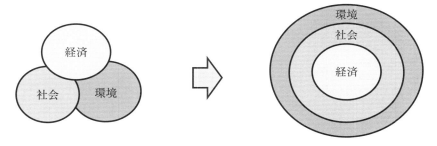

図1　ビジネスにおける社会・環境との関係
出典：筆者作成

（2）サプライチェーン上の責任

企業は原材料の調達、製造、流通、販売を通したサプライチェーンのなかで商品やサービスを生み出して利益を得ており、責任に応じて必要なコストを払うべき責任があります。それでは、どこまで責任を負うべきなのか、ど

のような場合に責任を負うべきなのでしょうか。

　企業の責任範囲として、指導原則は、企業に対して、自社が直接的に引き起こしている人権侵害のみならず、負の影響を助長したり、関与したりしている場合にも対応することを求め、企業が対応すべき人権の負の影響の種類を次の三つに分類しています。

　①企業が人権への負の影響を引き起こしている場合
　　〈例〉
　　✓自社店舗で顧客に対して人種差別的な対応を行う
　　✓自社施設で従業員が危険な労働を強いる
　②企業が人権への負の影響を直接的又は間接的に助長している場合
　　〈例〉
　　✓自社が発注した商品の納品が遅延しないよう、労使問題を抱えるサプライヤーに対し、組合に加入している労働者への報復を予告するよう勧告する（サプライヤーが上記の提案に従った場合、自社は負の影響を助長したことになる）
　③企業の事業やサービスが取引関係を通じて人権への負の影響と直接関連している場合
　　〈例〉
　　✓取引先又は第三者における人権侵害の現場で自社製品が悪用されている

　企業は「負の影響」への責任を果たすためには、「負の影響」を生じさせないで利益を挙げるというビジネスのやり方を変えることが求められ、それこそがサステナビリティについて本業に統合するということにほかなりません。また、「負の影響」については前述した OECD ガイドラインにも示されているように、人権以外の分野にも求められていることに注意が必要です。

(3) 負の影響への取り組みとしてのデュー・ディリジェンスの実施

企業のサステナビリティへの取り組みとして、デュー・ディリジェンスという考え方が急速に浸透しています。

事業、製品またはサービスは元来リスクがあります。それは、その事業、製品またはサービス自体が負の影響の原因となったり助長したりする、または直接結びつく可能性があるためです。事業自体には元来リスクがないと考えられる場合であっても、企業の置かれている国や地域の法の支配や基準、執行、さらにはビジネス上の関係先の行動によって負の影響のリスクが発生する可能性もあります。デュー・ディリジェンスによって、企業は、負の影響を予測、防止または軽減させることができる、ときには、デュー・ディリジェンスの実施により、負の影響のリスクがあまりにも高い、あるいはリスク軽減の努力が成功しなかったことが判明し、事業を進めるか否か、またはビジネス上の関係を進めるか、最後の手段としてその関係を停止するか否かを決定するのに役立つこともあります。

負の影響を効果的に防止し軽減することは、企業が、社会に対する積極的な貢献を最大化し、ステークホルダーとの関係を向上させ、企業の信用を守ることにつながります（OECD ガイダンス 2018、p. 16）。

効果的なデュー・ディリジェンスを実施していくためには、環境や人権への取り組みの方針などサステナビリティに関する取り組みを示し、次の6つのプロセスを実施していくことが求められます[8]。

図2 効果的なデュー・ディリジェンスのための6つのプロセス
出典：OECD 2018, p. 16 をもとに筆者作成

---

8)「責任ある企業行動のための OECD デュー・ディリジェンス・ガイダンス」（2018）。「OECD 多国籍企業行動指針」を実施するための具体的な取り組み方を示したガイダンスです。

■3.2　日本の取り組み

　日本では明治時代の近代化政策とともに始まった大気汚染の歴史があります
が、特に第二次世界大戦後の工業復興でも大気汚染問題が引き起こされ、
各地で公害防止条例が制定されました。また 1955 年からの好景気下では、
工業都市の住民に深刻な健康被害が起こり、大気汚染は大きな社会問題へ発
展しています。そのようななか、1956 年の経済同友会の決議「経営者の社
会的責任の自覚と実践」には、「現代の経営者は、倫理的にも実際的にも単
に自己の企業の利益のみを追うことは許されず、経済・社会との調和におい
て、生産諸要素を最も有効に結合し、安価かつ良質な商品を生産し、サービ
スを提供するという立場に立たなくてはならない。……経営者の社会的責任
とは、これを遂行することに外ならぬ。」と明言しています。また 1970 年代
には、大衆消費社会を背景とした製品の安全性の問題が起き、ここでも企業
への批判とともに企業の社会的責任が問われるようになっています。

　2000 年代に入ると、経済のグローバル化の影響とともに欧米から CSR の
概念が日本に導入されましたが、それまで日本で問題にしてきた「企業の社
会的責任」とは背景や内容を異にしています。日本では「企業不祥事に代表
される企業のネガティブな側面が、市場や社会から厳しい批判を受けたこと
が直接の契機となって」おり（川村 2003）、企業倫理や法令遵守を主な課題
としていますが、2000 年代の CSR のうねりは ISO26000 にも見られるよう
に、経済のグローバル化を背景に、社会や環境に及ぼす影響への責任、つま
り持続可能性への責任が問われたのであり、日本語として同じ「企業の社会
的責任」であっても経緯も内容も異なっています。

　2000 年以降、海外の調査機関から CSR に関わる調査票が日本企業に届く
ようになり、日本企業でも欧米型の CSR 経営に取り組む企業が増えてきま
す。2003 年には、1 月 1 日にリコーが CSR 室を設置、これに続いて帝人、
ソニー、ユニ・チャーム、キヤノンなどが CSR 経営への転換を機関決定し、
CSR 担当組織の設置や CSR 担当役員の任命など具体的に CSR への取り組み
を開始しました。このような動きはこれまでは見られなかったことから、

「2003 年は日本企業にとって『CSR 経営元年』となった」(川村 2003) といわれています。

(古谷由紀子)

4　日本における社会課題と企業

■ 4.1　企業の社会的責任と社会課題解決

　現在の日本では、国際的に取り組まねばならない地球温暖化や格差の拡大等の問題に加えて、国内の人口動態や家族形態の急速な変化を背景としたさまざまな社会課題が山積しています。企業には、企業活動が環境や社会に及ぼす負の影響を予防または最小化し、もし影響を与えてしまった場合には迅速かつ誠実に対処する社会的責任が求められるとともに、本業や社会貢献活動を通じて社会課題の解決に貢献することが期待されています。

　社会的責任の取り組みと社会課題解決への貢献は、表裏一体として繋がっている場合も多く、たとえば、職場でハラスメントが起きないよう行われている対策が、企業の中の多様性の尊重や心理的安全性の醸成によって、より効果を生むといった具合に、その関係性や相乗効果を意識しながら取り組みを進めていく必要があるでしょう。

　さまざまな社会課題が、社会構造や社会意識を背景に顕在化していることが認識されるようになる中で、行政のみならず、企業、地域、市民社会を含む多様なステークホルダーによる、多角的な取り組みが求められるようになっています。中でも、企業は、多くの人々を雇用しその生活を支えるとともに、経済的・社会的にも大きなインパクトをもつため、社会課題の解決においても大きな役割を果たすことができます。SDGs の普及に伴って、社会の持続可能性との関係や社会課題の解決における役割を認識する企業は増えてきましたが、今後はより視野を広げて、さまざまなステークホルダーとの連携の中で社会課題への取り組みを進めていくことが期待されています。

　本節では、持続可能な社会を目指す公共経営における代表的な社会課題として、環境問題、人権分野のジェンダー・ギャップと外国人労働者に関する

問題を取り上げ、企業の取り組みを概観します。更に、政府と企業の結節点として、企業のサステナビリティの取り組みを促進する手段となりうる「社会的責任に配慮した公共調達」について紹介します。

■4.2　課題１：ビジネス基盤としての地球環境と企業

「人新世（アントロポロセン）」という言葉をご存知でしょうか。人類の活動が地球環境に及ぼしている影響を示すために提唱された地質学上の定義で[9]、国連開発計画（UNDP）の報告書をはじめ国内外のさまざまな文書で使われています。

人類による地球環境への負荷を表す指標としては「エコロジカル・フットプリント」がよく知られています。人間の生活に必要な自然資源の量を面積として算出したもので、1970年時点では、全世界人口の生活に必要な面積は地球一つ分でしたが、2022年には地球1.7個分となり、地球のキャパシティを超えた持続可能でない状態が40年以上に亘って続いていることが示されています。（図3参照）

近年では、「プラネタリー・バウンダリー」という、人間が地球上で安全に活動できる環境の境界を科学的に示した概念が提唱され、企業からも注目を集めています。気候変動や生態系等のレジリエンス（回復力）は、その限界を超えると、不可逆的な変化、つまりもう元には戻らない変化を起こすと説き、その境界領域に関する現状を評価した上で警鐘を鳴らしています。（図4参照）

日本のグローバル企業をはじめ、世界の先進企業の多くが、この「プラネタリー・バウンダリー」の概念に注目し、地球環境に対する責任を組み込んだ経営に取り組み始めています。地球環境が持続可能でなければ、経済活動も企業の活動も成立し得ないことへの理解が広がっているのです。

2020年以降の温室効果ガス削減に関する世界的な取り決めであるパリ協

---

9)「人新世」に関する提案は、2024年3月に国際地質科学連合（IUGS）で正式に否決されましたが、IUGSは公式声明で、「「人新世」は人類活動が地球環境に与える影響を示す貴重な言葉」と述べています。

4　日本における社会課題と企業

図3　エコロジカル・フットプリントにおける世界のトレンド
出典：ウェブサイト Global Footprint Network ウェブサイト「Explore Data」

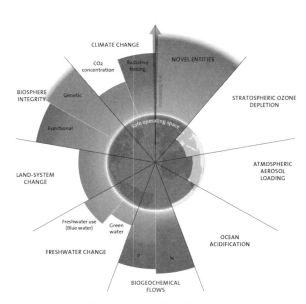

図4　プラネタリー・バウンダリー 2023年版
出典：Stockholm Resilience Centre ウェブサイト「Planetary boundaries」Licensed under CC BY-NC-ND 3.0. Credit: "Azote for Stockholm Resilience Centre, based on analysis in Richardson et al 2023".

定の下、日本は、2021年4月に「2050年ネットゼロ宣言、2030年度マイナス46%（2013年度比）」を表明し国連に提出しました。ネットゼロとは、温室効果ガスの排出量と吸収量の差し引きを実質ゼロにすることで、カーボンニュートラルとも呼ばれ、現在、世界150カ国以上が目標に掲げ、政府、企業、市民それぞれに取り組みが求められています。

　企業がカーボンニュートラルを実現するためには、製品の原材料の調達や商品の使用、消費、廃棄を含むサプライチェーン/バリューチェーンを通じたCO_2排出量の把握が必要になるため、現在企業では、「GHG（温室効果ガス）プロトコル」による「Scope3基準」というCO_2排出量の計算方法を用いて、それらの情報の開示とともに取り組みを進めています。

　また、生物多様性の危機に対しては、昆明–モントリオール生物多様性世界枠組にて、「生物多様性の損失を止め反転させ、自然を回復軌道に乗せる」ことを目指す「ネイチャーポジティブ（自然再興）」の考え方が掲げられ、企業に対しても、事業活動における生物多様性への配慮や、自然関連情報の開示が求められるようになってきています。

　地球環境問題がさまざまな側面で危機的な状況にある中で、企業による環境への取り組みは、コスト削減や市場のグリーン化・GX（グリーントランスフォーメーション）への対応、ESG投資における評価の向上・融資獲得など、企業自身の持続可能性向上への取り組みを超えて、ビジネスを進めていくために必要な地球環境の持続可能性に資するものにならざるを得なくなってきているといえるでしょう。

■ 4.3　課題2：ジェンダー・ギャップの改善と企業

　多様なセクターによる対話・協力を通じて社会課題の解決に取り組むスイスの非営利財団「世界経済フォーラム」が毎年公表するジェンダー・ギャップ指数で、日本は、2024年、世界146カ国中118位でした。この指標は、政治、経済、教育、健康の4分野の2〜5つの男女比の指標を統合して算出したもので、日本は、教育と健康は満点に近い値ですが、政治と経済の値が低いため、その順位は著しく低くなっています。（図5参照）

4 日本における社会課題と企業

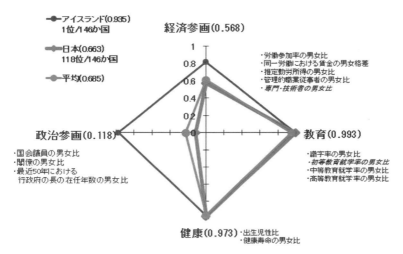

図5 ジェンダー・ギャップ指数2024
出典：内閣府 男女共同参画局 ウェブサイト「男女共同参画に関する国際的な指数」

　企業活動に関わる経済の指標では、前年より値も順位も若干改善し、特に評価の低い「管理的地位にある女性比率」は、2006年に比べると、10％から14.63％と約4.6ポイントの改善が見られます。しかしながら、2006年当時87位だった日本の「管理的地位にある女性比率」の順位は、2024年には130位と大きく後退しており、世界のジェンダー・ギャップの改善の速さに日本が追いつけていない現実がうかがえます。

　日本企業におけるジェンダー・ギャップ改善への取り組みは、1985年の男女雇用機会均等法の頃から始まり、1995年には育児・介護休業法が成立しました。しかし、女性の社会進出はなかなか進まず、2015年には当時の最重要法案として女性活躍推進法が制定され、一定規模以上の企業に、社内のジェンダー・ギャップ状況を踏まえた行動計画の策定・公開が義務づけられました[10]。更に、2023年からは、上場企業等に提出が義務づけられている有価証券報告書に、女性管理職比率、男性の育児休業取得率、男女間賃金

135

格差の開示が義務づけられるようになりました。

　ジェンダー・ギャップを改善し女性活躍を推進することで、業績を向上させたりイノベーションを生み出している企業は数多く存在します。また、女性活躍推進の取り組みは、ESG投資の影響もあり、投資家等からも高い評価を受け企業価値の向上に資するようになってきています。

　一方で、女性が働きやすく活躍しやすい職場風土を実現するには、母性保護等女性に関わる制度のみならず、職場全体のこれまでの働き方やキャリアパスに関する制度、企業文化などを見直す必要も出てくるものと思われます。性別を問わず子育てや介護を両立できる、ワークライフバランスの取れた働き方が保証される企業が増えていくことが重要ですが、そのためには、ジェンダー・ギャップの背後に潜む旧来の社会制度や関係性の改善、社会全体の意識の変化も必要になっていくものと思われます。

■4.4　課題3：外国人材の受入れと企業

　全国的な人手不足を背景に、日本で働く外国人材が急増していますが、法制度の問題や受け入れ態勢が未整備であるために、外国人材の職場や暮らしにおいて人権に関わるさまざまな問題が生じています。

　厚生労働省によると、2023（令和5）年10月末時点の外国人労働者数は204万人を突破し、過去最高を更新したそうです。長野県の人口が202万人なので、それより少し多い数の外国人が日本で働いていることになります。

　国籍別では、ベトナムが最も多く（約51.8万人、外国人労働者全体の25.3％）、次いで中国（約39.8万人、19.4％）、フィリピン（約22.7万人、11.1％）と続きます。産業別では、製造業が27.0％と全体の四分の1以上を占めますが、サービス業（15.7％）、卸売・小売業（12.9％）、宿泊・飲食業（11.4％）、建設業（7.1％）など、さまざまな分野で外国人材は私たちの暮らしを支えています。

　外国人を雇用している事業所を規模別で見ると、30人未満の事業所が最

10）取り組み状況が優良な企業は、厚生労働大臣から「えるぼし認定」を受けられ、入札や融資において優遇される仕組み。

4 日本における社会課題と企業

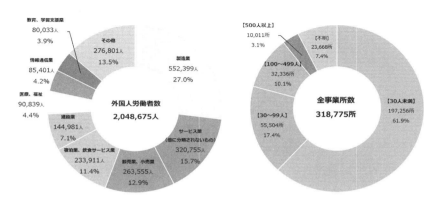

図6　産業別外国人労働者割合・事業所規模別外国人雇用事業所割合
出典：厚生労働省ウェブサイト「外国人雇用状況」の届出状況まとめ（令和5年10月末時点）

も多く（61.9％）、外国人材を受け入れている企業の多くは中小企業、小規模事業者であることが読み取れます。（図6参照）この中には、グローバル企業・大企業のサプライチェーンにある企業も多いものと思われます。

　企業には、外国人材の受入れに際して、入国や労務に関するさまざまな手続きや居住場所への配慮、言葉や文化のギャップを考慮した制度やルールの丁寧な説明等、多くの対応が求められます。小規模の企業の中には、外国人材受入れの知識やノウハウがなかったり、受入れに対応する余裕がなかったりしてトラブルにつながってしまう場合もあります。また、外国人材に危険な労働をさせたり、長時間労働や低賃金労働を強いたりするなど、弱い立場に置かれている外国人材に対する労働・人権問題の報告も後を絶ちません。

　このような状況に対して、政府は、2018年に外国人材の受入れ・共生のための総合的対応策を、2022年には外国人との共生社会の実現に向けたロードマップを策定し、法改正も含めた仕組みの整備に総合的に取り組んでいます。一方で、労働現場における人権の問題に関しては、グローバル企業や業界団体、NPO等が中心となって課題解決を先導しているように見受けられます。

　たとえば、ILOの181号条約（1998）が掲げる「派遣労働者からの手数料

徴収禁止」に則り、技能実習生の訪日の費用負担をゼロにする、いわゆる「ゼロフィー」に取り組む企業が、最近増えています。また、外国人労働者からの相談を受けて、企業へのアドバイスや裁判外紛争解決手続き（ADR）の利用をサポートする「JP–Mirai」という専門性の高い NPO が活躍しています。あるいは、サプライチェーンを管理する立場にある大企業の中には、サプライチェーン企業に人権問題が起きないようチェックするのみならず、対話や支援を行う企業も出てきました。

　企業における外国人材の問題については、行政の施策が不足している中で、外国人材を取り巻く企業や NPO 等のステークホルダーが、それぞれにできることを模索し取り組みを開始している段階にあると思われます。今後は、外国人材の声をしっかりと聞き、ステークホルダーが連携し、外国人材の受け入れを活かしたより良い職場づくり、地域づくりを目指して行くことが大切だと思われます。

■ 4.5　公共調達を活用した企業の社会的責任の推進

　公共調達とは、政府や地方自治体などが、道路や公共施設等の建設工事を民間企業に発注したり、図書館運営やごみ収集などの行政サービスを企業やNPO 等に委託・委任したり、行政サービスに必要な物品を購入したりすることを意味します。

　公共調達は、図 7 が示すように、税金を使った行政サービスを企業やNPO を通して市民や地域に提供する方法であり（b）の部分）、行政の担う狭い意味での「公共」を、新たな担い手である企業や NPO に開き、より質の高いサービスを効率的に提供することが期待されています。

　公共調達の経済規模は非常に大きく、2021 年度は約 9,759 億ドル、GDPの 18.13％を占め[11]、行政に求められるニーズが拡大・多様化し、政府・自治体財政が厳しく正規の公務員数が削減される中、その金額・対 GDP 比ともに年々増加を続けています。

11）GLOBAL NOTE（出典：OECD）より

4　日本における社会課題と企業

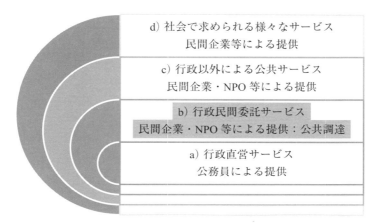

図7　公共サービスにおける公共調達の位置付け
出典：武藤博己（2003）『入札改革』p. 89 図表を筆者改訂

　この莫大な経済規模を梃子に、公共調達を活用して、企業活動を社会的責任に配慮した方向に導こうとする動きが、近年、欧州を発信源として世界中にひろがってきています。以前は、一番安い価格を提案した企業がそのまま落札される「最低価格」絶対主義でしたが、近年では、工事やサービスの品質評価に加えて、その企業の環境への取り組みや女性活躍推進のあり方、障がい者雇用率なども評価に加えられるようになってきています。

　公共調達を受注している企業は、実績額ベースで半分以上が中小企業であり、環境への配慮や人権尊重の取り組みなど社会的責任に配慮した経営を行うきっかけや余裕のない中小企業が少なくない中、公共調達を通じて社会的責任に配慮した経営を導入する中小企業が増えることが期待されます。

　2024年7月、東京都は行政として初めて、調達受注者のサプライチェーンにも社会的責任の遵守を求める社会的責任調達指針を策定しました。指針策定の趣旨として、「経済合理性のみならず持続可能性にも配慮した調達を行うことを通じて、（中略）環境・人権・労働・経済の各分野での望ましい慣行を敷えんさせ、持続可能な社会に貢献することで、都の社会的責任を果たしていく」ことを掲げ、受注者とともに取り組みを推進していくことを

139

謳っています。社会的責任に配慮した公共調達は今後普及していくことが期待されますが、公共調達を通じて、行政と企業がともに、社会的責任への配慮を進め、地域の社会課題の解決や改善が促進されることを願うものです。

5 ステークホルダーと企業

■5.1 意味ある「ステークホルダー・エンゲージメント」とそのための企業の情報開示

　企業の活動は、さまざまな人や組織によって成り立ち、商品やサービス等を社会に向けて提供しています。同時に、企業は、原料の調達から商品の製造、使用、廃棄までのサプライチェーン/バリューチェーンの過程で、さまざまな人や組織に影響を与えています。このような企業活動を支えたり、企業活動に協力したり、企業活動から影響を受けたりする人や組織をステークホルダー（利害関係者）と呼び、具体的には、従業員、取引先、消費者・顧客、株主・投資家、政府（行政）、地域社会、市民社会等を指します。

　企業が持続的に成長するとともに、社会の持続可能性向上に向けて、社会的責任を果たし社会課題の解決に貢献するためには、企業をとりまく幅広いステークホルダーと対話を行い、自社の事業に対する理解を得たり、自社の取り組みを改善したり、連携・協働の取り組みを行ったりしていくことが求められます。このステークホルダーとの対話などを通じた、相互に変化を生み出す関わり合いを「ステークホルダー・エンゲージメント」と呼びます。

　企業にとってもステークホルダーにとっても意味のある「ステークホルダー・エンゲージメント」を行うためには、企業とステークホルダーが、立場や思考の枠組みの違いを理解しあった上で、新たな取り組みや従来の仕組みの見直しなどを模索する創造的対話を心がけることが大切です。創造的対話には、その準備として、企業の立場や方向性、現状等に関する情報が必要であるため、企業の情報開示が重要になります。

■5.2 投資家と企業

　環境や社会の持続可能性に対する危機感を背景に、ステークホルダーに配慮し対話を重視するステークホルダー資本主義が謳われるようになると、株主や投資家のあり方にも変化が見られるようになりました。投融資の判断に、企業の社会的責任や社会課題への取り組みを組み込んだサステナブル・ファイナンスに対する関心が高まりその市場規模が拡大してきたのです。

　サステナブル・ファイナンスの中でも、よく知られている ESG 投資は、従来の財務情報に加えて、環境（Environment）、社会（Society）、ガバナンス（Governance）における企業の非財務情報を企業価値評価の際に考慮するもので、2006 年に国連が機関投資家に対して、ESG の視点を投資プロセスに組み入れる責任投資原則（PRI）を提唱したことを契機に広がってきました。日本では、2015 年に、年金積立金管理運用独立行政法人（GPIF）が PRI に署名したことで、その重要性が投資家の間で認識され、ESG 投資に火がついたといわれています。2022 年の世界の ESG 投資の残高は約 30.3 兆米ドル、日本の残高は約 493 兆円であり、2016 年時点より、各々 1.3 倍、8.8 倍に拡大しています。投資全体に占める割合でみても、世界は約 24％、日本では 34％と、大きなシェアを占めています[12]。

　更に近年、インパクト投資と呼ばれる、財務的リターンとともに、事業や活動の成果として社会的・環境的インパクトを生み出すことを意図した投資にも注目が集まっています。ESG 投資が、特定の企業や業種に対する投資を除外したり、ESG に関連する取り組みを評価し投資するのに対して、インパクト投資は、「投資がもたらす社会面・環境面での課題解決」をより強く意図したものとされ、課題解決につながるイノベーション創出が期待されています。

　今後、サステナブル・ファイナンスは、より一層広がっていくことが期待されますが、そのためには、投資を成り立たせている経済の制度や社会のシ

12）Japan Sustainable Investment Forum：JSIF（2024）サステナブル投資残高調査 2023

ステムについても、持続可能な社会を目指すものに変えていくことが必要になります。サステナブル・ファイナンスにコミットしない企業を、企業活動の基盤となる環境や社会の持続可能性に対して責任を果たしていないという意味で、タダのりとみなす動きも出てきています。投資家にも、持続可能性を考慮に入れた社会的責任投資が求められるようになるとともに、政府には、持続可能性向上に寄与する取り組みに十分な資金が回るような仕組みを創出し、適切な規制や支援策を通じてサステナブル・ファイナンスの成長を後押しすることが期待されます。

■5.3　地域・市民社会と企業

　企業は地域経済の中核を担う存在である一方、その活動が地域にマイナスの影響を与えうる存在でもあります。1950 年代に噴出した公害問題や、東日本大震災の際の福島第一原子力発電所事故による周辺地域への放射線被害は、その代表事例といえるでしょう。近年では、サプライチェーン企業による地域への影響に対する配慮も求められるようになってきており、たとえば、パーム油の原料となるヤシの実生産のための森林伐採や、レアメタル採取による資金の地域紛争への利用などにも対応することが求められるようになってきています。

　このような、企業活動が関わる社会問題に対して、政府・行政が法令によって規制する方法もありますが、企業が業界団体等を通じて自主的な取り組みを行ったり、市民社会組織が専門性を活かして関係者をつなぐ枠組みを作ったりと、さまざまなステークホルダーが多様なアプローチで公共の経営に参画しています。

　市民社会組織による取り組みとして世界的に広がっているものとして「CDP（カーボン・ディスクロージャープロジェクト）」があります。CDP は、世界中の大企業に、気候変動、水資源、森林等、環境への取り組みに関する質問票を送付し、データを収集・分析した上で、投資家や他のステークホルダーに提供することで、企業の評価に環境への取り組みを組みこむことに成功しています。2000 年にイギリスで発足し、日本では 2005 年から活動を開

始、2023年現在、世界で約23,000社、日本では約2,000社の企業がCDPに回答し、その数は年々増加しています。CDPの評価は、情報開示を通して、投資家や他のステークホルダーの力を使って、企業行動を持続可能な方向に導く有効な方法といえるでしょう。

日本の地域では、近年、行政や地域住民のみならず企業も参画して地域課題に取り組む地域プラットフォームが少しずつ見られるようになってきています。社会課題が複雑化しさまざまなステークホルダーによる取り組みの必要性が認識され、更にSDGsが普及し企業にも持続可能性向上に向けた取り組みの重要性が理解されるに伴って、多様なステークホルダーの連携・協働が生まれてきています。市民社会組織は、そのような地域プラットフォームの中で、その非営利性や、柔軟性、地域密着性といった特徴を活かして、さまざまなステークホルダーをつなぐ役割を期待されていると思われます。

■5.4　情報開示のあり方

企業はさまざまなステークホルダーや有形無形の社会資本によって成り立っているため、企業活動の影響について説明責任を果たし、ステークホルダーの理解を得ることが求められます。更に、企業の情報開示は、ステークホルダーへの説明責任を果たすとともに、ステークホルダーと企業の対話の前提になるものとしても重要です。加えて、株式を公開している上場企業には、株主や投資家の判断材料となる情報の提供も求められます。

近年、日本における企業の情報開示は、法令で上場企業等に求められる、法令開示内容の充実が図られるとともに、主として持続可能性に関する情報である非財務情報を、財務諸表など金銭面に関する財務情報と統合した統合報告書やサステナビリティレポートなどの任意の報告書を作成する企業が増え、急速な展開を見せています。この背景には、ESG投資に代表されるサステナブル・ファイナンスの影響による非財務情報へのニーズの高まりがあげられます。

このような企業の情報開示の進展によって、企業と投資家の間の建設的な対話が進んでいると評価する声もありますが、一方で、非財務情報の開示に

ついては、その開示基準をめぐってさまざまな団体や議論が乱立する状況も見られ、開示にかかる企業の負担の増大が問題になっています。

非財務情報の開示基準については、国際的な財務報告基準を策定しているIFRS財団が、2021年にISSB（国際サステナビリティ基準審議会）を設置し、サステナビリティ開示基準の開発の検討を進めており、日本においてもSSBJ（日本サステナビリティ基準委員会）がサステナビリティ開示基準の開発を進めているところです。また、企業の開示に関わる負担については、必要な開示情報や情報開示のあり方について、政府内で検討が始まっています。

企業の情報開示のあり方は、現在大きな転換期にありますが、それは、企業が持続可能性への配慮を経営の中にどのように組み込み、どうやって持続可能な社会を目指しているかを示すことへの要請の高まりを意味しています。企業への就職を希望する人にとっても、企業の情報開示は、応募の判断を左右する重要な媒体になるでしょう。お金の流れも大切ですが、非財務情報の開示項目や内容については、株主や投資家目線に偏りすぎず、多様なステークホルダーへの説明責任を果たし、創造性のある対話につながるようなものが期待されます。開示基準や内容の充実のためには、ステークホルダー側も、情報開示についてしっかりと学び、企業に意見を届けていくことが重要になるでしょう。

6　おわりに

地球環境の悪化への危機感が高まり、国際社会の分断や格差拡大の問題が深刻になる中で、持続可能性向上に向けた法制度の整備やさまざまな市民活動の拡大とともに、企業による取り組みも加速しています。公共経営における、企業の役割や影響は確実に増大しているといえるでしょう。

環境や社会に対する負の影響を是正・改善する企業の社会的責任を果たし、正の影響を生み出す社会的価値創出への取り組みは、長期的なコストの削減や人的資本の形成等を通して、企業価値の向上につながるものととらえられますが、公共経営の観点からは、個別企業の利益を満たしつつもそれを

超えて、企業活動の基盤である地球環境と社会の持続可能性に貢献するものととらえることができます。

　グローバル化が進み、巨大なグローバル企業が提供する商品やサービスによって私たちの暮らしが支えられるようになっている現代では、日本の法制度だけでは解決できない問題が増えるとともに、海外の法制度が日本に与える影響も大きくなっています。たとえば、すでに公共の空間といっても良いインターネット上のプラットフォームやSNSでは、差別やいじめなど人権に関わるさまざまな問題が発生し、規制の必要性が指摘されながらも、法の整備が追いついていない状況があるのではないでしょうか。このような状況においては、企業が自主的に被害者や問題と向き合い、企業としてのあるべき姿を模索する社会的責任の取り組みが求められると思われます。

　最近では、カーボンニュートラル等環境配慮を謳う商品も増えてきましたが、企業が自らの社会的責任に向き合わずに、持続可能性を掲げPRしていては、グリーンウォッシュ/SDGsウォッシュの批判を免れることはできません。持続可能な社会づくりに向けて、企業を含むマルチステークホルダーによる協働を広げていくとともに、企業を含む各ステークホルダーが、それぞれの社会的責任を果たしているかについての対話も重要になってくると思われます。

（長谷川雅子）

参考文献

板野俊哉、磯貝友紀（2021）『SXの時代〜究極の生き残り戦略としてのサステナビリティ経営』日経BP

川村雅彦（2003）「2003年は「日本のCSR経営元年」―CSR（企業の社会的責任）は認識から実践へ―」ニッセイ基礎研究所REPORT 2003. 7.　pp 5-7

環境省「ネイチャーポジティブ」
　（https://www.env.go.jp/guide/info/ecojin/eye/20240214.html）2024. 8. 25

金融庁（2023）「インパクト投資等に関する検討会報告書」

熊谷謙一（2012）「ISO26000（組織の社会的責任）の内容と動向」JP総研Research 18、pp. 2-9

経済産業省（2024）「企業情報開示のあり方に関する懇談会　課題と今後の方向性（中間報告）」

国際連合広報センター「SDGs とは」
　　（https://www.unic.or.jp/activities/economic_social_development/sustainable_development/
　　2030agenda/）2024. 9. 2
国際労働機関（ILO）、一般財団法人 CSO ネットワーク（2024）『公共調達を通じた人
　　権の保護・尊重と持続可能な社会づくり〜バリューチェーンにおける責任ある企業
　　行動・労働慣行に向けた提言〜』
人権理事会（2011）『ビジネスと人権に関する指導原則：国際連合「保護、尊重及び
　　救済」枠組実施のために（A/HRC/17/31）』国際連合広報センター
東京都財務局「社会的責任に配慮した調達に係る有識者会議」
　　（https://www.zaimu.metro.tokyo.lg.jp/keiyaku/sr）2024. 8. 18
日本規格協会編（2011）『日本語訳・ISO26000：2010 社会的責任に関する手引』日本
　　規格協会
日本経済団体連合会（2022）企業行動憲章 実行の手引き 第 9 版
法務省（2023）「今企業に求められる『ビジネスと人権』への対応（詳細版）」
CDP（website）「CDP 2023 企業の情報開示」
　　（https://japan.cdp.net/scores）2024. 8. 31
GSG Impact Japan（website）「インパクト投資とは」
　　（https://impactinvestment.jp/impact-investing/about.html）2024. 8. 30
JP−MIRAI「外国人労働者の受入れに関する調査研究」
　　（https://jp-mirai.org/jp/activity/research-study/）2024. 8. 20
OECD（2018）『責任ある企業行動のための OECD デュー・ディリジェンス・ガイダ
　　ンス』
OECD（2023）『OECD 責任ある企業行動に関する多国籍企業行動指針（日本語仮訳)』
World Economic Forum（2024）「Global Gender Gap Report 2024」

第8章

公共経営とソーシャル・キャピタル
——人と地域社会をつなぐ絆

1　ソーシャル・キャピタルとは？

　本章では、「公共経営においてソーシャル・キャピタルが重要な役割を果たすので、重要な要素として考えていきましょう」ということを説明していきます。「公共経営」と「ソーシャル・キャピタル」はいずれもこれまでにあまり聞いたことのない用語かもしれません。前者の公共経営は本書全体のテーマですので、公共経営とは一体何であるかについて、これまでの章で多くを考えてきたかと思います。本章では、後者のソーシャル・キャピタルを中心に据えて話を進めていきます。まずは直感的な理解を促した後に、どのような視点をもってこれをとらえるのか、また実際の社会でどのような役割や影響をもつのかについて説明したいと思います。

　「ソーシャル・キャピタルは何か」ということですが、日常的によく聞いたり使ったりする言葉でいうと「絆」、「人と人のつながり」、「連帯」、そしてこの章の副題の「人と地域社会をつなぐ絆」といったものを挙げることができます。またソーシャル・キャピタル（Social Capital）を日本語に直訳すれば「社会資本」になりますが、日本語で社会資本といえば、一般的には水道や電気、道路や空港などの社会の基盤となるハード面のインフラを指します。そこで多くの邦語文献では、「社会関係資本」と呼んだり、カタカナ表記で「ソーシャル・キャピタル」と表現しています。特に深い意味はありませんが、本章ではキーワードとして用いるために、カタカナ表記で進めていくことにします。

　主題から外れてしまうのでここでは多くを述べませんが、キャピタル（資

本）という用語を用いることについての批判もあります。通常、経済学では物的資本、人的資本、文化的資本といったものの説明で資本という用語を使いますが、これらの定義に照らし合わせるとソーシャル・キャピタル（社会関係資本）は資本には該当しないという議論もあります。しかしその一方で、これは社会的資源としてとらえられるものであり、キャピタルに該当するという議論があります。細かな定義は本書の課題ではありませんので、ここではそのような議論もあることに留めます。

　ソーシャル・キャピタルそのものについて行われている詳細な議論やその役割について話を進める前に、そもそもなぜソーシャル・キャピタルという絆や人とのつながりといったことを、公共経営を考えるなかで話題として取り上げるのか、またなぜともすれば絆が大事であるという当然であろうことに紙面を割くのか、ということについて考えてみましょう。

　「人と人のつながりが重要であるということは、社会が存在する限り、時代と場所を問わず変わることのない普遍的な原則です」と言っても問題ないでしょう。その一方で、われわれの実際の生活においてつながりが十分でないことが現代社会の問題として議論されています。人と人がつながらないことによって、個人の問題、集団の問題、地域の問題、そして国家的な問題が生じています。地域の公共経営という観点からみると、それに対応できるつながりを地域社会の一員であるわれわれが有していないことを指摘できます。たとえば、郵便局の配達サービスで近所の人に預けるという選択肢がありますが、それを使っている人はかつてに比べるとかなり少なくなっているのではないでしょうか。これらの様子が変わってきた理由には、経済的に豊かになり、モノを入手する場所が多くなったり、インターネットを通じてすぐにサービスを受けられるなど便利になっていることと同時に、共働きなどによる生活時間の変化や、近所の人々との関係性や責任問題への対処方法の複雑化によって、隣の人に預けるのが難しくなったりしているということがあるでしょう。

　さらに大きな視点からみれば、これらの背景には安定的な経済社会制度の構築や科学技術の発展がありますが、経済を取り巻く制度がより精密にな

り、科学技術が飛躍的に発展しても、ひとたび阪神・淡路大震災や東日本大震災のような状況に陥ると、それらの制度や技術が即座にかつ十分に機能しないことを改めて認識することになります。同様に、地域で日常的に生じているような問題もその多くが制度や科学技術の活用だけではやはり不十分であるといえます。そして個々人が自身のもつ経済的な豊かさだけで災害や苦難を乗り切ることは困難です。災害対応に限りませんが、地域の公共経営を考えるとき、「自助・共助・公助」という言葉が必ず出てきます。これは「補完性の原理」ともいいます。自分でできることは自分で、地域住民で助け合ってできることは地域住民で、自分たちでできないことは政府や行政の力を使って社会を運営しましょうということを意味しています。この章では「共助」の部分が中心的な関心事になります。

　本節を簡単にまとめるならば、次の二つになります。一つは、社会や人々が抱えるリスクの低減や不安の緩和、地域社会の集合問題の解決や解決に向けた取り組みには、地域住民間の人と人のつながりや絆が重要であるということです。そしてもう一つは、それらが「ソーシャル・キャピタル」の源泉であるということです。次節では、なぜソーシャル・キャピタルが公共経営の中で検討されるべきものであるかについて考えてみましょう。

2　公共経営でソーシャル・キャピタルに注目する理由

　なぜ公共経営でソーシャル・キャピタルに注目するのかと問われれば、「政府や行政に依存した公共財のあり方の検討や、その供給では地域の運営がうまくいかなくなったから」といえるでしょう。政府の主導という点でみれば、戦後の日本社会では護送船団方式という言葉で表現されたように、政府が銀行をしっかりと保護し、われわれの生活経済や企業の経済活動を支える金融基盤を強固なものにしました。競争力の弱さに関して弊害が指摘され、金融というわれわれの社会生活の基盤を支える機関だからといって政府が必ず保証するということはなくなりました。結果、日本長期信用銀行や山一証券の破綻といったことが生じました。政府や行政の主導による不都合が地域においても同じように発生するようになり、行政が実施する事業に対して住

民の理解が得られにくくなっています。

　もちろん供給側の政府や行政だけが悪いというわけではなく、取り巻く環境が変化していることにも理由があります。その一つには、社会が複雑かつ高度化しているため、政府や行政が、戦後の高度成長期のように多くを掌握することが困難になったということがあります。たとえば、ハイテク産業で生み出される製品に関しては専門家のみが理解可能で、その他の人々は細部を知らずにユーザーとして製品を使用しています。つまり、細部を掌握していない政府や行政による主導や社会の方向づけは弊害を生みやすくなります。

　日本では 1960 年代以降、全国総合開発計画の中で大都市に人やカネが集中しすぎないように「地域間の均衡ある発展」が目指されたり、人の地域への定着を目的に「人間居住の総合的環境の整備」がなされてきました（国土交通省 website）。日本経済が成長するにつれてこれらの構想の思惑とは異なる方向へと進み、地域間の格差が顕在化するようになりました。21 世紀に入るとそのような事態に鑑みて、基本目標を「多軸型国土構造形成の基礎づくり」とし、「地域の選択と責任に基づく地域づくり」が重視されるようになりました。

　従来の公共経営のあり方では、多くの人の賛同を得られなくなった上、政府や行政が実施することに対する人々の確信が失われ、政府・行政と市民の間の信頼関係が崩れていることも挙げることができます。たとえば、世界価値観調査（World Values Survey：電通総研・日本リサーチセンター編 2004）によると、日本では政府及び行政を信頼しているという人はそれぞれ 25.4％と 29.4％であり、7 割を超す人々が信頼していないことが示されています。見方を変えれば、行政主導による公共経営ではなく、行政と公共のユーザーであるわれわれがともにその細部までを考えていくことが求められるようになったといえます。

　また、需要側の市民の状態の変化もあります。たとえば人口だけをとってみても、人口増加の地域もあれば減少地域もあり、人が定着している地域があれば人の出入りの多い地域もあり、高齢者比率が高い地域があればそれほどでもない地域もあり、外国人の多い地域があれば少ない地域もあります。

人口以外にも地域の都市化の度合い、経済状況、社会環境などでも差異があります。そしてこれらの差異は人々の考え方や好みなどにも影響を及ぼしうるため、個々人がより多様化するといえます。つまり、多くの地域において過去よりも現在の方が地域に住む人々の同質性が失われ、異質化しているといえます。

　以上のような社会の変化を受けて、21世紀に入り自民党が「新たな公」というメッセージを打ち出し、日本中が政治的盛り上がりをみせた劇的な政権交代後、民主党がそれを「新しい公共」という形で再度提唱しました。これらの考え方では、地域づくりを行うに当たって行政とその他のアクターが同じように主体的に関わり、すべてのアクターが相互に連携して社会の改善と向上に取り組むことが示されています。つまり、地域社会における多様な主体が積極的に地域課題へと取り組むことが求められています。

　地域の選択と責任、地域の主体間の連携のいずれからもわかることは、地域をどのようにしていきたいか、どのように実施するか、また誰が実施するかといったことを地域に住む人々や団体が自分たちで考えて行動しなければならないということです。このときに重要となるのがソーシャル・キャピタルの存在で、このような一連の過程においてソーシャル・キャピタルが基盤としての役割を果たします。

　現代の公共経営における大きな問題は、自分たちの公共空間としての街をどのように運営していくかを決めるために、住民間の合意形成をいかに成し遂げるかということにあります。制度としては首長や議員を住民が選挙で投票し、信任を受けた首長や議員が議論をして決まります。かりに議会がない状況を想定したとして、このとき住民全員で議論することが可能であるとすれば、理想的な結果は満場一致で街の運営方針が決まることです。しかし地域に住んでいる人が皆同じように物事をとらえ、同じように街のあり方を考えているということはあり得ないことといえるでしょう。多くの人から意見を聞けば聞くほど、合意形成は困難になります。

　最近では、地域のことは地域で決めることを押し進めていこうとする自治体もあります。なかには、財源と権限まで地域に移譲されるところもありま

す。かりに皆さんが住んでいる街でこのような取り組みがあったとすれば、わが街ではどのような動きがみられるでしょう。コミュニティの人々は議論に参加するでしょうか。合意形成に向けて議論は活発になされるでしょうか。あるいは皆さんはいかがでしょうか。理想的な姿は、地域の全員が参加し、全員が意見を言い、全員が議論を交わし、全員が納得した上で事業が実施され、全員が満足のいく生活を地域で営むことでしょう。しかし、どう考えてもそれは現実的なストーリーではありません。

　一般的な地域の意見のまとめ方の手順は、近所のある程度の世帯数単位の代表者がその地区の意見を集約し、その後順に大きな単位へと意見が運ばれていき、決定に至るという方法がとられます。ほとんどの地域ではこれを遂行するために自治会や町内会の仕組みが活用されています。自治会や町内会において話し合いをしたり、あるいは話し合いまでいかなくても意見を聞き集めた上で合意形成をしようとすれば、そこに住む人々が自治会や町内会に加入していたり、お互いに顔見知りであることが必要になります。

　現実はどうでしょうか。図1は日本全国の地方自治体における世帯単位でみた自治会・町内会への加入率の推移を示しています。100％の加入率の地域もあれば、50％を下回る地域もあります。加入率が年々低下する傾向も見てとれます。もちろん自治会や町内会が地域内の連絡網のすべてではありませんが、大半の地域では居住地域における行事や工事などの各種通知はこれらの会の回覧板や掲示板などで行われています。そうすると100％の地域では全員が基本的に同じ情報を共有しており、50％の地域では半数の世帯のみが同じことを知っていて、残りの半数の世帯は知らないということになります。つまり、地域のことを議論するための基盤となるつながりがない地域があり、公共のことを自分たちで決めるにしても情報がうまく伝達しない可能性があります。自治会や町内会を通じなくとも、地域のことを考えるための手法として、パブリックコメント、座談会、円卓会議、タウンミーティングなどさまざまな形で市民の声を聞くということが行われていますが、かなり積極的に情報収集をしないかぎりこれらの機会を知ることはないでしょう。したがって、地域で行われていることを知る手段としては、やはり自治会や

152

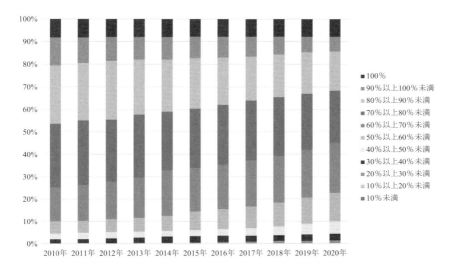

図 1　世帯単位でみる自治会加入率の推移

出典：総務省「自治会等に関する市区町村の取組に関するアンケートとりまとめ結果」をもとに筆者作成
注：自治会加入率を世帯単位で算出している 600 団体のデータによる集計を用いて作図している。

町内会での情報伝達というものが重要であるといえます。

　非常に身近なご近所の話をしていますが、地域といっても単位を小学校区や中学校区とすれば、自分の知らない人がそれなりにいるのではないでしょうか。地域の単位をさらに大きくして市区町村とすれば、知らない人は大勢になります。そのような地域社会を念頭に置いたとき、人と人とが実際に顔見知りであるというつながりの達成は非現実的であるため、そのようなつながりばかりを議論してもあまり意味をもたないでしょう。そこで人と地域社会のつながりを念頭においたソーシャル・キャピタルの議論を考える必要があります。大きな社会を条件に考えていきますが、小さなコミュニティでも同じことは当てはまります。

　繰り返しになりますが、本書の中心テーマは「公共経営」です。公共に関わる主体は、先述のように行政だけでなく、企業やNPO、そして市民も含まれます。企業では近年、社会的企業というものが注目されており、公共的

な仕事を担う民間企業が台頭していますし、民間営利企業でも CSR（企業の社会的責任）などを背景に、企業市民として社会貢献や地域貢献を行い、公共分野に影響を与えるようになっています。また NPO も阪神・淡路大震災及び NPO 法の制定のあった 20 世紀終盤から日本でも注目を浴びるようになっています。これらの動きと並行して、古くから存在している財団法人や社団法人、学校法人や宗教法人などのさまざまなタイプの NPO のあり方についても改めて議論がなされていますが、変わらず重要な役割を担っています。さらには市民レベルでも、ボランティアや寄付を通して、あるいは自治会や町内会による活動によって公共的課題の克服や解決に寄与しています。違う観点からみれば、「善い」公共経営のためには「市民社会」の形成が重要であるともいえるでしょう。

　これらの動きもソーシャル・キャピタルをめぐる議論のなかでとらえられています。そこで次節では、これまでにソーシャル・キャピタルがどのような視点でどのようにとらえられてきているかについて説明していくことにします。

3　ソーシャル・キャピタルのとらえ方

　「ソーシャル・キャピタルは人と人とのつながりである」という直感的にわかりやすい表現でここまで話を進めてきました。ここで少し丁寧にその定義をみておきたいと思います。

　「つながり」とは一体何でしょうか。どのような状態を指しているのでしょうか。最近はインターネット上でのつながりが対面でのつながりと同じくらいに（あるいはそれ以上に）多くありますので、そのようなコミュニティのつながりもあわせて考えてみてもよいでしょう。「つながり」を「ネットワーク」と言葉を置き換えることはどうでしょうか。「つながり」を「絆」と言葉を置き換えることはどうでしょうか。どちらも置き換えてよさそうです。しかし前者と後者では少し意味合いが異なっていると感じられたかもしれません。後者はほぼ同義ですが、絆という言葉の方がより結びつきの関係性が強いといえます。英語で見れば、「つながり：connection, relationship」、

「絆：bond, ties」が辞書で見る一般的な対訳です。前者のネットワークは、放送網や情報網、あるいは人々が情報などを交換するための集団というように、何かと何かがある目的のために物質的に結ばれている状態を表すのが一般的であるといえます。

　絆もネットワークもソーシャル・キャピタルとその効能を検討する議論のなかでは重要で、どちらの議論もよく出てきます。ネットワークについては、もともとソーシャル・ネットワーク論という領域で研究蓄積があります。ソーシャル・キャピタル論では（議論はさまざまありますので一概にはいえませんが）、絆の意味に近いところでのつながりの議論が展開されているといえます。日本語で絆というと、そこには人々が「共有する何か」があるように感じるのではないでしょうか。英語で bond や ties という場合もそれは同じです。

　人々が「共有する何か」に何が当てはまるかについてですが、ソーシャル・キャピタルの議論でキーワードとして頻繁に出てくるのは、「信頼」と「規範」です。信頼でよく取り上げられるのは、自分以外の人々に対する一般的な信頼や、さまざまな組織に対する信頼です。規範については、秩序やルールといったものから、社会参加する意識や美徳のようなものが議論されています。これらのキーワードと公共経営のあり方は、深い関わりがあるといえます。

　古くは、アレクシ・ド・トクヴィルが 1840 年に刊行した『アメリカのデモクラシー』（松本訳 2008）の議論にも通じます。フランス人のトクヴィルは、アメリカの民主主義と人々の生活を観察し、コミュニティが政治的な組織へ影響を与えたり、法律を遵守する市民を育てたりすることによって繁栄するという社会をみました。またその根拠となっているのは、トクヴィルが驚嘆したという市民活動団体の形成とその活動への参加のあり方です。そして、一般市民のそのような市民的精神をもった姿勢とそれに基づく行動が、公共の福祉を生み出してアメリカの成功をもたらしていると結論づけています。

　同じような議論は近年も行われています。その一つは、現代のソーシャル・キャピタル論の火付け役と考えられているパットナム（1993）のイタリ

アを舞台とした研究です。北部や中部のイタリアと南部のイタリアを比較してみたときに、後者よりも前者の方が繁栄していることを示して、それらの差異を作り出している政府組織に注目しています。そして、強い力を持ち、迅速に対応できる有能な政府組織がつくられる条件が何であるかを検討して、社会的な信頼が広く定着し、市民参加の水準が高いことが国家の繁栄に大きな影響を与えると論じています。また自発的に結社され活動が行われる市民活動団体ができる背景を説明するために、ソーシャル・キャピタルを議論しています。パットナムは、ソーシャル・キャピタルを信頼や規範、またネットワークといった社会組織の特徴として定義しています。そしてそれは、協調行動を促進して社会の効率性を高めるととらえられています。さらにパットナムは、公務員の市民目線での姿勢や行動にも関心を寄せており、それらが行政経営の成果に関係することを論じています。

　パットナムと同じくらいに頻繁に引用されるコールマン（1990）は、ソーシャル・キャピタルを人と人との関係性の中に存在するものであり、関係性が密で比較的閉じられた社会構造のまま長い時が経過すれば、信頼や互恵関係という規範が形成されると主張しています。そして合理的個人であれば、そのような規範の存在があるがゆえに協調行動を行うことを選択するだろうと指摘しています。

　21 世紀に入ってからソーシャル・キャピタルの実証研究はますます多くなっており、やはりそのなかでも同様の結果がみられます。ナック（2002）は、アメリカの州を単位として分析し、社会の信頼関係やボランティア活動への参加、そして国勢調査への回答が高い水準にあれば、政府の実行成果も高くなると主張しています。またコフェとゲイズ（2005）は、自治体がそれぞれに有する社会経済的条件・政治的条件の違いを考慮した後でも、ソーシャル・キャピタルが政府の財政運営の質の向上に寄与している、と主張しています。

　信頼や規範について有名な文献を中心に説明しましたが、これらの要素を測定する指標を考えることも必要です。つまりお話だけでなく、実際にそうであることがデータで示されれば、政策などの検討に活用することができま

す。地域性を加味すれば、より詳細な指標づくりも可能であり、それをもとに地域政策を展開できれば実りはより大きくなるでしょう。

ここではその指標となる例よりも、ソーシャル・キャピタルのとらえ方の視点を提示することにします。過去の研究では、ソーシャル・キャピタルの信頼や規範といった要素を測定する指標を、「認知」的ソーシャル・キャピタルと「構造」的ソーシャル・キャピタルとして分類しています。すなわち、信頼しているかどうかや、社会参加への考え方といった意識面のデータと、家族や友人とのつきあいの状況や、社会参加しているかどうかといった実際の行動を表すデータとして得られるものとに分けられます。

他にもソーシャル・キャピタルを測定する際の視点があります。先に「ネットワーク」について言及しましたが、これに着眼した場合には、ボンディング（bonding：結束）型とブリッジング（bridging：橋渡し）型のソーシャル・キャピタルという分類の議論があります（ナラヤン 1999）。これらと並列的な分類ではありませんが、リンキング（linking：連結）型のソーシャル・キャピタルという視点も議論されています（シュレター 2002、サンクイストら 2014）。

「ボンディング」型のネットワークは、「強い紐帯（人と人を結びつけるさまざまな条件）」や「コミュニティ内の紐帯」という用語でも議論されていますが、特定のメンバー内における互酬性が安定したり、連帯が強化されやすいという特徴があります。例としては、特定の民族で構成されている互助組織、宗教団体、あるいは極端な例ではありますがマフィアといったものがよく挙げられます。このような集団に属している人は、困ったことがあれば集団のメンバーから物的なサポートや人的なサポート、さらには情緒的なサポートを受けることが期待できます。このようなサポートがあれば、たとえば災害時のような困難な状況をなんとか乗り切ることができますし、平時であっても何か困ったときの基礎的な生活の支えになるといえます。

「ブリッジング」型は、より広範囲にわたるアイデンティティや一般的な互酬性を形成するという特徴があります。「橋渡し」というように、関係性は外部志向かつ開放的であるといえます。例としては、環境に関心をもって

いるメンバーで構成されている団体や、多様なメンバーで構成されているスポーツクラブなどを挙げることができます。「弱い紐帯」や「横断的紐帯」という用語でも議論されますが、このような集団の優れている点としては、外部集団との連携や情報伝播が行いやすく、また行われやすいということがあります。このような優位性をもつことは、たとえば起業などを行う際の助長する力になるといえます。

　ボンディング型とブリッジング型にはそれぞれの特徴がありますが、この二つのネットワーク形態はそれぞれに排他的なものではありません。つまり、自分自身のことで考えてもらえればよいですが、友人との間で感情的なサポートが期待できればボンディング型のつながりをもっているといえますが、同時にその友人が異なるグループにも属していれば自分が入手しないような情報を届けてくれることも考えられるため、友人との間でブリッジング的な役割をお互いに担うことも可能です。また組織間の関係性であってもそのなかに個人的な関係性が存在することも十分に可能です。したがって、社会調査によって人と人とのつながりを測定しようするときには、友人関係であるからどちらの型であるというように、必ずしも明確に区別できるわけではないことについて留意する必要があります。

　「リンキング型」は、市民と社会の公式的あるいは制度的に権力をもつ人々との関係ということができます。ボンディング型やブリッジング型のつながりは、同じような社会的立場の人々同士の関係であるのに対して、連結型のネットワークは立場の異なる人と権力勾配との関係性といえます。この関係では、両者がお互いにもつ信頼を基礎として、お互いに合意した互恵的な目標を達成するために努力するという民主的で権限付託的な性質をもっています。日本でもたとえば自治会長や町内会長、あるいは（会長でなくとも）市民のなかには、行政や政治家とのつながりをもって、コミュニティの発展のためにさまざまな協力を行っている人々がいます。災害後でも被災地域の個人が政治家や行政、あるいは災害救援を行う NPO や NGO との間に関係をもっていると速やかに支援を受けられるという議論もあります。わかりやすく言えば、良い意味での「コネ」があれば素早く復旧や復興に着手できる

といえます。

　ソーシャル・キャピタルに関する研究は1990年代以降急速に増えており、公共経営に関わるさまざまな課題に対して有効な役割をもつことが、本節で述べたような視点のもとで論じられています。日本政府や地方自治体の政策や施策にもソーシャル・キャピタルという用語が21世紀になって多く用いられるようになっています。また市民社会の形成の重要性に対する議論の盛り上がりや、実際の活動としてのNPOやボランティア活動の活性化など、民間部門における展開もみられています。次節では、これまでの日本の調査研究で得られたデータを用いて、ソーシャル・キャピタルの指標がどのようなことを示唆しているかをみていきましょう。

4　データと事例でみるソーシャル・キャピタルと公共経営

　ソーシャル・キャピタルの指標はさまざまなものが考えられるので、前節では枠組みの提示だけを行いました。本節では、そのうちいくつかの指標だけを取り上げて、日本におけるソーシャル・キャピタルの現状とそれがもたらしうる効能をみていきます。また事例をもとに公共経営の展開可能性について考えていきます。

　図2は「現在の地域での付き合い」の程度、図3は「望ましい地域での付き合い」の程度の推移を示したものです。自身の近所の人との付き合いの程度がどのようなものであるかについて、「よく付き合っている」、「ある程度付き合っている」、「あまり付き合っていない」、そして「全く付き合っていない」という4つのグループに分けています。これに対して、人々が望ましいと考えている地域での付き合いについては、「住民全ての間で困ったときに互いに助け合う」ことを期待する人々が4割ほどおり、2002年調査から見ると上昇傾向にあります。また、「気の合う住民の間で困った時に助け合う」というのは、変化がなく約26％で推移しています。さらには、助け合うという頼りにするところまでは期待しなくても、地域に住む者としての行動、すなわち、地域の「行事や催しに参加」したり、「世間話や立ち話」をしたり、「あいさつを交わす」ことをしたりするということができるとよい

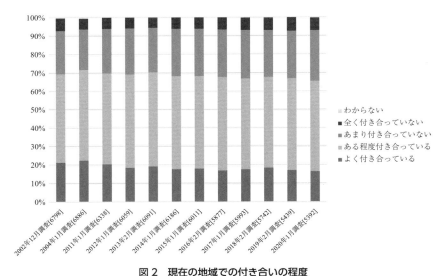

図2　現在の地域での付き合いの程度

出典：内閣府政府広報室（2023）「『社会意識に関する世論調査』の概要」をもとに筆者作成

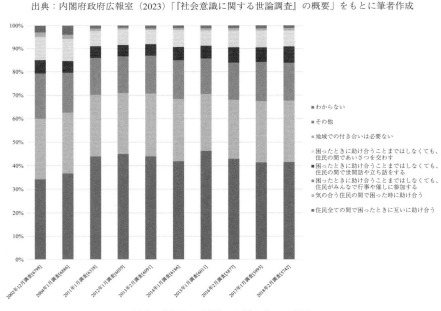

図3　望ましい地域での付き合いの程度

出典：内閣府政府広報室（2023）「『社会意識に関する世論調査』の概要」をもとに筆者作成

と考える人も約 3 割います。そして、「付き合いは必要ない」という人もいますが、全体で見ると 1% という結果です。したがって、多くの市民が地域の人々を頼りにしたり、まちづくりや顔見知りとしての付き合いを持ったりするということを求めている状況がうかがえます。

この結果から、近所のつきあいというボンディング型のネットワークを有している人は、近所の人々が頼りになるととらえています。当然すぎることと思われるかもしれませんが、この当然の関係を築くことが難しくなっています。築こうと思わない、築きたくないと考える人もいるでしょう。また場合によっては築きたくても築く機会がないということもあるかもしれません。自然災害がたくさん起こるからということだけが理由ではありませんが、それでも地震大国であり、その上台風による暴風と豪雨からも頻繁に被害を受ける日本ですので、いざというときにまず頼りにすることのできるご近所の人々との関係、いわゆる本章の議論におけるボンディング型ソーシャル・キャピタルの関係性をもつこと、そして強めることは重要であるといえます（石田 2008）。

地域コミュニティの希薄化については 1960 年代にすでに国民生活審議会において指摘があり、以来ずっと日本の地域社会の課題として掲げられてきています。高度経済成長期も 1990 年代初頭のバブル崩壊とともに終わり、その直後の 1995 年に阪神・淡路大震災という惨事があり、日本社会の方向性が問われるなかで、「豊かさとは何か」、「ウェル・ビーイング（well-being）とは何か」といったことが論じられるようになりました。そのなかで、コミュニティのあり方が改めて議題として上がるようになりました。また時を同じくして、社会参加や地域貢献の重要性がいわれるようになり、その過程でソーシャル・キャピタルが熱心に議論されるようになったといえます。

特に阪神・淡路大震災からの復興過程の検証において、コミュニティの重要性に関する提言が数多くなされてきました。その一つとして、被災者の仮設住宅への割り振りに関する問題が取り上げられています。阪神・淡路大震災は、高度経済成長後の人口密集地に初めて生じた大災害となりました。神戸や阪神間で大規模な地震が起こることは専門家によって予測されていたの

ですが、そこに住むほとんどの人がそれを認識していなかったことに加えて、大規模災害がしばらくなかったこともあって政府や行政の備えも十分とはいえない状況でした。そのような背景があり、仮設住宅ができた際にはコミュニティの維持ということについては配慮が十分にできず、高齢者や弱者を優先して割り振りを進めていきました。これは見方によっては人道的に正しいともいえますし、当時の日本全体の体制と神戸地域の混乱のなかでの対応としては非難されるべきものではないはずです。

　しかしながら、ソーシャル・キャピタルという観点からは、災害後のこのような対応は、図3で示されている「助け合う」住民が自分の周りからいなくなることを意味しています。割り振りの当たり方によっては、つきあいのない人ばかりが周囲に突如現れることとなり、心細く不安な生活を余儀なくされたといえます。そのようなこともあり、災害救助法では、災害時の仮設住宅への割り振りや避難所での過ごし方などの対応について、「従前のコミュニティ単位で」ということが随所で指示されています。

　いざというときに助け合うということがコミュニティに課せられた課題であるといえますが、場合によってはその地域で経済活動を営んでいる民間企業もその助け合う一員となります。曜日や時間帯によるところがありますが、事業所にはいざというときの人手が集まっています。事業所としては自社の復旧と事業再開が最優先事項になりますが、社員の多くにとっては自分の生活する地域の復興も同じく重要な事柄となります。特に高齢化の進む地域では事業所と地域とで人手の取り合いになると考えられます。この点においても、地域住民と事業所の連携が重要となります。

　図4は、兵庫県豊岡市という地方の市部において事業所が自社内と地域のなかでどのような防災関連行動をとっていて、それが一体誰をきっかけとして開始されたかについてグラフにしたものです。結果をみると、最も多くの事業所できっかけとなっているのは「事業所長」ですが、興味深いことにその次に「地域住民」が多く挙げられています。つまり、地域住民が事業所に働きかけることによって、事業所が地域での活動に関与するということです。事業所の地域属性が明確でないために地域住民との関係性がボンディン

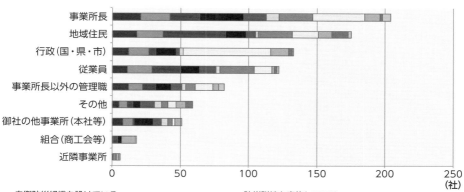

図 4 兵庫県豊岡市における住民自治組織と事業所の関係性
出典：ひょうご震災記念 21 世紀研究機構編（2009）調査データをもとに筆者作成

グ型かブリッジング型かを特定することはできませんが、両方のケースがあると考えられます。またとらえ方によってはリンキング型の関係性として機能するとも考えられます。筆者による分析では、平時において地域住民と能動的な関係を有している事業所が、地域の消防訓練や防災訓練に参加する傾向にあることが示唆されています（石田 2013）。

このように地域のソーシャル・キャピタルをさまざまな指標を用いて把握することができますが、測定方法の難しさもあります。指標そのものの妥当性もありますが、多くの社会調査では個人を対象にするため、地域のなかの点をとらえることになります。ソーシャル・キャピタルという概念を踏まえると、コミュニティという面でとらえるという試みも必要といえます。たとえば、町丁目単位でのソーシャル・キャピタルをとらえ、地域属性の違いをあわせてみることによって、地域のソーシャル・キャピタルがどのように地域のレジリエンスに影響を与えているかという研究も可能となります（藤

澤・石田 2014)。数多くの実証的な研究において、ソーシャル・キャピタル
が社会的影響をもつ要素であることが立証されています。

5　ソーシャル・キャピタルを重視したこれからの公共経営

　最後に、これからの公共経営をソーシャル・キャピタルの視点を中心に据
えながら考えてみましょう。冒頭で社会の多様化や高度化といった地域社会
を取り巻く環境が大きく変わっていることに触れましたが、それを乗り切っ
て行くために新しい形の公共経営で対応していくことが求められています。
また行政、企業、NPO、そして住民といった地域の主体が協働して公共を担
うという形が現代の公共経営のあり方として考えられていることについて述
べました。

　公共経営のあり方として実践されている手法として、「地域資源」に着目
し、有効活用するというものがあります。たとえば明石市魚住町という地域
に、ふるさと創生を目標とした「うおずみん」という団体があります。この
団体では、地域の自治会、協議会、NPO 法人、そして学校などの各種団体
や機関をつなぐことによって、地域課題の解決や地域の活性化に尽力してい
ます。そして、各種団体をつなぐという点で地域連携を促進する組織である
といえます。また活動の一つに「地域資源」の発掘への取り組みがあります。
地域資源として、歴史や文化にもとづく遺産や地域住民の愛着のある場所な
ども挙げられますが、特技や技術をもった人や団体もあります。その他にう
おずみんの興味深い活動に、地域の主体の活動を主軸に据えた「祭り」の開
催があります。「コミュニティ」を定義するものが何かということを考えた
ときに、地域性というものが一つにありますが、もう一つに「共同性」とい
うものがあります。地域の人々が同じことを一緒に経験することによって育
まれる要素です。

　モノだけでなく人をつないでいくことが、「公共」問題を解決する連携に
よる経営に必要であると考えられます。バート（1992）は、異なる集団間を
つなぐ「構造的隙間」を埋めるような位置を占めることが「仲介者」として
の機会を得ることになることを指摘しています。まさにうおずみんという団

164

体が地域のブリッジング型ソーシャル・キャピタルの形成に寄与していると
いえます。また祭りが長年にわたって開催されれば、それは無形の地域資源
となる上に共同性も生まれます。それが達成されれば、地域の各種組織をつ
なぐというブリッジング型ソーシャル・キャピタルによって、地域住民のボ
ンディング型及びブリッジング型のソーシャル・キャピタルを創出すること
に発展すると考えられます。

　ここまで、ソーシャル・キャピタルの存在が社会的に「善い」影響を与え
ることばかりの説明をしてきましたので、最後に社会全体でみれば「善くな
い」影響も及ぼしうることについて示し、本章を締めくくります。2004 年
にアメリカで発生したハリケーン・カトリーナはニューオーリンズの街を水
没させました。そのため仮設住宅が必要になりましたが、その設置場所を
巡って、自身の地域には設置してほしくないと考えた住民がボンディング型
ソーシャル・キャピタルの特徴を発揮して設置を回避しました。アルドリッ
チ（2012）は、そこに住む住民は元通りの安定した生活を過ごすことができ
ることになった一方で、地域全体の復興という観点からみると設置場所の選
定にさらなる時間がかかってしまうため、復興が遅れるという結果にもなる
と論じています。つまり、小さな単位でのコミュニティにおいて便益をもた
らすものとして機能するソーシャル・キャピタルは、必ずしも大きな単位で
みた広域地域の運営に正の影響を与えるわけではないことが示唆されていま
す。したがって、ソーシャル・キャピタルは公共経営において諸刃の剣にな
りうるといえます。

　信頼と規範という社会的資源の埋め込まれた人と人のつながりを形成して
いくことが公共経営の基盤となることについて説明してきました。「人と地
域社会をつなぐ絆」を実際にどのように取り扱っていくかを再考すること
が、公共経営にとって必要不可欠です。まずはみなさんの身近なところを見
廻し、社会参加し、自身の地域でのソーシャル・キャピタルの形成を図りな
がら、信頼と規範がどのように変化していくかを感じとってみませんか。

（石田　祐）

参考文献

Aldrich, Daniel P.（2012）*Building Resilience : Social Capital in Post-Disaster Recovery*, Chicago University Press（石田祐・藤澤由和訳（2015）『災害復興におけるソーシャル・キャピタルの役割とは何か——地域再建とレジリエンスの構築』ミネルヴァ書房）

Burt, Ronald S.（1992）*Structural Holes : The Social Structure of Competition*, Harvard University Press

Coffé, Hilde and Geys, Benny（2005）Institutional performance and social capital : An application to the local government level. *Journal of Urban Affairs*, vol. 27, no. 5, pp. 485-501

Coleman, James S.（1990）*Foundations of Social Theory*, Harvard University Press

電通総研・日本リサーチセンター編（2004）『60 カ国価値観データブック』同友館

藤澤由和・石田祐（2014）「新たな地域防災政策への可能性(1)：コミュニティ・レジリエンスの地域間比較」『ESTRELA』no. 246, pp. 8-13

ひょうご震災記念 21 世紀研究機構編（2009）「自然災害を始め、社会の様々な不安に対する 安全・安心の仕組みづくり方策」ひょうご震災記念 21 世紀研究機構

石田祐（2008）「コミュニティとソーシャル・キャピタル」稲葉陽二編『ソーシャル・キャピタルの潜在力』日本評論社，第 3 章

石田祐（2013）「地域防災体制の構築におけるソーシャル・キャピタルの役割——民間事業所と地域住民の関係性を中心に」『ECO-FORUM』vol. 28, no. 4, pp. 51-67

Knack, Stephen（2002）Social capital and quality of government : Evidence from states, *American Journal of Political Science*, vol. 46, no. 4, pp. 772-785

国土交通省国土政策局（website）「全国総合開発計画（概要）の比較」『インターネットでみる国土計画』（http://www.kokudokeikaku.go.jp/document_archives/ayumi/21.pdf）

内閣府経済社会総合研究所編（2005）「コミュニティ機能再生とソーシャル・キャピタルに関する研究」内閣府経済社会総合研究所

Narayan, Deepa（1999）*Bonds and Bridges : Social Capital And Poverty*, World Bank

Putnam, Robert D.（1993）*Making Democracy Work : Civic Traditions in Modern Italy*, Princeton University Press（河田潤一訳（2001）『哲学する民主主義——伝統と改革の市民的構造』NTT 出版）

Sundquist, Kristina ; Hamano, Tsuyoshi ; Li, Xinjun ; Kawakami, Naomi ; Shiwaku, Kuninori ; and Sundquist, Jan（2014）Linking social capital and mortality in the elderly : A Swedish national cohort study, *Experimental Gerontology*, DOI : 10.1016/j.exger.2014.03.007

Szreter, Simon（2002）The state of social capital : bringing back in power, politics and history, *Theory and Society*, vol. 31, no. 5, pp. 573-621

Tocqueville, Alexis de（1840）*De La Démocratie En Amérique*（松本礼二訳（2008）『アメリカのデモクラシー』第二巻（上），岩波書店）

第9章

少子高齢社会と社会保障

1 超少子高齢化と家族の縮小化・多様化

1.1 超少子高齢化と人口減少社会

　日本は今日、世界で最も少子高齢化が進んだ国です。1970年に高齢化率
（全人口に占める65歳以上人口の割合）が7％を超える高齢化社会（aging
society）に入り、1994年には14％を超える高齢社会（aged society）となり、
2023年時点の高齢化率は29.1％です。その背景にあるのは日本人の長寿化
と少子化です。2022年時点の日本人の平均余命は、男性が81.05歳、女性が
87.09歳であり、世界的にトップレベルの長寿国です。

　どの先進国でも高齢化は進んでいますが、欧州諸国では高齢化社会から高
齢社会になるまで40年～100年以上かかったのに対して、日本はわずか24
年で高齢社会になりました。

　他方で子どもの数は減少し続けています。戦後の第一次ベビーブーム期
（1947年～1949年）には年間出生数は250万人を超えていましたが、2022年
の年間出生数は77万人でした。約50年間で出生数は三分の一に減りまし
た。合計特殊出生率（一人の女性が生涯に子どもを産む数）は1974年までは
2.0以上でしたが、1993年に1.46となり、2022年には1.26になりました。
このため日本は2010年頃をピークに人口が減少し始めました（図1）。2020
年の総人口は1億2615万人でしたが、2070年には8700万人になり、2070
年には高齢化率が40％近くになる見込みです。

　生産年齢人口（15歳～64歳）も第二次世界大戦後から増え続けてきまし

167

たが 1995 年の 8726 万人をピークに減少しはじめて 2020 年には 7509 万人に
なり、2070 年には 4535 万人に大幅に減少する見込みです。

■ 1.2　縮小し変わる家族

　また私たちの生活の基盤である家族も大きく変わってきました。皆さんの
家族には親と子どもがいる核家族が多いと思います。しかし 2020 年の世帯
類型で最も多いのは単身世帯（38.1％）であり、夫婦と子どもからなる世帯
の割合は 25.1％でした（図 2）。30 年前の 1990 年には夫婦と子どもからなる
世帯が全体の 37％で最も多かったのですが、年々減ってきています。一方
でひとり親と子どもからなる世帯（ひとり親世帯）は増え続けており、2020
年時点では 9.0％（世帯数は 500 万）です。単身世帯の増加は、結婚しない人
と、配偶者を亡くした高齢者が増えたことによります。

　また 1980 年に高齢者がいる家族の 5 割は三世代同居でしたが、2010 年以
降、三世代同居は 2 割を切り 2022 年にはわずか 7.1％になっています（図
3）。高齢者のいる家族で多いのは、夫婦のみ（32.1％）と単身（31.8％）です。

　本章で取り扱う社会保障とは、詳しくは後に述べますが、自分の力だけで
生活することが困難な人々を社会全体で支える仕組みです。その基本には、
自分の力で頑張る「自助」が第一にあり、それを補完するために生活のリス
クをお互いに支え合う「共助」と、税金を使って支える「公助」があるとい
う考え方があります。ただ日本の社会保障制度は長い間、「自助」として家
族が支え合うことに多くの期待をしてきました。

　しかし話を先取りすると、高齢者の介護を家族で支えることが困難になり、
また貧困問題が表面化したり、若者や子どもにもさまざまな支援が必要であ
ることがわかってきました。一方、家族の縮小や多様化により家族で支え合
う機能は弱まってきたようです。これまでの日本は人口の増加に伴い経済成
長が続き、公共サービスが拡大されてきましたが（第 2 章）、今後の人口減
少社会においては過去のような経済成長は期待できません。このため社会保
障制度をどのようにして維持するかを考えることは非常に重要な課題です。

　社会保障制度は非常に広い分野に及びますが、本章では社会保障制度全体

1 超少子高齢化と家族の縮小化・多様化

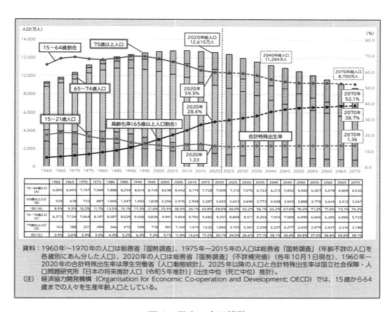

図1　日本の人口推移
出典：厚生労働省「令和5年版厚生労働白書」図表1-1-1

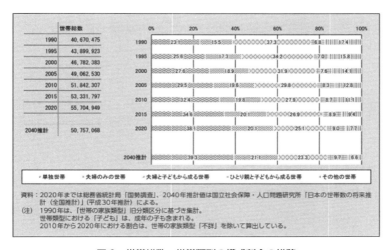

図2　世帯総数・世帯類型の構成割合の推移
出典：厚生労働省「令和5年版厚生労働白書」図表1-1-4

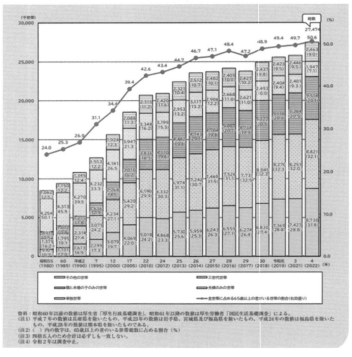

図 3　高齢者のいる世帯数及び構成割合
出典：内閣府「令和 6 年版高齢社会白書」図 1-1-8

を概観した後、近年の社会保障制度に大きな影響を与えた高齢者福祉と、2000 年以降、重視されてきた子ども・若者支援政策を中心に超少子高齢社会に対応した社会福祉のあり方を中心にして考えていくことにします。

2　社会保障制度の現状

2.1　社会保障制度とは

　社会保障制度とは、自分の力だけで生活することが困難な人々—たとえば心身に障害をもつ人、病気や怪我をした人、失業した人、家や家族を失った

ホームレス、家族と一緒に暮らせない子ども、高齢で介護が必要になった人——を社会全体で支えて、安心して生活できる社会をつくるための仕組みです。

日本において本格的な社会保障制度は、第二次世界大戦後に始まりました。日本国憲法第 25 条（1946 年）において「すべて国民は、健康で文化的な最低限度の生活を営む権利を有する」、「国は、すべての生活部面について、社会福祉、社会保障及び公衆衛生の向上及び増進に努めなければならない」という「生存権」が規定されたことに始まります。

この時に社会保障の分野は、（1）病気、失業、高齢などのリスクに備えて国民が保険料を支払い、必要な場合に給付を受ける社会保険（年金・医療・介護）、（2）障害者や母子家庭などを支援する社会福祉、（3）生活困窮者に最低限度の生活を保障する公的扶助（生活保護）、（4）健康や衛生を維持する保健医療・公衆衛生で構成されることになりました。

今日の社会保障制度は、上記に労働政策も加えて、（a）健康診断や医療などの「保健・医療」、（b）児童や障害者また母子家庭などを支援する「社会福祉等」、（c）老齢年金などの年金と生活保護などの「所得保障」、（d）職業紹介や労働安全などの「雇用」に分類されています（図4）。社会保障は、就学前、就学期、子育て／就労期、引退後の全ライフステージに関わっています。

皆さんも子どもの時に検診や予防接種を受けたはずです。保育所や放課後児童クラブに通った人もいるでしょう。病気になると医療保険を使うでしょう。身近な人が障害福祉や介護保険のサービスを受けていることもあるでしょう。

社会に出て働くようになると、所得税を支払い、医療・雇用・年金・介護の社会保険料を支払います。（1）の社会保険は、国民が支払う社会保険料を別々の会計に積み立てておいて、必要に応じて医療費、失業手当、退職後の年金、介護保険サービスが給付される仕組みです。このため「共助」に位置付けられます。（2）の社会福祉と（3）の公的扶助と（4）の保健医療・公衆衛生には基本的に税金が使われます。制度によっては利用料などが必要な場合もありますが、これらは「公助」に位置付けられます。

このように社会保障制度は、自分の人生に関わる問題であることをぜひ理

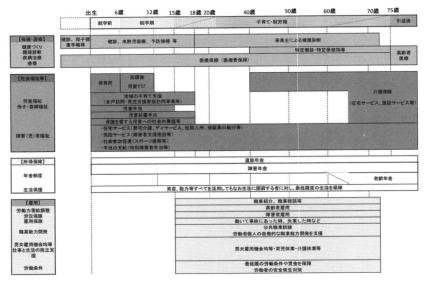

図 4 国民生活を生涯にわたって支える社会保障制度
出典：厚生労働省 website「資料（社会保障とは何か）」

解してください。

3 日本の社会保障の発展過程　社会福祉を中心に

3.1 社会保障の変遷

　社会保障の内容は、時代のニーズによって変わり、戦後の日本の社会保障は次のように重点分野が変わってきました。
　第一段階は、戦争直後の社会保障制度創設期（1940年代～1950年代）です。この時に重視されたのは、戦争によって財産や仕事を失った多くの貧窮者、負傷した軍人そして戦災孤児のための対策です。このため生活保護、身体障害者福祉、児童福祉の各制度（福祉三法）が設けられました。
　第二段階は、高度経済成長時代の社会保障制度拡充期（1960年代～1970年代）です。ここでは新たなニーズに応えて老人福祉、知的障害者福祉及び母

子福祉の各制度が加わりました（福祉六法）。保育所や障害者福祉施設など
の社会福祉施設が大幅に増加したのもこの時期です。1961年には、医療費
の国民皆保険制度及び皆年金制度が整備されました。

　第三段階は、高齢社会対策の拡充期（1980年代～2000年代）です。高齢社
会の到来を目前にして、1983年に老人保健制度が創設され、1985年には年
金制度の改革（基礎年金導入）が行われました。また1989年に高齢者保健
福祉推進10カ年戦略（ゴールド・プラン）により在宅福祉と施設福祉のサー
ビス量が大幅に増加されて、2000年に介護保険制度が創設されました。

　このように社会福祉においては、児童福祉、障害者福祉、高齢者福祉を中
心に制度が整備されて改善も進められてきました。

　第四段階は、社会保障の改革期（2010年代～）です。1990年代後半から
少子高齢化が進み、家族の機能が低下し、また経済不況により非正規雇用が
増えて雇用が不安定化してきたなかで、高齢者だけではなく若者も対象にし
た全世代型の社会保障制度が必要だと議論され始めました。2012（平成24）
年に社会保障と税の一体改革関連法及び子ども・子育て関連法が成立して、
この後、保育所の定員増加や対象者の拡大や地域での子育て支援事業などが
始まりました。子どもや若者を含む社会の格差・貧困のリスク対策なども実
施されるようになりました。しかし少子化は一層深刻化しているために、
2023年度には子ども家庭庁が創設され、「子ども・子育て支援加速化プラン」
が策定されました。

■ 3.2　社会保障費用の推移

　社会保障費用の推移を見ると、社会保障費用は戦後から増加し続けて、
2022年の社会支出は142兆円に上ります（図5）。その伸びは経済成長率を
上回り、GDPに対する社会支出の割合は1980年には10.4％でしたが2022
年には25.1％に上昇しています。

　社会支出を政策別にみると、2022年度の最大分野は「保健」で62兆円（全
体の43.5％）、2番目が「高齢」の49兆円（同34.4％）、3番目が「家族」の
11兆億円（同7.9％）です。「保健」は医療保険、公費負担医療、介護保険等

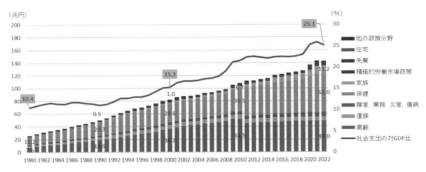

図5　政策分野別社会支出（対GDP比）の推移（1980〜2022年度）

出典：国立社会保障・人口問題研究所「社会保障費用統計」から作成

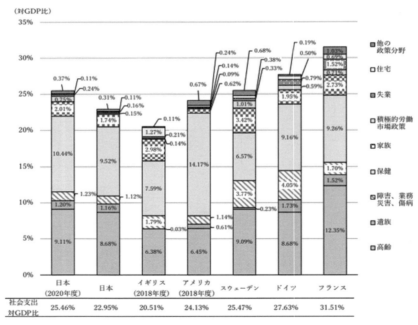

図6　政策分野別社会支出（対GDP比）の国際比較（2019年度）

出典：国立社会保障・人口問題研究所「令和2年度社会保障費用統計」図2

を含み、「高齢」は老齢年金等であり、「家族」は児童手当、児童扶養手当、施設等給付、育児・介護休業給付等を含みます。

1980 年度の「保健」は 11.2 兆円（同 43.3％）、「高齢」は 7.5 兆円（同 29.0％）、「家族」は 1.2 兆円（同 4.5％）で合計 25.8 兆円でした。物価上昇などを考慮せず実額で比較すると、2022 年度は 1980 年度の 5 倍以上です。

この間「保健」は最大で、介護保険制度が始まった 2000 年度からさらに増えています。「高齢」（老齢年金等）は 1980 年から増加し続けましたが、2010 年以降は 50 兆円弱で一定しています。これらに対して「家族」は近年増加しています。少子化対策や子育て支援政策が拡充されてきた 2010 年頃から「家族」は金額でも全体に占める割合も徐々に増えています。

日本の社会保障を先進諸国の諸外国と比較すると、日本の社会支出に対GDP 比（2019 年度時点）は、フランス、ドイツ、スウェーデン、アメリカよりやや小さい規模ですが大きな差はありません。なお新型コロナ対策の影響がない 2019 年度のデータでみています（図 6）。

いずれの国も「保健」と「高齢」の割合が多いですが、日本は「家族」の対 GDP 比が、イギリス、フランス、ドイツ、スウェーデンより小さいこと、また「障害、業務災害、傷病」の対 GDP 比が最も小さいことがわかります。ただ先に述べたとおり、日本は近年「家族」政策を拡充してきたため、国際比較のデータも今後変化することになりそうです。

このように社会保障制度の守備範囲は非常に広いのですが、以下では、社会保障制度を大きく変化させた第三段階の高齢社会対策の拡充期と第四段階の社会保障の改革期の政策について、詳しく見ていくことにします。

4　変わる社会・家族と変わる社会保障

▓ 4.1　高齢者福祉の拡大

今日の日本の社会保障制度は、ほぼ他の先進諸国並みの規模のようですが、長らく社会福祉制度は特に困窮した人々だけを限定的に対象にしてきました。その背景には、先に述べた「自助」に家族を含めて広くとらえたことと、

企業が長期の安定雇用を提供して福祉の役割を担ってきた事情があります。

　前者については、日本人の家に対する考え方が影響しています。かつて日本では、家を継ぐ子どもが高齢の親を世話して最期をみとることが一般的とされて、親の介護は主に息子の妻（嫁）の役割でした。先にみたとおり三世代同居が多く、1995 年時点でも高齢者の介護者は、妻（31.6％）、長男の妻（27.6％）、長女（15.5％）でした（内閣府『平成 9 年版高齢社会白書』）。

　しかし高度経済成長期に地方から都市へと若者の人口流出が始まり、夫婦と子どもだけの核家族が増加して、子世代の家族が親の介護を長期間続けるなかで家族が苦しむ事態が 1970 年代頃から社会問題になりました。

　しかし政府は「日本型社会福祉」によりこの事態を乗り切ろうとします。「日本型社会福祉」とは、家族の助け合いを含み資産ととらえて公的な福祉制度には歯止めをかける考え方でした。

　しかし急速な高齢化と家族介護の限界が声高になり続けたために、政府は 1989 年に「高齢者保健福祉推進 10 カ年戦略（ゴールド・プラン）」を策定し、在宅サービスと施設サービスの整備を積極的に進めました。消費税導入という国民負担増と引き換えに公的福祉サービスが拡充されたのです。

　その後紆余曲折はありましたが、1997 年に介護保険法が成立し、2000 年に介護保険制度が始まりました。介護保険制度とは、高齢で介護が必要と認定（要介護認定）されると、介護サービスを受けられる仕組みです。この介護保険制度は、高齢者介護を社会全体で支える介護の社会化を進めて、必要なサービスを受ける権利を保障するために、社会保険制度として発足しました。この特徴については後に詳しく述べます。

　介護サービスには、（1）訪問介護（ホームヘルプサービス）、通所介護（デイサービス）などの居宅サービス、（2）介護老人福祉施設及び介護老人保健施設などの施設サービス、そして（3）認知症対応型共同生活介護（グループホーム）や小規模多機能型居宅介護などの地域密着型サービスがあります。

　介護保険制度の利用は急増して、2022 年度のサービス受給者数（月平均）は 599 万人に上り、2000 年度（184 万人）の約 3 倍になりました。2022 年度の介護保険給付費は 10.5 兆円であり、2000 年（3.2 兆円）の 3 倍以上になっ

表1　介護保険のサービス受給者数（月平均）と介護保険費用の推移

		2000 年度	2010 年度	2022 年度
受給者数 （月平均）	居宅サービス	123.6 万人	301.9 万人	413.3 万人
	地域密着型サービス	—	26.4 万人	90.1 万人
	施設サービス	60.4 万人	84.2 万人	95.5 万人
介護保険給付費		3.2 兆円	7.3 兆円	10.5 兆円

出典：厚生労働省「令和4年度介護保険事業状況報告」から作成

ています（表1）。

　2020 年度の要介護認定率は、65 歳以上全体でみると 18.3 ％ですが、75 歳以上は 31.5 ％、85 歳以上は 57.8 ％、90 歳以上は 72.7 ％です（厚生労働省『令和 4 年版厚生労働白書』）。今日では人生の終末期には大半の人が介護保険サービスを利用しており、介護の社会化はある程度実現したといえそうです。

■4.2　変わり続ける社会と多様で複雑な困難

　一方で、戦後から豊かになり続けてきたと思われていた社会のほころびが、1990 年代後半からさまざまなところで見え始めてきます。

　バブル経済の崩壊後、経営が悪化した企業は正規雇用者を減らして、賃金が安く解雇しやすい非正規雇用者を増やしました。こうした雇用調整は若者の仕事や生活に打撃を与えました。約 30 年前の 1991 年における男性労働者の非正規率は、15 歳から 24 歳で 21.4 ％、25 歳から 34 歳では 2.8 ％でしたが、2022 年における男性労働者の非正規率は 15 歳から 24 歳は 49.8 ％、25 歳から 34 歳では 14.9 ％に増えています（図7）。また男性の 15 歳から 24 歳の非正規率は、全年齢平均の非正規率より高くなっています。女性の非正規労働者も同様に増加しています。

　2000 年頃からは若者のフリーターやニートが増えはじめました。フリーターはパート・アルバイトなどの非正規雇用の若者（15 歳から 34 歳）で、2002 年から 2005 年には 200 万人を超えました。その後減少して 2019 年から 2023 年の間は 130 万人程度ですが見過ごせない規模です（厚生労働省『平

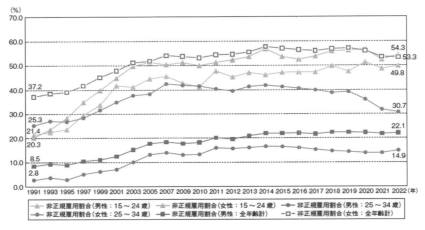

図7　若者の非正規雇用割合
出典：こども家庭庁「令和6年こども白書」図表1-1-28

成29年労働経済白書』『厚生労働白書（各年）』）。

　ニート（Not in Education, Employment, or Training の頭文字）とは学校にも仕事にも行っていない無業者とほぼ同じ意味の言葉です。若年無業者（15歳から34歳）は2002年から60万人前後で続いており、2022年には57万人になりました（図8）。一方で、正規雇用された若者の場合でも、長時間労働が強いられて結局は辞めざるを得ないケースも増えています。

　非正規雇用には自由な働き方という見方もありますが、先に述べた社会保険制度（医療・雇用・年金など）の対象外になることが多く、一旦失業すると「共助」を得られません。そして若者の雇用環境の不安定さは、結婚や出産に消極的になることに連動していることが知られています。

　このようななかで貧困や社会的格差が多様な形で表れてきました。生活保護の受給者数は、戦後から減少し続けていて1995年に最低（88.2万人）となりましたが、ここから増加し始めて、2006年には150万人を超えて2021年には203.9万人になりました（厚生労働省『令和5年版厚生労働白書』）。なお2021年度の生活保護受給世帯の類型は、高齢者世帯55.6％、傷病・障害

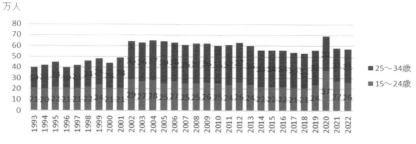

図8 若年無業者数の推移
出典：厚生労働省『平成19年労働経済白書』「労働力調査（基本調査）」から作成

者世帯24.8％、母子世帯4.4％などです。

　学校や仕事からドロップアウトしても、家族の支援が無くても、公的支援のハードルは高いために、生活基盤が崩れ始めると一気に貧困化しホームレスになるなど、生活に困窮する人が増えていることが問題になり始めました。

　また「子どもの貧困」も知られるようになりました。貧困家庭で育つ子ども達は、日々の食事や衣服に事欠くだけではなく、家で勉強できる環境がなく、将来に希望が持てないなどさまざまなハンディを背負うことになるためです。厚生労働省「国民生活基礎調査」によると子どもの相対的貧困率（世帯収入の中央値の半分以下の世帯にいる子どもの割合）は、2006年には14.2％で2012年には16.3％に増えました。その後は低下して2020年には11.5％ですが、10人の子どものうち1人は貧困状態にいることになります。子どもの貧困は、近年増えてきたひとり親家族において特に深刻です。2020年の子どもの貧困率は44.5％で、実に2人に1人が貧困に直面しています。

　児童虐待や家庭内暴力も増加し続けています。このような暴力の背後には、貧困があることが多いことも知られています。一方で、家庭の事情で子どもの時から兄弟や親の世話をしなくてはならないヤングケアラーがいることも知られるようになりました。

　また内閣府「こども・若者の意識と生活に関する調査」（2022年）によると「ひきこもり」と考えられる人々は146万人と推計されています。ひきこ

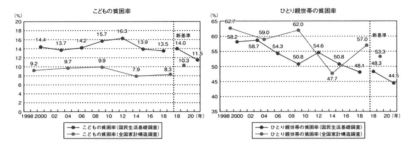

図9 子どもの貧困率とひとり親世帯の貧困率
出典：子ども家庭庁「令和6年版こども白書」図表1-1-8

もりとは、学校や仕事また交遊などの社会的参加を避けて、6か月以上家庭内にいい続ける状態とされます。ひきこもりになる原因には、不登校や人間関係や仕事上の問題などがあり、またひきこもりが続くと収入や健康上の課題が増える一方、相談も難しくなっていくために、解決につなげるのが非常に難しい問題です。

このような現代社会で見えてきた課題は複雑化しており（図10）、児童、障害、高齢者という縦割りの福祉制度では対応できないことが多くあります。

さらに地域や人々のつながりが薄くなり、孤独を感じたり孤立したりする人が増えています。かつてあった近所付き合いや交流が急激に減って、今日では地域コミュニティが消滅しかけているところもあります。内閣官房「人々のつながりに関する基礎調査」（2023年）によると、孤独を感じる人は4割近くあり、20代～30代は孤独と回答した割合がより高い傾向があります。

また1990年頃までは片働き世帯の方が共働き世帯より多かったのですが、1990年代後半から逆転して、2023年には共働き世帯（1206世帯）が片働き世帯（404世帯）の3倍です（『令和6年版男女共同参画白書』）。かつては家庭で母親が子どもを育てることが一般的でしたが、現代では保育を必要とする家庭の方が多くなっています。一人きりで子育てする母親は、喜びがある

4 変わる社会・家族と変わる社会保障

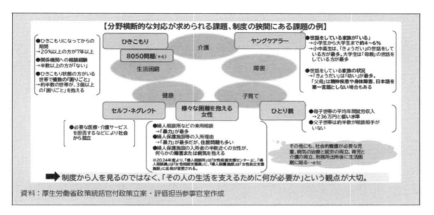

図10　分野横断的な対応が求められる課題
出典：厚生労働省『令和5年版厚生労働白書』図表3-1-1

一方で、孤立や困難を感じることがあることもわかってきました。

　高度経済成長期に整備された日本の社会保障制度は、男性が外で長時間労働して企業は安定雇用を提供し、女性は家事に専念する片稼ぎ型をモデルにしていました。このため日本の社会福祉制度は比較的小さいままできました。しかしこれまで述べたとおり雇用環境と家族が変化してきたためにさまざまな問題が表面化し、社会保障制度は見直しが必要になっていったのです。

4.3　子ども・若者の支援政策の拡大

　2000年以降、社会の変化に対応して、社会福祉制度は量的にも質的にも変化していきました。

　子育て支援政策は、1994年に策定した「エンゼルプラン」から始まりましたが、本格的な実施は2012（平成24）年に社会保障と税の一体改革関連法及び子ども・子育て関連法が制定されてからです。消費税の引き上げにより確保された財源により、2015（平成27）年度には子ども・子育て支援新制度により、保育所の定員増加や地域の子ども・子育て支援事業などが始まりました。それまで保育所は保護者が常勤労働者で「保育に欠ける」児童が対象でしたが、「保育が必要な児童」に変更・拡大されてさまざまな働き方の

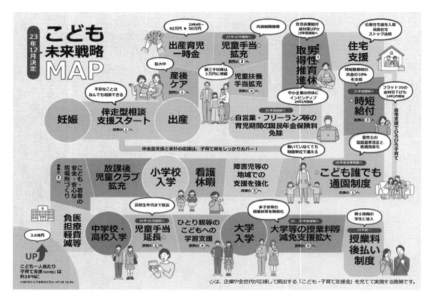

図11 切れ目のない子育て支援政策のイメージ
出典：子ども家庭庁「令和6年版こども白書」図表 1-2-14

家族も加わりました。また幼児教育・保育の無償化、産前産後のケア、育児休暇の促進、子どもの居場所づくり、児童手当の拡充や大学等の授業料の免除など子ども・子育て支援は大きく進展してきました（図11）。

また2010年には「子ども・若者育成支援推進法」が施行され、フリーターやひきこもりなどを支援するための教育、福祉、雇用等の総合的な政策や、支援ネットワークづくりが進められることになりました。

一方で生活保護に至る前の段階で、さまざまな困難を抱える人々を支援する「生活困窮者自立支援法」が2015年に施行されました。ここでは福祉事務所に相談しても生活保護を受けられない人々、ホームレス、経済・生活問題が原因の自殺者、長期（1年以上）の失業者、ひきこもり状態の人々、フリーランス、解雇された非正規労働者、また家賃などが支払えなくなった人々などが対象とされ、高齢者や障害者またひとり親世帯などの属性にこだわらずに分野を横断して支援することが重視されています。

また重層的支援体制整備事業も始まりました。先に述べた複雑な困難を抱える人や、子育てと介護のダブルケア、ひとり親世帯で生活が困窮しひきこもりや障害児がいるケースなどに、さまざまな相談機関と専門機関が連携して当たる事業です。縦割りではなく、地域資源を活かした就労支援や居住支援、また世代や属性を超えた居場所づくりやネットワークを柱にしています。

孤独・孤立しても支援を求めやすい環境や相談・見守り・交流ができる居場所をつくるために官・民・NPO 法人などの連携を強化する「孤独・孤立対策の重点計画」（2021 年）も進められることになりました。

こうした新しい事業では、困難を抱えた人の各々のニーズを理解した上で、きめ細かく対応することが強調されています。また支援に際しては、行政機関と地域住民またさまざまな民間の関係機関が連携することを重視しています。

5　社会福祉の公民の担い手

■ 5.1　歴史的変遷：民間主体から国家主体へ

ここまで国家が主体で行う社会保障制度について述べてきましたが、社会福祉などにはさまざまな民間の担い手も関わっています。

歴史的にみると、社会的弱者の救援活動は、民間の主体が中心でした。たとえば欧州では、キリスト教などの宗教団体が貧困者や傷病者の救援に広く取り組んできました。国家による社会福祉は 17 世紀のイギリスの救貧法が始まりとされますが、この救援事業は規模も手法も限定的でした。

18 世紀以降になると、産業革命で富と力を得た市民階級が、貧困者や傷病者、孤児または障害者などを支援する慈善事業を活発に始めます。ただ資本主義社会が発展しはじめた頃は、工場の労働者は過酷な労働を強いられて劣悪な環境で生活していたために、貧困や犯罪などが大きな問題になりました。このため非専門家が中心になって行う民間の慈善事業よりも、国家主導による専門的知識・手法を用いた社会福祉制度が発展していきます。

ドイツやアメリカでは、社会保険制度や年金制度が国家主導により創設さ

れ、1942年にはイギリスのベバリッジ報告により、生涯にわたる社会保障が提唱されて、他の国々にも大きな影響を与えてきました。

日本の社会保障制度も同様で、明治以降の産業化や戦時体制のなかで、貧困救済制度や社会事業施設（社会福祉施設）の整備が始まりましたが、社会的弱者の支援は家族・親族また地域などの助け合いが基本とされました。

それが変化して国家主導の社会保障制度になったのは、前述のとおり第二次世界大戦後のことです。しかし1970年代のオイル・ショックで景気が後退して国家財政が厳しくなると、福祉制度の見直しが始まりました。「日本型福祉社会」論はこうしたなかで出てきました。

一方でこの頃から公共サービスを効率化するために、社会福祉にも民間の力を積極的に導入することが増えていきました。

■5.2　日本の社会福祉における公民連携

社会福祉に関わる民間団体には、非営利組織と営利組織があります。このうち慈善団体のような非営利組織（NPO: Non-Profit Organization）の方が長い歴史があります。

戦前には、社会事業や社会事業施設を運営する篤志家や宗教関係者などの民間事業者が活躍していました。

戦後になると国家の責任で行う社会福祉を行うために、国が監督する民間事業者として社会福祉法人が創設されました。社会福祉法人は主に、公的な社会福祉施設の運営やさまざまな民間の社会福祉事業を束ねる社会福祉協議会を運営しています。いわば官主導の非営利組織です。

民間主導の当事者団体や住民団体などの活動も増えていきます。これらの活動は公的な社会福祉に欠けているサービスを提供したり、アドボカシー活動（政策提言）をしたりしてきました。障害者福祉の分野では、1960年代から障害児の親や教育・福祉関係者が団体を結成し、教育、生活、介護、所得などの保障を求める熱心な運動があり、その結果、養護学校（特別支援学校）の整備や、知的障害や精神障害者のための支援制度が整備されていきました。また障害児が学校卒業後に仕事をする共同作業所づくり運動も全国的に

広がりました。1980年代以降は自立生活運動や移動の自由を求める運動も加わり、障害者の自立支援政策やバリアフリー政策が進みました。

また1980年代から寝たきりや認知症の親の世話で疲れ切った家族を地域住民が支援する活動も始まりました。1963年度に始まった公的な訪問介護は、低所得かつ身寄りが無い高齢者だけを対象にしていたために、支援が全く受けられない高齢者と家族を、地域の住民同士で介護や家事を助け合う団体（住民参加型在宅福祉サービス団体）が各地で増えました。

また1980年代から、高齢者や障害者が入所する社会福祉施設は規則や制約が多くて人間らしく生活できないと考えた人たちが、なじみの地域・場所ですごせる宅老所や、家庭的な環境のなかで暮らすグループホームを増やしていきました。また高齢者福祉を求める運動も盛んになりました。代表的な活動団体としては「高齢社会をよくする女性の会」や「認知症の人と家族の会（旧 呆け老人をかかえる家族の会）」などが知られています。これらの運動は、介護保険制度の創設や改正などにさまざまな影響を与えてきました。

このような民間主導の住民活動は、1998年に成立した特定非営利活動促進（NPO）法が追い風になり、さらに増えていきました（第2章）。これ以降、市民主体の民間活動はNPOと総称されるようになります。

2000年頃からはホームレスなどの生活困窮者を支援する活動も知られるようになりました。「自立支援センターもやい」や「抱樸（旧北九州ホームレス支援機構）」などがあり、2008年には「年越し派遣村」でホームレスの支援が不足していることを訴えた活動が話題になりました。

また子どもの貧困が知られるようになってからは、こども食堂や子どもの学習支援など、家でご飯が十分に食べられない子どもや、忙しすぎて子どもの世話をする余裕がない親を支援する活動が増えています。「全国子ども食堂支援センター・むすびえ」によると、2023年時点で全国に9,132箇所の子ども食堂があり延べ約1,600万人の子どもと大人を支援しています。子どもの居場所づくりや学習支援では「カタリバ」や「Learning for All」などが知られています。またひきこもりの人たちを支援する活動も増えています。

厚生労働省の自殺予防対策として紹介されている相談窓口には、公的機関

のほかに「いのちの電話」「チャイルドライン」「自殺対策支援センターライフリンク」「あなたのいばしょ」などの NPO が紹介されています。

先に述べたとおり、今日展開されている複合的で複雑な社会的な課題に取り組む事業では、困難な人々の個別のニーズにきめ細かく対応することが重視されており、このために行政機関、社会福祉協議会、NPO や支援団体、家族などが連携することが多くの政策で求められています。そしてこうした福祉事業の成果を上げるカギになるのが、困難な課題に住民の立場と目線で取り組む民間の人々の活躍だといえそうです。

■5.3 福祉サービスの供給体制の変化

最後に今日の社会福祉の担い手には、営利組織も加わっていること、また福祉の供給体制が大きく変化してきたことについてふれておきます。

かつての社会福祉制度では行政処分として、行政が必要性を判断して必要な福祉サービスの内容を決める措置制度が基本でした。そして措置された福祉サービスを提供する民間事業者は、基本的に官製の非営利組織である社会福祉法人が独占して事業が割り当てられました。しかしこの割り当て制度のもとでは、利用者の要望が反映されにくく、サービスの質が低いままという課題があったのです。また措置制度では所得調査などを行ったために、受給をためらったり抵抗を持つ人もいました。

このために社会福祉を利用者本位に変えていくことが議論されて、介護保険制度では、利用者がサービスを利用できる権利を保障する社会保険制度にして、利用者が消費者のようにサービス内容や事業者を選択できる仕組みが導入されました。利用者の選択は、サービス提供事業者が選ばれるために努力するためにサービスが向上すると期待されたのです。また介護保険制度では、条件を満たした民間企業、農協、生協、NPO（特定非営利活動）法人など多様な主体がサービス提供事業者として参入することが可能になりました。ここには公共サービスを効率化するために企業経営の手法を行政に取り入れる NPM（新公共経営）の影響があります（第 2 章）。

その後、障害者自立支援事業や保育所にも利用者が選択できる仕組みと、

サービス提供事業者の民間開放が導入されていきました。

　近年の介護サービス事業者をみると、在宅サービスと地域密着型サービスの分野ではさまざまな民間の事業者の参入が進み、特に訪問介護、通所介護やグループホームの場合、営利事業者が半数以上を占めています。2022年の訪問介護事業者は、営利法人（70.7%）、社会福祉法人（15.4%）、医療法人（5.2%）、NPO法人（4.8%）、協同組合（1.8%）などでした（厚生労働省『令和4年介護サービス・事業所調査』）。

　今日の社会福祉事業には営利事業者を含むさまざまな民間の事業者が関わっていることも覚えておいてください。

6　これからの社会保障制度

　このように全方位的で包括的な支援が必要になってきた理由としては、戦後日本の社会に埋め込まれてきた教育と仕事の連結システムが崩れてきたことも挙げられます。日本には学校教育を終えると皆が一斉に正社員として就職して、同じ会社で働き続けるというレールがあり、このレールに乗っている限りは安定した人生が送れると考えられてきました。そして社会保障制度もこうしたライフコースを想定して設計されてきました。

　しかし家族という含み資産は期待できなくなり、また企業による長期安定雇用の基盤も小さくなってきたのに、社会の仕組みはまだまだ古いままです。このため既定のレールを外れた場合には——たとえば学校等での不登校や中退、就職できずに卒業、また正規雇用に就けないことや正規雇用を辞めた後再就職できないこと——今日でも支援体制は十分にありません。そしてその不利益を、若者がより多く背負わされているようにも見えます。

　ようやく最近になって急速な少子化が将来社会の大きなリスクになるという危機意識が高まり、積極的な少子化対策が始まりましたが、少子化の原因は、若者が結婚しなくなったこと（非婚化）や子どもを持たない選択をする若者が増えてきたことだと指摘されています。そしてこうした若者の意識や行動は、若者の仕事や生活の不安定化と関係しているため、若者の雇用や生活の支援はますます重要になるといえます。またこの解決には、男は仕事、

女は家庭という性別役割分業、ジェンダー平等に向けた取り組みも必要です。

　また全世代型の社会保障のための新しい社会福祉の諸制度では地域住民やNPOなどとの連携が期待されていますが、住民の活躍に期待をしても、働き盛りの世帯では共働きが増えて、ボランティアや地域活動などにあてる時間や余裕が無くなったという声があることにも注意が必要です。またここに参画する市民主体のNPOにとっては、政府の政策に位置付けられて公的な支援が増えることもある半面、既存のルールに阻まれて柔軟な活動ができないという課題もあるようです。

　利用者の選択により福祉サービス事業者の競争を促す仕組みは、サービスの質の向上はともかく、競争激化のしわ寄せにより介護職員などの労働環境を悪化させ介護労働者不足を生んでいる可能性は否定できません。

　自分の力だけで生活することが困難な人々を支えていくためには、しっかりとした財政に裏付けられた国家主体の社会保障制度が根幹にあることが必要です。ただいつの時代にも、大きな制度による支援の網からこぼれ落ちる人たちが存在し、新しいニーズに大きな制度が対応するためには時間がかかるのが現実です。社会保障政策が機能し続けるためには、さまざまな公民の担い手の役割を明確にし、双方が活動できる制度を社会全体で考え構築していくことが今後の重要なテーマになるといえるでしょう。

（金谷信子）

参考文献

本田由紀（2007）『若者の労働と生活世界』大月書店

金谷信子（2007）『福祉のパブリック・プライベート・パートナーシップ』日本評論社

厚生労働省（各年）『厚生労働白書』

厚生労働省 website「資料（社会保障とは何か）」
（https://www.mhlw.go.jp/content/12600000/000872267.pdf）2024.8.11

椋野美智子・田中耕太郎（2021）『はじめての社会保障』有斐閣

※本文中に挙げた資料は省略

第10章

世界における公共経営
──アメリカを中心に

1　世界の公共経営

　現代の公共経営は、各国の状況や国際機関の影響を受けています。たとえば、国家や国際機関、NGO（非政府組織）、多国籍企業など、さまざまなアクターが協力して地球規模の課題に取り組むことが必要になります。今日のグローバル化した世界において、気候変動やパンデミック、貧困、国際テロリズムなどの課題は単一の国家では解決できません。これらの課題に対応するためには、複数の国や組織が協力して政策を策定し、実行する場合があります。こうした組織が推進する基準や目標が各国の政策に影響を与えることもあります。

　たとえば、2008年の世界金融危機は、国際公共経営の重要性を再認識させた出来事でした。アメリカ発の金融危機は、すぐに他国に波及し、世界経済全体に深刻な打撃を与えました。各国がそれぞれの金融政策を採用するだけではなく、国際的な協調行動を通じて危機に対応することが求められました。国際通貨基金（IMF）や世界銀行、さらにはG20が重要な役割を果たし、各国が連携して景気刺激策を打ち出したことは、国際公共経営の一環と考えられます。

　まずこの節では、主要な国と地域の公共経営の特徴を簡潔に俯瞰します。

（1）アメリカ合衆国
　アメリカの公共経営は、分権型のシステムが特徴的です。連邦制を採用しており、連邦政府と州政府がそれぞれ独自の権限を持っています。たとえ

189

ば、教育や交通政策などは主に州政府が担当し、国防や外交は連邦政府の役割です。

　それぞれの政府は憲法で定められた権限に基づいて政策の実施や財政運営を行い、州ごとに独自の政策展開が行われる点が特徴的です。たとえば、カリフォルニア州では厳しい環境保護政策を導入するなど、各州が独自の取り組みを行っています。その推進過程では、官民連携（Public-Private Partnership：PPP）の手法が広く採用されており、公共サービスの提供においては民間企業や非営利団体との協力が進められています。

　アメリカの連邦政府機関では、パフォーマンス管理が重視されています。連邦政府機関は目標達成度やコスト効率を評価し、その結果に基づいて予算配分や人事評価が行われます。1993年に制定された「政府パフォーマンス評価法（Government Performance and Results Act, GPRA）」は、政府機関が明確な目標を設定し、その達成状況を評価する仕組みとして確立されました。

　それ以前からアメリカでは、1980年代から90年代にかけて新公共管理（New Public Management, NPM）の概念が広く受け入れられました。公共部門でも民間の経営手法を取り入れながら効率性と成果を重視するアプローチで、政府機関の民営化や業務の外部委託（アウトソーシング）が進みました。たとえば、ニューヨーク市ではこの頃から公共サービスの一部を民間企業に委託する例が増えたとされます。

　一方で、新公共管理には批判や課題も存在します。民営化やアウトソーシングによって、コスト削減が優先されることでサービスの質が低下する、あるいは成果主義によって公共の公平性や平等性が失われる、さらには社会全体の長期的視点が軽視されるのではないか、官民の役割の不明確化や透明性が損なわれるのではないか、という問題が指摘されました。このような課題に対応するため、21世紀に入ってからはNPMの原則を見直し、新たなアプローチである「新公共ガバナンス（New Public Governance）」や「新公共サービス（New Public Service）」が提唱され、公共部門の透明性、参加型アプローチ、協働重視の方向性が模索されています。

190

（2）イギリス

イギリスの公共経営は、中央集権的な体制を持ちながらも、1990年代後半以降地方分権が進展しています。中央政府はロンドンのホワイトホールに集まっており、内閣が政策の立案と実施を主導する「ホワイトホール・モデル」に基づいて運営されています。1980年代から1990年代にかけて、マーガレット・サッチャー政権のもとでNPMの考え方が導入され、民営化やアウトソーシング、業績評価の仕組みが整備されました。その結果、国鉄の民営化や地方公共団体の一部業務の民間委託が進み、効率化とサービス向上が図られました。また、スコットランドやウェールズでは独自の自治政府が設置され、教育や保健医療などの分野で独自の政策を展開しています。

（3）フランス

フランスの公共経営は、長らく中央集権体制が強く、パリに置かれた中央政府が国内全域の政策を一元的に管理・実施してきました。しかし、近年は地方分権化が進み、地方自治体の権限が拡大しています。フランス政府は主要なインフラ整備や教育政策、エネルギー政策などを主導しており、その体制はナポレオン時代に確立された行政制度に由来しています。一方で、地方自治体はEU（ヨーロッパ連合）との連携を強化し、独自に地域振興を図るケースも増えています。さらに、教育、医療、エネルギー、交通といった分野では、国民全体に対して公平なサービス提供が求められており、民営化が進んだ他国と比較しても公共サービスの政府運営が維持されています。

（4）日本

日本の公共経営システムは、戦後の経済成長とともに発展した強力な官僚制度を基盤としています。近年では、NPMの考え方が取り入れられ、効率性の向上や公共サービスの質の向上を目的とした改革が進められています。日本の政府は、中央集権体制のもとで予算編成や法律制定において主導的な役割を果たしますが、1990年代以降、地方分権改革によって地方自治体が独自に政策を実施する権限が拡大しています。公共施設の運営や都市開発な

どで、PPP が増加し、アウトソーシングや業績評価など NPM の手法が地方自治体でも取り入れられています。ただし、人口減少や高齢化に伴う自治体の財政負担増加が課題であり、限られた財源の中で効率的にサービス提供を行う必要があります。

（5）スウェーデン

スウェーデンは、福祉国家として知られており、高度に発達した公共サービスを提供しています。特に、医療、教育、年金などの分野で、国民に対する充実したサービスが提供されています。スウェーデンの公共経営は、国民からの信頼が高く、透明性と公平性が重視されています。スウェーデンの特徴の一つは、地方自治体の権限が非常に強いことです。地方政府が医療や福祉の運営を担っており、中央政府は政策の枠組みを示す役割にとどまることが多いです。このような分権型の運営は、地域のニーズに即した柔軟な政策を実現することが可能だとされています。

（6）中国

中国の公共経営は、社会主義体制のもとで中央集権的なシステムが採用されています。国全体の政策は共産党が主導し、経済及び社会全体の発展を計画的に進めていますが、1978 年の改革開放政策以降、民間企業や市場経済が導入され、経済活動の自由化が進行しました。地方分権化の進展もみられ、地方政府は中央政府の方針に従いつつ、経済特区の設立などを通じて地域経済の発展を独自に推進しています。しかし、中国国内では都市部と農村部で公共サービスの質に大きな格差があり、特に医療や教育において農村部のサービスの質が都市部と比較して劣っているため、格差是正の取り組みなど、多くの課題が指摘されています。

（7）韓国

韓国は、戦後の急速な経済発展とともに公共経営システムも進化しました。政府は経済政策を強力に推進し、輸出産業の育成などにより経済成長を

リードしてきました。これにより、医療や教育などの公共サービスが高度化され、国民皆保険制度によりすべての国民が手頃な価格で医療サービスを受けられるようになっています。韓国では、デジタル技術を活用した電子政府（e-government）の導入が進んでおり、住民票の発行、税金の支払い、健康保険の手続きなどがインターネットを通じて簡単に行えるようになっています。

（8）中東諸国

中東地域の公共経営は、豊富な石油資源に依存する国家が多く、公共サービスの提供も資源収入に強く影響を受けています。また、政治体制が君主制や強力な中央集権体制を持つ国が多く、経済の多角化とともに公共経営システムの改革が進められています。

（9）アフリカ諸国

アフリカは、多様な歴史と文化を持つ国々で構成されており、それぞれの公共経営システムも大きく異なります。多くの国で経済開発と貧困削減が課題となっており、公共サービスの質の向上と汚職対策が重要なテーマです。

2　グローバル化とアメリカ

■ 2.1　グローバル化とは

グローバル化とは、経済、文化、政治、技術など、あらゆる分野において国境を越えた相互依存性や交流が進展し、世界がますます一体化していく過程を指します。グローバル化は、20世紀後半以降、特に通信技術の進化、交通の発達、自由貿易の拡大によって急速に進展しました。これにより、各国が経済的、社会的、政治的により密接に結びつき、国際的な相互依存が強まっています。

経済的グローバル化は、国境を越えた資本、労働、商品、サービスの自由な移動を特徴としています。これにより、多国籍企業が世界各地で生産・販売活動を行い、各国経済が相互に依存する状況が生まれました。具体的に

は、自由貿易協定の締結や世界貿易機関（WTO）の設立によって貿易障壁が減少し、国際的な経済統合が進みました。たとえば、スマートフォンの製造プロセスを考えると、その部品は世界中から調達され、組み立ては異なる国で行われ、最終的には世界中の市場で販売されます。これは、グローバルなサプライチェーンの一環であり、経済的グローバル化の典型例です。

　文化的グローバル化は、異なる文化が相互に影響し合い、国境を越えて共有される現象を指します。これには、映画、音楽、ファッション、料理、ライフスタイルなどが含まれます。インターネットやソーシャルメディアの普及により、情報や文化が瞬時に世界中に広まり、異なる文化間の交流が促進されています。具体的な例として、アメリカのハリウッド映画や日本のアニメが世界中で人気を博していることが挙げられます。また、マクドナルドやスターバックスといったグローバルブランドが多くの国で展開され、日常生活の一部として受け入れられています。

　政治的グローバル化は、国際的な政治的協力やガバナンスの強化を意味します。たとえば、国際連合（UN）、国際通貨基金（IMF）、世界銀行（WB）などの国際機関や、北大西洋条約機構（NATO）といった軍事同盟が、国際的な政策決定において重要な役割を果たしています。これにより、グローバルな課題に対して各国が協力して対応する枠組みが整備されています。また、気候変動、テロリズム、人権問題といったグローバルな課題に対処するため、各国が協力する必要性がますます高まっています。たとえば、パリ協定のような国際的な気候変動対策の枠組みは、政治的グローバル化の一環です。

　技術的グローバル化は、インターネットや通信技術の発展によって、世界中の人々が即座に情報を共有し、アクセスできるようになったことを指します。これにより、国境を越えたビジネスや文化交流が一層促進されました。特に、情報技術の進展は、企業がグローバルな市場に参入しやすくし、個人が世界中の情報に簡単にアクセスできる環境を整えました。具体例として、オンラインショッピングのプラットフォームであるアマゾンや、ソーシャルメディアのフェイスブック、X（旧ツイッター）といったサービスが世界中で利用され、国境を越えた人々のつながりを強化しています。

グローバル化は多くの恩恵をもたらす一方で、いくつかの課題も引き起こしています。まず、経済的な側面では、発展途上国や貧困国がグローバル市場での競争に十分対応できず、経済的不平等が拡大する懸念があります。また、環境問題や労働者の権利が軽視される場合もあり、グローバル化がもたらす利益が公平に分配されていないという批判も存在します。さらに、文化的な面では、グローバル化が文化の多様性を脅かす可能性があります。グローバルな文化が広まる一方で、地域固有の伝統や言語が消滅するリスクが高まっているのです。

グローバル化の進展に伴い、国際公共経営の役割がますます重要となっています。各国が個別に対応するのが難しい課題（気候変動、感染症、テロ対策など）に対して、国際機関や多国間協力の枠組みが重要な役割を果たしています。国際公共経営の分野では、国家間の協力や国際機関のリーダーシップが、グローバル化のもたらす課題に対する解決策を模索しています。

2.2　アメリカと国際機関

アメリカ合衆国は、経済大国としての地位を背景に、国際的な公共経営の中で非常に強い影響力を持ってきました。その経済力は、国際通貨基金（IMF）、世界銀行、世界貿易機関（WTO）などの国際機関を通じて発揮され、また国際連合（UN）や北大西洋条約機構（NATO）など、他の多国間協力機関においてもリーダーシップを発揮してきました。国連の平和維持活動（PKO）に対しても、アメリカは多額の資金を提供しています。また、NATOにおいては、アメリカが軍事的なリーダーシップを発揮し、特に冷戦後のヨーロッパ諸国への安全保障の提供や、テロ対策において中心的な影響力を発揮してきました。

（1）世界貿易機関（WTO）

世界貿易機関（WTO）は、国際貿易のルールを設定し、貿易紛争を解決するための国際機関です。アメリカはWTO設立時から中心的な役割を果たしてきましたが、最近では国内産業の保護や貿易不均衡の是正を理由に、

WTOに対して批判的な姿勢を取ることが増えています。

当初、アメリカは多国間貿易ルールの整備を主導し、国際貿易の拡大を図ってきました。それは、自国の経済的利益を守るためでもあり、WTOの紛争解決機構を利用して他国との貿易摩擦を解決することを目的としていたからです。しかし、特に第1次ドナルド・トランプ政権（2017年～2021年）が誕生すると、「アメリカ・ファースト」というスローガンのもとで、国際組織よりもアメリカの利益を優先する姿勢が強まりました。トランプ大統領はWTOを「最悪の貿易協定」と呼び、アメリカが貿易で損をしている原因と見なしました。その結果、アメリカはWTO改革を強く求める一方で、紛争解決機関の上級委員の選任を妨害し、その機能を事実上停止させるなど、WTOへの対抗措置を取るようになりました。

トランプ政権は、WTOのルールに対して批判的な姿勢を強め、中国との貿易戦争を展開しました。これにより、WTOが多国間貿易を調整する枠組みは揺らぎ、国際貿易の秩序が大きく影響を受けました。バイデン政権になって再び多国間協力を重視する姿勢を示し、WTOの改革や国際貿易の再構築に向けた取り組みを進めましたが、2024年の大統領選でトランプ政権の再来が確定しました。アメリカの通商政策の変動は、WTOの将来に大きな影響を与える可能性があり、これからの多国間協力の行方が注目されています。

（2）国際通貨基金と世界銀行

国際通貨基金（International Monetary Fund, IMF）は、国際金融システムの安定と加盟国の経済成長を促進するために設立された国際機関です。IMFの本部はアメリカのワシントンD.C.にあり、1944年のブレトンウッズ会議で世界銀行とともに創設が決定され、1945年に設立されました。IMFは、経済政策の協調と金融安定の維持を目的とし、主に通貨・為替問題の解決や国際収支の支援を行っています。アメリカは、IMFや世界銀行といった国際的な経済機関において、主要な出資国であることから、これらの機関の意思決定に大きな影響力を持っています。

IMF は、世界の金融安定を維持し、経済的な困難に直面している国々に資金を提供する役割を担う国際機関であり、アメリカはその主要なリーダーとしての役割を果たしています。たとえば、1997 年のアジア通貨危機や 2008 年の世界金融危機の際、アメリカは IMF を通じた支援を主導しました。また、アジア通貨危機では、タイから始まり、東アジア諸国に広がった大規模な金融危機に対して、IMF は緊急融資を行い、アメリカはその資金提供を積極的に主導し、IMF の救済策は多くの国々で実施されました。具体的に、IMF は韓国、インドネシア、タイなどに大規模な融資を行いました。アメリカはこうした IMF に対する追加資金提供を主導し、危機後の経済再建プロセスを支援したのです。

また、2008 年のリーマンショックによる世界金融危機では、アメリカの住宅市場バブルの崩壊の影響が瞬く間に世界中に広がりました。この危機に対しても、アメリカは IMF を通じた国際的な金融救済措置を主導しました。この時は特に、ギリシャ、アイスランド、ポルトガルといった欧州諸国への IMF の融資が行われました。アメリカは IMF への多額の資金提供を通じ、また他国にも支援を求めることで、国際的な協調を実現し、世界経済の回復を促したといえます。

世界銀行（World Bank）は、途上国の経済発展と貧困削減を目的とした国際金融機関です。本部はアメリカ合衆国のワシントン D.C. にあり、1944 年のブレトンウッズ会議で設立されました。世界銀行は、各国の経済成長と社会の発展を支援するために、低金利で融資や助成金を提供し、技術援助や政策助言を行っています。世界銀行の資金は、主に加盟国からの出資金、国際資本市場からの資金調達、返済された融資からの再投資によって賄われています。世界銀行は、多くの途上国での貧困削減や経済発展に貢献してきました。たとえば、教育や保健分野の整備を通じて、児童の就学率向上や母子保健の改善に寄与したり、道路や電力などのインフラ整備により経済活動の活性化を支援したりしています。

しかし、一方で課題も存在します。まず、融資の返済能力の低い国々に対する貸し付けのリスクや、開発プロジェクトの成果が期待どおりに上がらな

いケースがある点です。また、開発プロジェクトが環境や社会に与える影響についての懸念もあります。特に大規模インフラプロジェクトでは、住民の強制移転や環境破壊などが問題となることがあります。さらに、世界銀行の意思決定には加盟国の政治的な影響が及ぶことがあるため、貧困削減のための支援活動に政治的な偏りが生じることも指摘されています。

■ 2.3 国際連合とその下部機関の役割

国際連合（United Nations, UN）は、国際的な政策調整や協力の枠組みを提供する中心的な役割を担っています。1945 年の設立以来、国際的な平和と安全の維持、人権保護、経済開発、環境保護などに取り組み、世界規模の課題に対応してきました。さらに、国連の下部機関や他の多国間国際機関、NGO、NPO は、国連の目的を達成するために不可欠なパートナーとして、世界中の国家が協力し、共通の課題に取り組むためのプラットフォームを提供しています。193 の加盟国が、国際的な問題の解決に向けて協力する場として、国連の役割は非常に重要です。国連の主要機関の一つである安全保障理事会（UNSC）は、国際的な平和と安全を維持するための意思決定を行います。アメリカやロシア、中国などの常任理事国は、国際紛争の解決に向けたリーダーシップを発揮することが期待されています。ただ近年では、常任理事国どうしの対立が顕著となっており、国連でものごとを決めることの困難さも露呈しています。

（1）世界保健機関（WHO）

世界保健機関（World Health Organization, WHO）は、国連に所属する専門機関であり、世界の公衆衛生の向上を目指す国際組織です。1948 年 4 月 7 日に設立され、本部はスイスのジュネーブにあります。その設立目的は、「すべての人々が可能な限り健康な状態を享受できることを目指す」ことです。WHO の活動は、各国政府やさまざまなパートナーと協力しながら、公衆衛生の向上、感染症の予防・制圧、健康に関する知識の共有と普及など、多岐にわたっています。

WHO は、COVID-19 パンデミックを通じて国際的な協調の重要性を浮き彫りにしました。国際社会が協力して公衆衛生の脅威に対処する枠組みを提供し、パンデミック対策やワクチンの配布において重要な役割を果たしました。

振り返れば、COVID-19 パンデミックは、グローバルな公衆衛生の脆弱性を浮き彫りにしました。アメリカは当初、WHO に対して批判的な立場を取っていました。同時に国内でのワクチン開発に巨額の資金を投入し、ファイザーやモデルナなどの製薬企業が迅速にワクチンを開発しました。また、COVAX と呼ばれる国際的なワクチン配布プログラムを通じて、途上国にもワクチンを提供しました。しかし、その提供スピードなどは、世界各国の格差を浮き彫りにし、将来への課題を残しました。

（2）国連開発計画（UNDP）

UNDP は、貧困削減、持続可能な開発目標（SDGs）の達成に向けた技術支援や政策助言を提供する国連の下部機関です。発展途上国に対して、持続可能な経済成長や社会開発を促進するプロジェクトを支援しており、特に気候変動対策やジェンダー平等の分野で重要な役割を果たしています。UNDP の活動は、国際社会における多国間協力の枠組みを強化し、各国政府や NGO との連携を通じて実施されています。

（3）国連難民高等弁務官事務所（UNHCR）

UNHCR は、難民や国内避難民の保護を行う国連機関です。シリアやアフガニスタンなどの難民危機においても、現地での支援を調整し、国際社会が難民問題に対処するための枠組みを提供しました。アメリカは、UNHCR の主要な出資国であり、難民保護の分野で大きな役割を担っています。

（4）国際労働機関（ILO）

ILO は、労働者の権利保護や労働条件の改善を目的とする国連機関であり、労働市場の規制と監督を通じて国際公共経営に貢献しています。ILO

は、各国政府、労働組合、企業と連携して、国際的な労働基準の策定や遵守を促進し、労働者の権利を保護しています。

3 北大西洋条約機構 (NATO)

NATO は、1949 年に設立された西欧と北米 2 国による軍事同盟であり、その主な目的は加盟国間の集団防衛です。冷戦時代、NATO はソビエト連邦及び東側諸国の拡張を抑止するための主要な枠組みとして機能し、その中心には常にアメリカが存在していました。冷戦後も NATO は国際安全保障の中心的な役割を果たし続けており、アメリカはそのリーダーシップを維持しています。NATO の活動範囲は、地域の平和維持活動や危機管理、テロリズム対策、サイバー攻撃といった新たな安全保障上の脅威にまで広がっています。アメリカは、単に軍事的支援を提供するだけでなく、NATO 加盟国との協力や政策決定においても主導的な役割を果たしてきました。

たとえばアフガニスタン紛争は、NATO がアメリカのリーダーシップの下でどのように機能するかを示した代表的な事例です。2001 年のアメリカ同時多発テロ事件を受けて、NATO は史上初めて集団防衛条項（第 5 条）を発動し、アメリカ主導の「不朽の自由作戦」に参加しました。この作戦の目的は、アフガニスタンにおけるテロリズムの撲滅と民主的な政府の樹立でした。

NATO 加盟国はアメリカとともに、アフガニスタンでの平和構築やテロ対策に多くの資源を投入しましたが、2021 年のアメリカ撤退は、国際社会が直面する複雑な課題を浮き彫りにしました。長期にわたる軍事介入にもかかわらず、アフガニスタンの民主化と安定化は困難であり、結果的にタリバン（イスラム原理主義武装勢力）が政権を再掌握するという事態に至りました。この事例は、軍事介入が国際公共経営において必ずしも万能の解決策ではないことを示しています。

4 国連平和維持活動 (PKO)

PKO は、国際社会が紛争地域で平和と安定を維持するための最も重要な

手段の一つです。PKO は、停戦監視、紛争後の復興支援、紛争当事者間の調停などを通じて、長期的な平和構築を支援します。アメリカはこれらの活動において、主要な出資国としてだけでなく、具体的な軍事支援や政治的リーダーシップを通じても影響力を行使しています。

アメリカが PKO に対して果たす役割は、軍事的、財政的、政治的な面で非常に大きいです。軍事的には、アメリカは PKO の一部のミッションに直接参加しており、その技術力や装備、訓練において他国をリードしています。また、財政面でもアメリカは国連の平和維持活動全体予算の約 28% を負担しており、この支援が国連の平和維持活動を可能にしているといえます。

たとえば、1990 年代、シエラレオネでは内戦が長期化し、多くの市民が犠牲となりました。国連はこの紛争に対して PKO を展開し、アメリカも財政的及び政治的支援を行いました。2000 年、国連 PKO の活動によりシエラレオネ内戦は終結し、民主的な選挙が実施されました。この成功事例は、国際的な協力によって紛争後の安定と民主化が実現できることを示しています。

5　非政府組織及び非営利団体

国際公共経営において、国際機関や非政府組織（NGO）、非営利団体（NPO）は、グローバルな課題解決に向けた協力の要となります。NGO や NPO は現地での活動力を持ち、国際機関や政府の取り組みを補完しています。特に、貧困削減、人道支援、環境保護、難民支援などの分野での NGO の活動は非常に重要です。

たとえば、国境なき医師団（MSF）やオックスファム（Oxfam）は、紛争や自然災害の被災地で医療支援や食糧援助を行い、国際的な人道支援の一環として活動しています。MSF は、緊急事態に迅速に対応できる能力を持ち、政府や国際機関が支援できない地域での医療活動を展開しています。また、オックスファムは、貧困削減や不平等の是正を目的としたキャンペーンを実施し、国際公共政策に関する提言を行っています。

環境 NGO も、気候変動や自然保護において重要な役割を果たしています。たとえば、グリーンピース（Greenpeace）や世界自然保護基金（WWF）など

の NGO は、持続可能な開発や環境保護に関する国際的な政策提言を行い、政府や国際機関に対して圧力をかけています。特に、国連の気候変動枠組条約（UNFCCC）の会議において、これらの NGO は積極的に参加し、政策決定に影響を与えています。

　世界の公共経営において、国際機関と NGO の役割はますます重要になっています。気候変動、パンデミック、貧困などのグローバルな課題に対処するためには、各国政府だけでなく、国際機関や NGO が協力し合うことが不可欠です。今後、世界の公共経営はより多様化し、政府、国際機関、NGO、NPO のパートナーシップが強化されることが期待されています。

6　気候変動

　気候変動は、現代における国際公共経営の最も重要で緊急の課題の一つです。温室効果ガスの排出や環境破壊は国境を越えるグローバルな問題であり、一国が単独で取り組むだけでは十分な効果を得ることはできません。大気中の二酸化炭素やその他の温室効果ガスの濃度上昇は地球全体に影響を与え、気温上昇、異常気象、海面上昇、生物多様性の減少といった深刻な環境問題を引き起こします。そのため、各国が協力し、国際的な枠組みを通じてこれらの問題に対処する必要があります。

　ここで重要な役割を果たしているのが、2015 年に採択されたパリ協定（Paris Agreement）です。この協定は、気候変動に対処するために国際社会が協力して温室効果ガスの削減を目指す枠組みであり、国連の気候変動枠組条約（UNFCCC）の下で作成されました。パリ協定は、世界的な気温上昇を産業革命以前の水準と比較して 2 度未満に抑え、可能であれば 1.5 度未満に抑えることを目標としています。また、温室効果ガスの削減に加え、各国が気候変動の影響に対する適応策を講じ、気候変動による損害を最小限にするための国際的な連携が重要視されています。

■6.1　パリ協定とアメリカの関係

　ヨーロッパや日本が主導的な役割を果たしたパリ協定の成立において、ア

202

メリカも重要な役割を果たしました。特にオバマ政権時代のアメリカは、パリ協定の成立に向けた交渉に積極的でした。温室効果ガスの大排出国である中国との協力関係を構築し、パリ協定の前提となる各国の「自主的な削減目標（Nationally Determined Contributions, NDCs）」の提出を推進しました。アメリカがようやく関与し始めたことにより、先進国だけでなく、途上国も温室効果ガスの削減にコミットする包括的な枠組みが実現しました。アメリカの自主的な削減目標は、自国の経済発展に影響を与えない範囲での温室効果ガスの削減に取り組む姿勢でしたが、2030年まで2005年比で温室効果ガスの排出量を26〜28％削減することを目指すと表明しました。

　しかし、このアメリカの方向性は、政治的な変化によって一時的に揺らぐこととなります。2017年、トランプ政権は、アメリカの経済と雇用を守るためとしてパリ協定からの離脱を宣言しました。これにより、国際社会には大きな混乱が生じました。アメリカは世界最大の温室効果ガス排出国の一つであり、その離脱は国際的な気候変動対策に大きな打撃を与えると懸念されました。特に、発展途上国や新興国に対してアメリカのコミットメントが失われたことで、温室効果ガス削減への国際的な圧力が弱まる可能性がありました。

　その後、2021年にジョー・バイデン氏が大統領に就任すると、アメリカは再びパリ協定に復帰しました。バイデン政権は気候変動対策を国家の最優先課題の一つと位置付け、国内外での温室効果ガス削減に向けた取り組みを強化しました。バイデン大統領は、アメリカが2050年までに実質ゼロ排出（カーボンニュートラル）を達成することを目指し、エネルギーの転換や産業のグリーン化に向けた政策を打ち出しました。再生可能エネルギーの推進や電気自動車の普及促進など、持続可能な社会の実現に向けた具体的な行動が始まりました。ただし今後、4年ごとの大統領選挙でアメリカ国内の政治がどうなるかは見通せません。事実、2024年大統領選挙の結果、トランプ政権の復活が決まりました。

6.2 気候変動における国際協力

　気候変動問題においては、国際的な協力が不可欠です。温室効果ガスの排出は地球全体に影響を及ぼすため、国際社会が共同で取り組まなければなりません。しかし、各国の経済発展やエネルギー依存度、気候変動への影響の度合いが異なるため、国際的な合意を形成することは容易ではありません。

　気候変動に対する取り組みは、先進国と発展途上国との間で特に意見の違いが見られます。発展途上国は、過去の産業革命以来、先進国が大量の温室効果ガスを排出してきた責任があると主張し、排出削減の義務は先進国にあるべきだと考えています。これに対して、先進国は発展途上国に対しても温室効果ガスの削減を求めています。特に、中国やインドなどの新興国は、現在では世界的な排出量の大部分を占めており、彼らの協力なしに気候変動問題を解決することは難しい状況です。

　また、気候変動への適応と緩和のためには、財政的な支援も重要です。多くの発展途上国は、気候変動の影響を最も強く受けながらも、十分な資金や技術が不足しているため、適応策を講じることが困難です。これに対して、先進国は発展途上国に対する資金援助を約束しています。特に、気候変動対策のために設立されたグリーン気候基金（Green Climate Fund）は、発展途上国が気候変動の影響に対応し、持続可能な開発を進めるための重要な資金源となっています。グリーン気候基金は、国連の下で設立され、気候変動に対する世界的な取り組みを支援することを目的としています。この基金によって、発展途上国が気候変動に適応し、排出削減策を実行するためのプロジェクトに資金が提供されるのです。

6.3 気候変動問題の課題と展望

　パリ協定やその他の国際的な枠組みが示すように、気候変動対策は長期的かつ持続的な取り組みが求められます。現在、多くの国が温室効果ガス削減に向けた目標を掲げていますが、これを実行に移すためには技術革新や政策の強化が不可欠です。特に、エネルギー転換に向けた再生可能エネルギーの

開発、電力システムの近代化、電気自動車の普及といった技術的な進歩が期待されています。

また、温室効果ガス削減だけでなく、気候変動の影響に対する適応策も重要です。たとえば、海面上昇や異常気象に直面する沿岸地域や農業地域では、インフラの強化や災害対策が急務となっています。このような課題に対処するため、国際的な連携や技術移転が今後も重要な役割を果たすでしょう。

そして、各国の経済発展と環境保護を両立させることのできる「グリーン成長戦略」が今後の課題になるでしょう。経済成長と環境保護を両立させるためには、政府、民間企業、市民社会が一体となって取り組む必要があります。国際的な協力の枠組みを活用しながら、持続可能な未来を実現するための具体的な行動が求められています。

7 地政学的リスクとアメリカ

地政学的リスクは、世界における公共経営において大きな課題です。これらのリスクは、エネルギー供給、安全保障、領土問題、さらには経済的な協力や対立など、多岐にわたる要素を含んでおり、国家間の関係性を大きく左右します。国際公共経営の枠組みの中で、各国は自国の利益を守りつつ、他国との協力や対話を通じて安定的な国際秩序を維持しようとしています。

アメリカは、世界の超大国として、地政学的リスクへの対処において他国をリードしてきました。その中でも特に重要なのは、エネルギー安全保障と地域の安定化です。これらは国際的な協力を通じて進められ、多国間協力の枠組みが非常に重要な役割を果たしています。アメリカの政策は、エネルギー供給の安定化、戦略的地域での安全保障の確保、そしてテロリズムや紛争の防止といった複数の目標を持ってきました。

7.1 中東政策とエネルギー安全保障

中東地域は、世界で最も重要な石油供給地の一つであり、その安定は国際経済全体にとって非常に重要です。特に、ペルシャ湾地域は、世界の石油輸出の大部分を占める地域であり、ここでの不安定化はグローバルなエネル

ギー市場に深刻な影響を与えます。アメリカの中東政策は、まさにこのエネルギー供給の安全を確保することが主要な目的の一つです。アメリカは、エネルギー資源の安定供給を維持するために、軍事的、外交的な関与を続けてきました。

　アメリカの中東政策において重要なのは、二つの側面です。一つは、石油や天然ガスなどのエネルギー資源の確保です。第二次世界大戦後、中東地域が不安定化すれば、石油価格が高騰し、世界経済に深刻な打撃を与える可能性が大きい時代が続きました。もう一つは、地域の安全保障です。中東は、過去数十年にわたり、イスラエル・パレスチナ問題やイラク戦争、シリア内戦、アフガニスタンでのテロとの戦いなど、複雑な紛争が続いてきた地域です。

　アメリカが中東における地政学的リスクに対処する際に、軍事的介入が重要な役割を果たしてきました。特に、1991 年の湾岸戦争は、エネルギー供給の安全確保と国際公共経営における重要な転換点となりました。湾岸戦争は、イラクのサダム・フセイン政権がクウェートに侵攻したことを受け、アメリカを中心とする多国籍軍が国連決議に基づいて軍事介入を行ったものです。この戦争は、エネルギー供給の安定化と地域の安全保障を維持するための国際的な取り組みの一環として位置付けられました。

　湾岸戦争の結果、イラク軍はクウェートから撤退し、石油供給の大規模な混乱を回避することができました。この戦争は、エネルギー資源をめぐる地政学的リスクがいかに国際公共経営に大きな影響を与えるかを示す重要な事例でしょう。湾岸戦争では、イラクのクウェート侵攻に対してアメリカを中心とする多国籍軍が国連決議に基づいて介入しました。この戦争の主な目的は、クウェートの主権を回復し、エネルギー供給の安全を確保することでした。この戦争は、エネルギー供給の安全確保や世界の公共経営という点でも重要な意味をもっていたといえるでしょう。

■ 7.2　石油依存と多国間協力

　石油への依存度が高いアメリカやヨーロッパ諸国は、中東のエネルギー供

給の安定化を図るため、他の主要国と多国間協力を進めました。たとえば、1973 年の石油危機を契機に設立された国際エネルギー機関（IEA）は、主要な石油輸入国が協力し、石油の安定供給を確保するための枠組みを提供しています。IEA は、供給途絶時に備えて戦略的石油備蓄を確保し、エネルギー市場の混乱を防ぐための政策を調整しています。

　石油危機以降、アメリカはエネルギー供給の多様化を図り、中東への過度な依存を減らすための政策を進めてきました。再生可能エネルギーやシェールガスの開発も、こうした対処の一環です。アメリカのエネルギー安全保障が大きく変化し始めたのは、2000 年代後半から 2010 年代初頭にかけての「シェール革命」の時期です。この頃、アメリカではシェールガスやシェールオイルの技術開発と商業生産が急速に進み、国内の石油と天然ガスの生産量が劇的に増加しました。

　しかし、中東への関心が完全になくなったわけではありません。中東地域は依然として世界の石油供給の大部分を占めており、特に世界の石油価格の安定性に大きな影響を及ぼしています。また、アメリカの同盟国であるイスラエルや、サウジアラビアなどとの安全保障上の関係や、イランの核開発問題など、アメリカにとってエネルギー以外の戦略的な関係もあります。

■7.3　ロシアのウクライナ侵攻

　中東以外にも、地政学的リスクが国際公共経営に大きな影響を与える地域がいくつかあります。2022 年、ロシアによるウクライナ侵攻は、国際社会に大きな衝撃を与えました。ウクライナ危機や南シナ海の領有権問題などは、エネルギー供給や海上輸送路の安全保障に大きなリスクをもたらしています。当時、アメリカのバイデン政権は、経済制裁を通じてロシアに対して圧力をかける一方、ウクライナに対しては軍事的な支援を提供しました。さらに、NATO の枠組みを通じてヨーロッパ諸国と連携し、ロシアの行動が国際社会の安定を脅かすものであるとの立場を取りました。

　ウクライナ危機は、ロシアと欧米諸国との対立を激化させ、ヨーロッパのエネルギー安全保障に深刻な影響を与えました。ウクライナはロシアから

ヨーロッパへと天然ガスを輸送する主要な通過国であり、紛争が激化すると、エネルギー供給にますます重大な影響が出る可能性があります。ロシアは天然ガスを政治的な武器として使用し、ウクライナや西欧諸国に圧力をかける戦略を取ってきました。

エネルギー安全保障の観点からは、ヨーロッパはロシアの天然ガス依存を減らすために、多様なエネルギー供給源の確保を必要としています。ロシアは、2014年のクリミア併合以降、エネルギー供給を通じてヨーロッパへの圧力を強めていました。これに対抗するため、EUはエネルギー供給の多様化を進め、再生可能エネルギーの導入を拡大しています。また、アメリカもヨーロッパへの液化天然ガス（LNG）輸出を増やし、ロシアの影響力を削減しようとしています。

7.4 南シナ海問題と海上輸送路の安全

南シナ海は、世界の主要な海上輸送路が通過する戦略的な地域であり、ここでの地政学的リスクは世界の公共経営に大きな影響を与えます。この地域は、中国、フィリピン、ベトナム、マレーシアなどが領有権を主張しており、領土問題が複雑に絡み合っています。特に、中国は南シナ海全域に対する領有権を主張し、軍事基地の建設を進めており、これが他の国々との緊張を引き起こしています。

南シナ海は、エネルギー資源が豊富であることに加えて、国際貿易においても重要な役割を果たしているため、この地域の安定は世界経済にとって極めて重要です。アメリカは、南シナ海における航行の自由を強調し、この地域での中国の影響力拡大を牽制するために、軍事的な存在感を強化しています。中国と周辺国の緊張がエスカレートすれば、貿易やエネルギー輸送に深刻な影響が及ぶ可能性があり、国際公共経営の観点からも見逃せない課題といえるでしょう。

近年、南シナ海での中国の領有権主張は、アメリカとの対立を深めています。特に、アメリカは「航行の自由」作戦を展開し、この地域での中国の軍事基地建設に対抗しています。このような緊張は、エネルギー供給や国際貿

易におけるリスクを高めてしまっていますが、有効な解決策は見いだせていません。

7.5　インド太平洋戦略とアメリカの役割

　アメリカのインド太平洋戦略は、経済的・軍事的に重要なアジア太平洋地域の安定を確保するために設計されたものです。この戦略の基盤は、日本が最初に提唱した「自由で開かれたインド太平洋（Free and Open Indo-Pacific, FOIP）」という概念にあり、法の支配、航行の自由、そしてすべての国が平等に繁栄できる開かれた貿易体制を守ることを目指しています。アメリカは、日本、韓国、オーストラリア、インドといった主要な同盟国・パートナー国と協力し、地域の安全保障を強化し、経済的な協力を推進しています。

　特に中国の急速な軍事拡張と経済力の増大が、アジア全体に大きな影響を与えており、アメリカはそのバランスを保つために、インド太平洋地域での影響力を維持する必要に迫られています。アメリカの戦略は、単に軍事力を強化するだけでなく、地域の国々と協力して経済的なインフラを整備し、貿易と投資の自由を守ることにも力を入れることとされてきました。

7.6　日米同盟の強化

　インド太平洋戦略の中で、日米同盟は特に重要な役割を果たしています。日本は、アメリカにとって最も信頼できるパートナーの一つであり、地域の安全保障と経済的繁栄に寄与しています。両国は、共同で軍事演習を行い、地域の安全保障を強化しています。また、北朝鮮の核開発やミサイル発射に対する対応でも、日米同盟はその中心に位置しています。

　たとえば、2020年の「リムパック（RIMPAC）」という多国間海軍演習では、日本の海上自衛隊がアメリカ海軍とともに参加し、地域の安全保障における協力体制を強化しました。この演習は、自由で開かれたインド太平洋を実現するための取り組みの一環であり、国際公共経営の観点からも、地域の安定に寄与する重要なイベントです。またアメリカは、2024年7月に在日米軍を再編し「統合軍司令部」を新設すると発表しました。自衛隊の2024年度

末発足「統合作戦司令部」と協力し、指揮統制を擦り合わせることを目標にしています。

■7.7　アメリカとインドの関係強化

インド太平洋戦略において、インドは新たな重要なパートナーとして位置付けられました。インドは世界第2位の人口を抱え、経済規模でも急速に成長していることから、アメリカにとって極めて重要な戦略的パートナーです。アメリカとインドは、経済的な協力を深化させるだけでなく、安全保障分野でも関係を強化しており、特に中国に対する牽制としての役割が期待されています。

アメリカとインドは、軍事演習や防衛技術の共有を通じて、協力を進めています。特に「クアッド（Quad）」と呼ばれる日米豪印の4か国戦略対話は、インド太平洋地域での平和と安定を目指した多国間協力の枠組みとして重要です。クアッドは、中国の拡張主義に対抗するためのゆるい枠組みですが、アメリカはインドとの協力を強化することで、この地域における自国の影響力を維持しようとしているのです。

たとえば2021年には、アメリカとインドが共同で「ヤダブラ防衛演習」を実施し、両国間の防衛協力を一層強化しました。この演習は、インド太平洋戦略の一環として、地域の平和と安定に寄与することを目的としています。

■7.8　米中関係とアジアの地政学的リスク

中国の台頭に伴い、アメリカと中国の関係は急速に緊張を高めています。特に、貿易戦争や技術覇権争い、南シナ海問題など、米中間の対立は多岐にわたっています。アメリカは、中国の経済的及び軍事的拡張に対抗するため、インド太平洋戦略を強化し、同盟国との協力を深めようとしました。一方で、中国は自国の影響力を強化するために、国際公共経営における新たな枠組みを構築しようとしています。

米中関係の悪化は、アジア地域の地政学的リスクを高めており、国際公共経営における大きな課題です。アメリカと中国の対立は、単なる二国間問題

にとどまらず、アジア全体に深刻な影響を及ぼします。たとえば、台湾問題
や香港の自治問題など、米中の緊張が影響を与える問題が複数存在します。
2021年には、アメリカが台湾への武器供与を決定し、中国がこれに強く反
発したこともありました。台湾問題は、米中関係の中心的な対立要因であ
り、この地域の安全保障における最大のリスクの一つとなっています。

　21世紀の地政学リスクの焦点の一つは、米中関係にあるといえるでしょ
う。中国の経済的な台頭に伴い、アメリカはインド太平洋地域における戦略
的なプレゼンスを強化するよう努めています。中国との競争は経済のみなら
ず政治体制にも及ぶものであり、アメリカ一国では太刀打ちができないほ
ど、中国は強大になりました。そこでアメリカは、同盟国である日本やオー
ストラリア、インドなどとの協力を強化することによって、戦争や紛争の抑
止を目指そうとしています。

（1）南シナ海問題と航行の自由

　南シナ海は、世界の主要な海上輸送路が通過する戦略的な地域であり、エ
ネルギー資源や漁業資源が豊富です。この地域での領有権をめぐる問題は、
アメリカ、中国、東南アジア諸国間の大きな懸念材料となっています。中国
は南シナ海全域に対して領有権を主張し、人工島を建設して軍事拠点化を進
めており、これが周辺国との緊張を高めています。

　アメリカは、中国の領有権主張に強く反対し、南シナ海における「航行の
自由作戦」を定期的に実施しています。たとえば2020年に、南シナ海での
「航行の自由作戦」を実施し、中国が建設した人工島の近くを軍艦で航行し
ました。この行動は、中国による領有権の主張に反対する国際的なメッセー
ジを送り、地域の安定を維持することを目的としました。国際法に基づいて
南シナ海を自由に航行できることを示すためのものであり、中国の軍事的拡
張に対する牽制が目的です。アメリカは、地域の安定を保つために、同盟国
やパートナー国と協力して、この地域での軍事的なプレゼンスを強化してき
ました。

（2）中国の台頭と国際公共経営への影響

　中国は、経済的及び軍事的な台頭を続けており、アジア地域における影響力を急速に拡大しています。特に「一帯一路（Belt and Road Initiative, BRI）」と呼ばれる巨大な経済圏構想を通じて、アジアのみならず、アフリカやヨーロッパに至るまで、インフラ投資を通じて影響力を強めています。この中国の台頭は、アメリカを含む西側諸国にとって大きな課題となっており、国際公共経営の新たな形を模索する必要が生じています。

　一帯一路構想は、習近平政権下で推進されている巨大な経済圏構想であり、アジアからヨーロッパ、さらにはアフリカに至る広大な地域でのインフラ整備や経済協力を目指しています。中国はこの構想を通じて、道路、鉄道、港湾、エネルギー施設などのインフラプロジェクトに巨額の投資を行いつつ、参加国に対する経済的影響力を確実に拡大してきました。

　一帯一路構想の成功により、中国は国際公共経営において中心的な役割を果たすようになりつつあります。しかし、この構想には賛否が分かれており、多くの国々が中国からの借款による「債務の罠」への懸念を示しています。たとえば、スリランカは中国からの融資で建設されたハンバントタ港を、借金返済が困難になったため中国に99年間貸与することになりました。この事例は、中国の一帯一路構想が国際公共経営にどのような影響を与えるかを示しています。

8　国内政治と世界の公共政策

　アメリカ国内の政治は、国際公共政策に対して非常に大きな影響を及ぼすことが、近年顕著に表れてきています。アメリカは世界最大の経済大国であり、軍事的・経済的な影響力も非常に強いため、国内の政治的決定が国際的な課題に対する対応やリーダーシップに直結するのです。特に、アメリカの政権交代によって国際政策の優先順位やアプローチが大きく変化することはしばしば見られます。共和党と民主党の政策の違いが、国際的な協力体制や外交姿勢、経済政策に与える影響は顕著であり、その結果、世界の公共政策にも直接的な影響を及ぼすのです。

8 国内政治と世界の公共政策

　21世紀においては、気候変動、紛争の防止、国際貿易、感染症対策など、個別の国が単独で対処できない課題が増加しており、こうした課題への対応には、国際的な協力や多国間体制は不可欠です。国際機関は、そのような協力の場を提供し、各国が共通の利益のために協力するための枠組みを提供しています。アメリカは長年、こうした国際機関において重要なリーダーシップを発揮してきましたが、そのアプローチは国内政治や政権交代によっても大きく左右されるようになってきました。

■ 8.1　政権交代と国際政策の変動

　アメリカでは共和党と民主党の間で、外交政策や国際協力に対する姿勢が特に近年大きく異なってきています。政権交代に伴って、アメリカの国際的なアプローチも大きく変化することがあります。共和党は伝統的に外交や安全保障に強く、自由貿易を推進する色彩が強い政党でした。しかし、第1次トランプ政権の頃からはアメリカの国益を優先する「アメリカ・ファースト」的な政策を推進する傾向が強く、国際協力に対して慎重な姿勢を示すことが多くなりました。一方、民主党は多国間主義を重視し、国際機関や同盟国との協調を強化することに力を入れる傾向が強まりました。このような政策の違いは、選挙結果によって世界の公共経営に大きな影響を与えるようになってきたのです。

　特に、気候変動対策や貿易政策、軍事同盟に関するアメリカのアプローチは、政権交代によって大きく変わります。たとえば、共和党政権下ではトランプ政権以降、国内産業の保護を重視し、国際協力よりも国内の経済成長や雇用創出を優先する傾向が顕著になってきました。その反動なのか、民主党政権はバイデン政権になって国際的な課題に対して積極的なリーダーシップを発揮し、地球規模の問題に取り組むことが増えました。

■ 8.2　気候変動政策の激変

　気候変動対策は、アメリカの国内政治が国際政策に与える影響の典型的な例です。トランプ政権とバイデン政権では、気候変動に対する姿勢が劇的に

異なり、その結果、国際社会におけるアメリカの役割も大きく変化しました。

トランプ政権は、「アメリカ・ファースト」というスローガンの下、国際協定よりも国内の経済成長やエネルギー産業の発展を優先しました。その象徴的な行動が、2017年にパリ協定からの離脱を表明したことです。トランプ政権は、アメリカの産業界に対する規制を緩和し、石油や天然ガスなどの化石燃料産業を支援する一方で、再生可能エネルギーや気候変動対策に対しては消極的な姿勢を取りました。このような政策転換は、気候変動対策における国際的な取り組みを大きく後退させ、世界中から批判を受けました。

一方、バイデン政権は、就任直後にパリ協定に再加入し、気候変動対策を最優先課題として位置付けました。バイデン政権は、「気候変動は存在する脅威であり、アメリカは国際的なリーダーシップを発揮しなければならない」という立場を強調し、再生可能エネルギーの推進や炭素排出削減に向けた積極的な政策を導入しました。具体的には、国内外で温室効果ガス排出の削減を進めるとともに、世界的な気候変動対策への資金提供を行い、開発途上国の支援にも注力しました。

■8.3　多国間主義と一国主義の対立

もう一つの重要な側面は、多国間主義と一国主義の対立です。近年の民主党政権は基本的に多国間主義を重視し、国際機関や同盟国との協力を強化する傾向が強くなりました。一方のトランプ共和党政権は、アメリカの国益を優先する「一国主義」的なアプローチを取ることが多く、国際協力に対しては慎重な姿勢を示すことが多いです。この違いは、国際公共政策に大きな影響を与えます。

たとえば、トランプ政権はNATOに対して、加盟国が防衛費を十分に負担していないとして批判を繰り返し、アメリカの軍事的な関与を縮小する姿勢を見せました。また、第1次トランプ政権は、WHOやユネスコ（UNESCO）からの脱退を決定し、国際機関への関与を減少させ、貿易戦争もいとわず、アメリカの国益を最優先に据える姿勢を強調しました。

これに対し、バイデン政権は国際機関への積極的な再参加を推進して国際

協力を強化し、WHOへの再加入やユネスコとの関係修復を行い、多国間主義を重視した外交政策を展開しました。このように、アメリカの政権交代は、国際公共政策における協力体制や外交姿勢に大きな影響を与えるようになっているのです。

■ 8.4　貿易政策の変化

　貿易政策もまた、アメリカの政権交代によって大きな影響を受ける分野です。トランプ政権は、自由貿易に対して懐疑的であり、アメリカの産業を保護するために関税を強化したり、国際的な貿易協定からの撤退を行ったりする傾向を明確に打ち出しました。その一環としてトランプ政権は、中国のみならず、同盟国にも関税を増加させ、アメリカ企業を保護するための貿易政策を強化しました。この政策は、国際経済に大きな影響を及ぼし、多くの国々との貿易関係が緊張状態に陥りました。

　民主党は、伝統的に労働者層に支持を頼るため、かねてから保護貿易を主張する政党でした。しかし、バイデン政権は中国との対話や国際協調を唱えるなど、共和党との違いを出すことに力を入れてきました。しかし、実際にはトランプ政権が中国に課した関税を一部たりとも取り下げることはなく、中国産の電気自動車に100％の関税をかけるなど、さらに強化しました。

　国内政治や選挙の影響という意味では、日本も足を取られることがあります。2024年に試みられた日本製鉄によるUSスチール買収では、両政党の大統領候補から否定的な言葉を浴びせられました。特にアメリカの大統領選挙では、近年接戦を伴うことが増えており、有権者の歓心を買うことが優先されます。これは世界のどの国でも同様なのですが、特にアメリカの内政が世界の公共経営に与える影響は、非常に大きいといわざるを得ません。

9　今後の展望

　世界の公共経営においては、現代社会が直面する地球規模の問題、たとえば気候変動、貧困削減、パンデミックへの対応などに対して、国際社会全体が協調して取り組むことがますます重要となっています。アメリカに代表さ

れる世界の大国は、その経済力や軍事力、国際的なリーダーシップを活かし、世界の安定と持続可能な発展のために貢献することが期待されます。しかし、国内の政治情勢が国際政策に影響を及ぼす現状において、アメリカがどのようにして持続的な国際協力の枠組みを構築し、世界のリーダーシップを維持していくかは大きな課題です。

　多様な利害が交錯する現代のグローバルな社会において、公共経営の役割はより重要性を増していくと考えられます。政府や国際機関だけでなく、民間企業やNGO、NPO、市民社会も含めた多様なアクターが協力し、持続可能な未来を実現するための戦略と行動が必要です。公共サービスの提供や開発援助において、官民連携（Public-Private Partnership, PPP）やボランティア活動、クラウドファンディングなど、多様な手法を活用することで、政府だけでは解決できない問題に対処することが期待されます。

　特に、デジタル技術の発展は、公共経営における革新をもたらす可能性を秘めています。電子政府（e-government）やオンライン行政サービス、ビッグデータやAIの活用によって、公共サービスの効率化と市民参加の拡大が進んでいます。これにより、透明性と説明責任の向上、そして市民と政府の信頼関係の強化が期待されます。デジタル技術の活用を通じて、より迅速で効果的な政策決定と公共サービスの提供が可能となるでしょう。

　現在の国際情勢は、不確実性が高く複雑な状況にありますが、その中でも各国が協力して共通の課題に立ち向かうことができるかどうか、それが国際公共経営の将来を左右する鍵となります。持続可能な開発目標（SDGs）の達成、気候変動への対応、地政学的リスクの解消、パンデミックへの備えなど、現代社会が直面するさまざまな課題に対して、国際協力と多様なアクターの連携を通じて解決策を見いだすことが求められています。

　そのためには、各国政府、国際機関、民間組織、市民社会が一体となり、多様な視点とリソースを活用しながら、持続可能な未来への道筋を築いていかねばならないのです。これこそが、21世紀の公共経営が目指すべき大きな方向性であり、私たち全員が担うべき責任ともいえるでしょう。

（中林美恵子）

参考文献

Castells, M.（2010）. *End of Millennium : The Information Age : Economy, Society, and Culture.* Wiley-Blackwell

Davenport, Coral. *Biden Returns U. S. to Paris Climate Accord. New York Times*, 2021.

Frieden, J. A.（2006）. *Global Capitalism : Its Fall and Rise in the Twentieth Century.* W. W. Norton & Company

Gostin, L. O., et al.（2020）. *Global Health Law and the COVID-19 Pandemic : A Time for Reform.* JAMA, 324（2）, 107-108

Held, D., & McGrew, A.（2004）. *Globalization/Anti-Globalization : Beyond the Great Divide.* Polity Press

International Labour Organization.（2021）. *World Employment and Social Outlook 2021.* Geneva : ILO

Kaplan, R. D.（2012）. *The Revenge of Geography : What the Map Tells Us About Coming Conflicts and the Battle Against Fate.* Random House

Kleveman, Lutz.（2004）. *The New Great Game : Blood and Oil in Central Asia.* Grove Press

Mearsheimer, John J.（2014）. *The Tragedy of Great Power Politics.* W. W. Norton & Company

Moon, M. J., & Ingraham, P. W.（1998）. *Shaping administrative reform and governance : The politics of institutional learning.* Governance

Neil J. Smelser & Richard Swedberg, eds.（2005）. *The Global Economy : Organization, Governance, and Development.* Princeton University Press

Patrick, S.（2021）. The U. S. and the Future of Multilateralism : A New Path Forward. Foreign Affairs, 100（4）, 15-26

Tomlinson, J.（1999）. *Globalization and Culture.* University of Chicago Press

United Nations Development Programme.（2020）. *Human Development Report 2020 : The Next Frontier - Human Development and the Anthropocene.* New York : UNDP

United Nations High Commissioner for Refugees.（2019）. *Global Trends : Forced Displacement in 2019.* Geneva : UNHCR

第11章

健康の公共経営
──公衆衛生の担い手

1 はじめに

　まず、「公共経営学とはなにか」を思い出してみましょう。公共経営学とは、「官と民の両者が公共経営の主体であるという共通認識のもと、両者が協力しながら、私たちがもつさまざまな共有資源を有効活用し、あまねく人々に対して効率的に公共性の高いサービスを供給するための考え方やノウハウを学ぶ学問」です（本書 p. 3）。健康の公共経営とはつまり、人々の健康に資するサービスを効率よく供給することといえます。

　健康の公共経営という言葉から皆さんは何を想像するでしょうか。皆さんが生まれてから今までに受けてきた健康に関わるサービスを挙げてみてください。まず、日本ではほぼ全員が施設分娩で生まれますので、誕生時から病院でサービスを受けることになります。そして、誕生してからは、ほぼ全員が国民健康保険の被保険者となります。なお、健康にかかるサービスは医療機関で受けるものだけではありません。経済的補助もあります。みなさんの誕生前に母親が受診する妊婦健康診断を受けるための補助金、出産の際の出産育児一時金、自治体などが実施している無料の両親学級、乳幼児健診、予防接種などもあります。就学期には、学校保健による健康増進、子ども医療費助成による医療費補助を受けています。また、医療という形ではなく、学校給食や、学校体育、保健の授業など教育の中にも国や地方自治体が推進する健康増進サービスが含まれています。より広くとらえると、社会保障全般も健康増進のサービスともいえます。また、会社の福利厚生によってスポーツジムの割引など、就業者がより健康に過ごすことができるようにと、健康

経営に取り組む企業も少なくありません。そして、そのような企業が健康経営優良法人として認定を受けられる仕組みを政府が整えるといったこともしています。

つまり、健康の公共経営というのは非常に広い範囲を含んでおり、全てを本章でカバーすることはできません。そこで、ここでは、公衆衛生に焦点をしぼりお話をしていきます。なお、公衆衛生の考え方は健康観の歴史とともに変化をしてきており、その点も含めて次節で詳述しますが、ここでは、まず、人々の健康について、疾病をもつ個人を診断・治療をする臨床医学ではなく、健康な人も含めた全ての人々を集団として疾病から守るのが公衆衛生だと理解をしていただければと思います。なお、個人の健康と公衆衛生の関係については、日本国憲法においても定められています（日本国憲法第25条）。

第1項：すべて国民は、健康で文化的な最低限度の生活を営む権利を有する。
第2項：国は、すべての生活部面について、社会福祉、社会保障及び公衆衛生の向上及び増進に努めなければならない。

日本国憲法第25条による健康と公衆衛生に関する定め

つまり、日本国憲法においては、健康は国民の権利であり、公衆衛生の向上と増進は、国に定められた義務となります。一方で、2002年に制定された健康増進法では、以下のように定めています。

（国民の責務）
　第二条　国民は、健康な生活習慣の重要性に対する関心と理解を深め、生涯にわたって、自らの健康状態を自覚するとともに、健康の増進に努めなければならない。
（国及び地方公共団体の責務）
　第三条　国及び地方公共団体は、教育活動及び広報活動を通じた健康の増進に関する正しい知識の普及、健康の増進に関する情報の収集、整理、分析及び提供並びに研究の推進並びに健康の増進に係る人材の養成及び資質の向上を図るとともに、健康増進事業実施者その他の関係者に対し、必要な技術的援助を与えることに努めなければならない。

（健康増進事業実施者の責務）
　第四条　健康増進事業実施者は、健康教育、健康相談その他国民の健康の増進のために必要な事業（以下「健康増進事業」という。）を積極的に推進するよう努めなければならない。
（関係者の協力）
　第五条　国、都道府県、市町村（特別区を含む。以下同じ。）、健康増進事業実施者、医療機関その他の関係者は、国民の健康の増進の総合的な推進を図るため、相互に連携を図りながら協力するよう努めなければならない。

健康増進法による健康に関する定め

　つまり、健康増進は国民の責務でもあるということです。日本は、1961年にはフリーアクセス、現物給付という二つの特徴をもった国民皆保険を達成しており、この皆保険を基盤として、健康推進のための予防活動など政府が多くの役割を担ってきました。しかし、少子高齢化の進行、生活習慣病の増加などによる国の医療財政の逼迫という課題は年々深刻になってきています。また、自殺が40歳未満人口の死因の第1位となったり、いわゆる肉体的な健康問題だけではない健康課題が発生しており、それらには孤立・孤独が密接に関連するなど、政府や自治体、医療者のみでの対応が困難になってきているともいえます。また、人々の健康状態は、遺伝的な要因や、健康行動などの個人レベルの要因のみで決まるのではなく、教育や職業、居住環境、そして、政治、経済、文化といったよりマクロな環境要因にも影響されていることがわかってきており、公的サービスでのみ人々の健康を守ることは不可能です。そのため、近年では、公衆衛生の担い手は多岐にわたっています。
　本章では、公衆衛生の歴史を概観した上で、近年の日本に焦点を当ててどのように公衆衛生が展開されているかを紹介します。本章を用いて学ぶ皆さんに達成していただきたい目標は二つです。一つ目に、健康の概念の変遷を踏まえて変化してきた公衆衛生の公共経営の形をご自身の言葉で説明できるようになることです。次に、現在までに実施されてきた健康・医療政策や自治体・企業での取り組みから私たちが得た学びを踏まえて、健康の公共経営はどうあることが望ましいか自分の考えをもつことです。なお、効率的な健

康の公共経営を達成するためには、サービスの需要側である個人が果たすことが可能な役割や責任を把握することも重要ですが、そのためには、その時々の社会経済状況を鑑みた上で、何を、またはどこまでを個人の責任とすべきなのか慎重な議論が必要になります。時代の変化が激しい近年において、健康における公共経営に100％正しいといえるノウハウはありません。よって、学術的理論、実証エビデンス、過去の成功事例から学んだ上で、それを推進する際には、人々がおかれた状況やその背景、文脈を考慮し最善と思われる方法を選ぶ力が重要であり、本章ではその力を身につけていただきたいと思います。

2 公衆衛生の歩み

2.1 古代から産業革命——公衆衛生の概念の誕生

「健康」とは何でしょうか。健康の概念は時代や場所によって異なります。古代の健康観は、宗教的な要素が強く影響していました。そして、科学としての医学が確立されたのは、B.C. 400 頃のヒポクラテス（B.C. 460-375 頃）によるといわれています（医療情報科学研究所 2024）。その後、中世ヨーロッパにおけるペストの大流行を経て、人々の健康観は、疾病中心のものとなっていきます。

その頃、社会医学が生まれたといわれており、その父と呼ばれる人物がピーター・フランク医師（1745-1821）です。彼は、18 世紀のオーストリアで、当時絶対王政を推進し、そのために富国健民をかかげたヨゼフ 2 世の主治医でもありました。フランク医師は 1779 年から 1819 年まで 40 年間にわたり，医療や衛生関連の施設だけでなく、住民の幅広い現地調査を行い、その結果をもとに全 6 巻から構成される『完全なメディカルポリースの体系（System einer vollstaä ndigen medicinischen Polizey）』を発表し、この本の中で、人々が誕生から死までの間に直面するさまざまな健康課題が社会との関係において発生していることを明らかにします（多田羅 2018）。そして、フランク医師は、「人々が乱暴であったり、過度であったりあるいは衣服が不足している

のも、これらのことはすべてこれらの個々の人たちの過誤によるものではない。それ故、これらの状況は公的な医師のより強い関与を求めている」（Lesky 1976: 154）と述べ、メディカルポリースを「多くの人が集まって生活していることから生ずる有害な減少から、人々や彼らの家畜を守る方式である。特に、結局は避けがたいものであるが、身体上の多くの疾患に最後までかからなくて済むように身体の保全をめざすところの方式である」と定義しました。

　このメディカルポリースという理念は、その後、産業革命下のイギリスで、救貧対策において活躍したエドウィン・チャドウィック行政官（1800-1890）によって引き継がれ、有名な『大英国の労働人口の衛生状態（Sanitary Condition of Labouring Population of Great Britain）』（1842年）が発表されます。これは、チャドウィック行政官がイギリスの労働者人口について、労働者の衛生状態と公的対策、労働環境、予防対策効果について、悉皆的な調査を実施してその結果をまとめたものでした。なお、調査は、もともと当時大流行をしていたコレラのような流行病に対応するのに必要な対策を特定するために行われましたが、実際にはさまざまな病が全国のあらゆる地域にはびこっており、対策を特定することはできず流行病予防のためには、人口の全数（Public）を対象としなければならないという結論に至っています。この考えが Public Health（公衆衛生）の起源といわれています。そして、チャドウィック行政官は、行政を中心とした健康施策を推進します。1848年には、公衆衛生法を制定し、中央に保健総局を、そして地方には地方保健局を設置し、それぞれの保健局に保健医官を設置しました。この約175年前に開始した公衆衛生体制は、現在でも多くの国で受け継がれています。なお、疫学の父といわれるジョン・スノウ博士（1813-1858）は、同時期にコレラの原因となった井戸を特定し、予防接種の普及、環境衛生の改善に貢献しました（多田羅 2018）。

　日本においても、同時期に公衆衛生制度、医療制度の礎が築かれたといわれています。そのパイオニアとなった人物が長与専斎医師ですが、彼は欧米使節団の一員として1871年から1873年まで欧米における国民の健康の管理

222

を学び、帰国後には、文部省医務局長、内務省衛生局長を務めた人物です（多田羅 2018）。彼は、医制の発布（1974年）を行い、現在の日本の衛生行政機構、西洋医学に基づく医学教育、医師開業免許制度、医薬分業制度の基礎をつくりました。なお、この際、人々の健康を集団としてとらえること、そこには社会基盤を含むことから、長与医師はそれまでに日本で人々の健康を示す言葉であった「養生」ではなく、「衛生」というコトバを用い、よって日本では Public Health は公衆衛生と呼ばれるようになりました（新村 2006）。

　その後、高木兼寛医師（1849-1920）が実施した栄養改善による脚気対策が日本の公衆衛生の始まりといわれています。脚気とは、ビタミン B1 欠乏によって引き起こされる疾患であり、末梢神経の障害と心不全による全身の浮腫がおき、進行すると手足の力が入らなくなり、心不全の悪化により死に至ることもあり、明治時代から 1950 年代後半まで 1,000 万人以上が脚気によって死亡したといわれています。なお、脚気はいつから発生したのかは明らかではありませんが、『日本書紀』にも同様の症状の病の記述があり、江戸時代には白米食の広がりとともに全国でも流行し、当時は伝染病と考えられていました。しかし、海軍軍医であった高木医師による海軍における脚気発生状況の調査結果より、炭水化物に対してタンパク質の摂取量が不足すると脚気が発生することが発見され、1884 年（明治 17 年）より海軍の兵食改革を実施し、1883 年（明治 16 年）には 23.1％であった海軍の脚気発症率を 2 年で 1％未満に激減させます。この食兵改革は、まさに対象者全体に対する政府の健康の介入といえます。

　当時、高木医師と並んで日本の公衆衛生の発展に寄与したのが、英国総領事館付移管であったウィリアム・ウィルス医師です。1870 年から 1877 年という 7 年間を西郷隆盛のもとで薩摩に滞在し、その期間中に、妊産婦検診、上下水道完備のまちづくり、牛の死肉食用禁止、食生活の改善などの先駆的なモデル事業を実施しており、それらは、近年で公衆衛生の典型的事業となりました（多田羅 2018）。

　そして、1937 年には保健所法が制定されたことで、都道府県、大都市に保健所が設立され、イギリスのような公衆衛生の推進体制が確立されまし

た。もともとは結核対策のために整備されましたが、結核の収束以降もその役割を母子保健や老人保健へと変化させながら現在に至っています。

■ 2.2　近代から現代──疫学転換と健康観・公衆衛生の担い手の変化

　ワクチンと抗生物質の誕生など、19世紀からの医学の飛躍的進歩は伝染病を激減させ、20世紀には主要な疾病が感染症から慢性疾患へと転換していきました。そして、それに伴い、公衆衛生の対象も医療制度、母子保健、障害福祉などと範囲が広がっていきます。1920年、アメリカの公衆衛生学者であるチャールズ・ウィンスロウ医師（1877-1957）は、公衆衛生を「組織化された地域社会の努力を通じて、疾病を予防し、寿命を延長し、身体的及び精神的健康と能率の増進を図る科学であり技術である」（1949年改訂）と定義をし、これは現在でも公衆衛生の代表的な定義として用いられています（医療情報科学研究所　2024）。

　そして、戦後は、健康観や公衆衛生の担い手も大きく変化します。まず、1948年に世界保健機関（WHO）憲章前文に、健康は「身体的、精神的、社会的に完全に良好な状態であり、単に疾病又は病弱の存在しないことではない」と定義されました。単純に肉体的な生命の保持（寿命の延伸）ではなく、クオリティ・オブ・ライフ（QOL：生活の質）を追及する健康観です（公益社団法人 日本WHO協会　2024a）。そして、1978年のアルマ・アタ宣言において、プライマリヘルスケアという「すべての人に健康を」を基本理念とした総合的な保健医療活動が示されました（公益社団法人 日本WHO協会　2024b）。プライマリヘルスケアは社会的・経済的に生産的な生活を送ることができる健康状態を達成することを目標としており、専門家による一方的な保健医療サービスの提供ではなく、大原則を地域住民が主体となって自らの保健サービスを運営することとしています。これは、公衆衛生の担い手として「住民」を主体として明記した点で非常に重要な転換期であるといえます。

　その後、1986年のオタワ憲章において「身体的・精神的・社会的に完全に良好な状態に到達するためには、個人・集団は成したい事を定義し、実現

し、ニーズを満たし、周囲の環境を変えたり対処したりすることができなければならない。そのため、健康は目的ではなく日々の生活の資源と見なされる」と明記されました。同時に、オタワ憲章では、この健康観に基づく21世紀の健康戦略として、ヘルスプロモーションという概念を提唱しました。ヘルスプロモーションとは、人々が自らの健康とその決定要因をコントロールし、改善することができるようにするプロセスであり、その主眼は、個人の生活習慣を超えて幅広く社会や環境を整えることに置かれるものであると定義づけられています。ヘルスプロモーションの五つの活動分野は、①健康的な公共政策づくり　②健康を支援する環境づくり　③地域活動の強化　④個人技術の開発（家庭で使用できる医療機器など）　⑤ヘルスサービスの方向転換（二次予防から一次予防へ）となっており、また、ヘルスプロモーションが掲げる健康に求められる八つの条件は、①平和　②住居　③教育　④食料　⑤収入　⑥安定した環境　⑦持続可能な資源　⑧社会的公正であり、ますます臨床医学の専門家ではなく多様なサービス提供者が必要であることが示されました（医療情報科学研究所　2024）。

　そして、2010 年にはアデレード声明「Health in All policies（HiAP）：すべての政策に健康の概念を」が発表され、この八つの条件いずれをとっても保健行政のみで扱える範囲ではなく、さまざまな分野を扱う行政機関の連携、またそれのあらゆる階層の連携が重要であることを明言しています。なお、この宣言においては、公共政策の相互依存に適切に対応するには、ガバナンスへの別のアプローチが必要であることも指摘しています。まず行政は、共通の目標、総合的対策、そして各政府部局の説明責任の増加を明確にした戦略的計画を立てることで政策立案を調整する必要があり、これには、市民社会や民間部門とのパートナーシップが重要だというものです。そして、以下を責務として定めています。

・他部門が抱える政治課題や行政義務への理解
・政策オプションや戦略に関する知識とエビデンスの構築
・政策展開プロセスにおける各オプションが健康にもたらす影響の比較評価

- ・定期的な他部門との対話、問題解決を行うためのプラットホーム作り
- ・多部門連携による取り組みや、総合政策策定の効果の評価
- ・より良い仕組み、リソース、関係機関の支持、熟練した専任スタッフなどの確保による能力開発
- ・行政の別部門の目標達成に協力することを通じて、健康と幸福の向上に貢献する

(WHO 2010)

Health in All Policies（HiAP）によるパートナーシップに関する定め

　すでに公共経営について学んできたみなさんはお気づきのことかと思いますが、まさに、公共経営の視点が盛り込まれています。そして、次節で紹介しますが、日本の政策にもこの HiAP が反映されてきました。

　なお、この会議で主に利用されたのが、WHO 健康の社会的決定要因に関する委員会（Commission on Social Determinants of Health）の 2008 年の報告書です。この健康の社会決定要因とは、1980 年代以降明らかとなってきた社会階層による「健康格差」とその要因、すなわち健康を規定する重層的な要因が概念化されたものです（図1）。これは、人々の健康は、生物学的要因や、生活習慣、身体活動、豊かさ、教育といった個人レベルの要因だけでなく、政治、経済、文化、医療を含む地域や国家レベルの環境要因に大きく影響をうけるというものです（WHO 2010）。たとえば、社会階層やジェンダー、人種による差についていえば、新型コロナパンデミックでは、同一国内に住む人々であってもその悪影響の大きさが異なることが浮き彫りとなりましたが、多くの人種が住むアメリカでは、新型コロナパンデミック以前から人種によって死亡率が異なることが報告されていました。特に黒人は白人より健康状態が悪く、寿命が短いことが歴史的にも明らかで、これは構造的な人種差別によるものであるといわれてきました（Bailey et al., 2017; Gee & Ford, 2011）。一方で、アジア系アメリカ人と白人系アジア人を比べた際に、アジア系の方が寿命が長く、その要因としてより健康的な伝統的な食事であるとか、アメリカに移住するアジア人がそもそも社会経済的地位の高い家庭の出身であるといった理由も挙げられています（Hoyert & Kung 1992）。

2 公衆衛生の歩み

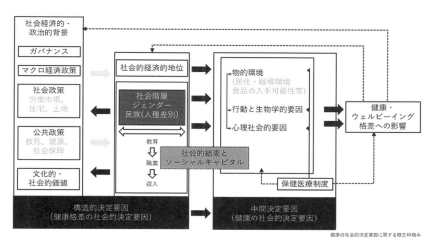

図1　健康の社会的決定要因に関する概念的枠組み
出典：WHO 2008。日本語訳は、近藤（2022）参照

　社会経済的・政治的背景が健康に影響を与えるというのは、少し直感的ではないかもしれません。デヴィッド・スタックラーとサンジェイ・バス（スタックラー&バス 2014）による『経済政策で人は死ぬか？ 公衆衛生学から見た不況対策』の本でいくつかわかりやすく取り上げられています。たとえば、1997年から1998年にかけて対ドルでタイ・バーツが75％、インドネシア・ルピアが80％下落、その後も通貨の暴落が続き、1998年1月半ばには東アジア新興諸国の通貨の価値が通貨危機発生以前の半分となり地域全体が金融パニックに陥るというアジア通貨危機が起こったときのことです。この通貨危機は、東アジア諸国全体に食料品価格の高騰というダメージを与えます。加えて、この年にはエルニーニョ現象によるお米などの収穫量が減少し、主食の値段が上がってしまったことで、これらの国は、貧困率の上昇や治安の悪化などさまざまな社会課題に直面し、健康への悪影響も観察されました。たとえば、インドネシアでは、1998年には急性栄養失調の母親率が20％上昇し、タイにもおいても、同年、貧血症の妊婦が22％増加します。また、輸入粉ミルクの価格が3倍に上昇したことによって、乳幼児の平均体

重の低下、体重不足の学童の増加も報告されました。この時、インドネシア
やタイは IMF（国際通貨基金）から融資を受けることでこの危機への対応を
試みましたが、その融資の条件として、IMF はいっそうの市場開放、規制
緩和、民営化に加えて、食糧費補助の削減、保健医療費支出の削減を各国に
求めます。

　さて、医療や人々の健康はどうなったでしょうか。インドネシアでは輸入
品価格の高騰が止まらず、なかでも鎮痛剤やインシュリンといった医薬品の
価格が上昇し公共医療機関でかかるコストが 67％上昇したにも関わらず、
国からの保健医療費支出は 13％削減されます。これにより、1998 年の 10 歳
から 19 歳までの青少年の医療機関利用率は 1997 年 3 分の 2 まで低下し、
ジャカルタ近郊の医療施設の半分が閉鎖されます。同様に、タイ政府も国の
保健医療支出を 15％削減します。なかでも当時成功をしはじめていた HIV/
エイズ対策資金が 4 分の 1 となったことで、エイズ患者が再度増加し、1997
年のエイズ孤児が 1 万 5400 人であったのに対し、2001 年には 2 万 3400 人
となりました。感染症全体についても通貨危機まではタイ政府は成功を収め
てきていましたが、1998 年からは感染症死亡率が再度上昇します。

　これらの国と真逆の経済政策を進めたのがマレーシアでした。経済対策と
してマレーシア・リンギットへの投機規制、対ドルレートの固定、投資家の
動きの規制を行うことに加えて、福祉政策として、食糧費補助政策を強化し
ました。この結果、1998 年には平均所得は低下したものの、1999 年には回
復しました。つまり、マクロ経済の悪化自体が健康に悪影響を及ぼすこと、
それに加えて、ガバナンスや対策のための経済政策、社会政策、公共政策が
人々の健康に影響を与えることがこれらの経験からも明らかです。

　なお、より近年では、この環境要因の中に、建造環境やソーシャル・キャ
ピタルや人とのつながりが含まれるということも研究蓄積から明らかとなっ
てきたことで、健康に関する政策も変わってきました。次節の 3.1 において、
この建造環境を含むまちづくりによる健康の公共経営について、そして、3.2
においてソーシャル・キャピタルや人とのつながりに着目した公共経営につ
いて紹介していきます。

3　近年の健康政策──健康格差対策

　日本は、第 2 次世界大戦での敗戦を経験したにも関わらず 1986 年に男性 75.32 歳、女性 80.93 歳という世界一位の平均寿命となりました。この日本の成果は当時の経済成長と並んで日本のミラクルとも呼ばれています。それは経済発展、国民皆保険制度の達成、そして学術的エビデンスに基づいて、生活習慣を正すことへの政府の強い規制によるものだといわれています（Shirai & Tsushita 2024）。ただ、これらは戦前からの日本の歴史や蓄積してきた人的資本、文化的要素も影響していると考えられます。たとえば、先述のヘルスプロモーションの条件のいくつかの点で日本は戦前も先進的であったということです。たとえば、「平和」の観点からいえば、日本は 260 年にもわたる国家レベルの大きな争いのない江戸時代がありました。また居住環境や食料、持続可能な資源については、稲作中心の営みの中で、し尿や生ごみといった有機物が農村で肥料として土に還るという食料確保や持続可能な資源の供給となる循環システムが根付いており、非常に衛生的であったといわれています。実際、当時のヨーロッパの都市では、し尿の処理に有効な手段がとれずペストやコレラといった伝染病が蔓延していましたが、日本では伝染病の発生も比較的少なかったことがわかっています（環境省 2008）。教育に関しては、日本は江戸時代から自然発生的に出現したといわれる寺小屋があり、論語と算盤を学ぶことができていました。また、寺小屋の特徴は、身分に関わらず勉強をできる場所であったということです。それは、社会的公正を担保するものであり、明治維新の頃には男児の 40％、女児の 10％が家庭外で何らかの教育を受けていたと推計されています。また、明治 16 年に行われた調査によると、全国で 15,514 校の寺子屋があり、そこでの教師には、武士（中・下級武士、浪人）、僧侶、神官、医師だけでなく、商人、上層農民等もおり、特に都市部では平民、そして女師匠もかなり見られたといわれています（ドーア 1970）。また、収入の観点から見てみると、住民同士の助け合いによるインフォーマルな社会保障も古くから根付いていました。奈良・平安朝時代には凶作の年に農作物を窮民に分け与える制度としてとらえ

られる「義倉」、室町時代以降は、回転型貯蓄信用講である「無尽」「頼母子講」等が存在していたことがわかっており、有事の際には講のメンバーが積み立てた金穀を特定のメンバーに貸付けるなど、収入や食料の安定を支えるお互いに助け合う仕組みがありました（小島 2015）。

　上記のような日本の優れた文化的要素を背景として、健康状態については先進的であった日本ですが、国としての目標設定やそれに対する一連の政策のはじまりは、1978 年の「国民健康づくり対策」の制定です。以降おおむね 10 年毎に改定され、現在は第 4 次にあたります。この取り組みの中で公共経営という観点から最も大きな変化は、2000 年から始まった「21 世紀における国民健康づくり運動」（通称「健康日本 21」）において、マネジメントの視点である PDCA サイクルが盛り込まれたことです。具体的には、栄養・食生活、身体活動・運動、休養・こころの健康づくり、たばこ、アルコール、歯の健康、糖尿病、循環器病、がん、の 9 項目について、数値目標が設定され、自治体それぞれで進捗をモニタリング・管理していきました。

　そして、健康日本 21（第 1 次）終了時に明らかとなった新たな課題は、健康日本 21（第 2 次）に反映されました。その中には、「目指す姿の明確化と目標達成へのインセンティブを与える仕組みづくり」、「民間企業などを巻き込んだ強力な広報戦略」なども含まれており、より一層の経営の視点が盛り込まれました。この健康日本 21（第 2 次）ではまた、国民の健康づくりの最終目標として、健康格差の縮小、社会環境の改善が明記され、評価指標としても、健康寿命の延伸と健康格差の縮小、健康を支え守るための社会環境の整備、栄養・食生活、身体活動・運動、休養、飲酒、喫煙、歯・口腔の健康に関する生活習慣の改善及び社会環境の改善を用いるなど、「社会環境」が強調されるようになりました（厚生労働省 2012）。

　その後、健康日本 21（第 2 次）終了時には、検討すべき課題として、「自治体が健康づくり施策を効果的に進めるための方策・データを利活用してより効果的に住民の行動変容を促すための方策」や、「社会環境整備等を通じ、健康に関心が薄い者を含めた健康づくり施策を更に進めていくための方策」（厚生労働省 2023）などが挙げられており、さらに効率的で効果的な経営の

推進が求められてきています。これを受けて 2024 年から始まった健康日本21 (第 3 次) においては、新たな視点として、①女性の健康を明記 ②自然に健康になれる環境づくり ③他計画や施策との連携も含む目標設定 ④アクションプランの提示 ⑤個人の健康情報の見える化・利活用について記載を具体化 の五つが挙げられました (厚生労働省 2024)。このうち、①については今までの健康づくりについて性差に着目した取り組みが少なく、女性特有の健康課題を取り上げてこなかったことを反省点として取り入れられたもので、保健医療としての側面が強く、健康づくりの対象 (WHO) を定めたものですが、その他②〜⑤については、どのように人々の健康づくりを行っていくか (HOW)、すなわちどのように健康づくりを経営していくかに主眼を置いているといえるでしょう。

3.1 新たな健康の経営方法：自然に健康になれる環境としての まちづくり

自然に健康になれる環境づくりの重要性については、1986 年のオタワ憲章でも指摘されており、また、2008 年 WHO 健康の社会的決定要因に関する委員会による報告書でも強調されています。実は、2014 年に、国土交通省が厚生労働省に先駆けてこの取り組みを開始し「健康・医療・福祉のまちづくり推進ガイドライン」を策定していました (国土交通省 2014)。そして、2023 年には、国土交通省都市局より、多くの市民がより自立的に、また必要な場合には地域の支援を得て、より活動的に暮らせる、まちづくりに必要な「5 つの取組」を以下のように整理しています。

---

① 社会参加（外出）できる場づくり（賑わいづくり）
② 自助を強める施策（インセンティブとリテラシー）
③ 快適な歩行空間整備
④ 過度な車依存から脱却を支援できる公共交通の再整備
⑤ まちの集約化（コンパクト＆ネットワーク）

まちづくりに必要な「5 つの取組」

出典：国土交通省都市局ほか（2023）

表 1 健康まちづくりの事例

都市名	事例名	実施主体	対象区域	対象者	どうやって健康に？	経営の視点
茨城県 常陸大宮市	医療法人による地域密着まちづくり	医療法人博仁会志村大宮病院、フロイデDANまちづくり推進室、グループ内法人会社	常陸大宮駅前周辺	市民	市内92地区に多世代プラットフォーム「くるみ小さな拠点」を構築し、人の交流を促す。買い物支援の拠点や子どもが集まる場、高齢者の見守りといった多世代への支援サービス展開、中心市街地の活性化とウォーキング道路の整備により人々が歩き健康に。	【事業モデル】医療法人事業収益：実施主体は、福祉分野まで幅広く事業を手掛けており、収益が出ている事業から赤字分を補填。産官学民連携：行政・茨城大学・地元住民との連携。
群馬県 前橋市	産官学連携によるCCRC：ココルンサークルまえばし（注1）	前橋市都市計画部市街地整備課、千葉大学予防医学センター・サークルまえばし（民間企業が組織するまちづくり団体）	前橋日赤病院跡地	市民（認知症の人やその家族）	コミュニティ活性化と場づくりとして、ハード面（多世代型賃貸住宅）・ソフト面（公園や、高齢者施設、福祉作業所を一つのコミュニティを設立、及び交流会を中心に配置）の整備、及び交流会やイベントなどのソフト面での事業の実施により、生きがいを持って暮らせるよう。活動量計による身体状況の把握と市民へのフィードバックも実施。	【事業モデル】ビジネス化：前橋市が市民間事業者を募り、ランニングコストは企業側が負担。【連携体制】産官学民連携：社会福祉法人、小売事業者、不動産事業者等多岐にわたる分野の事業者が参画。福祉事業等の事業化に市内福祉部局が協力。前橋工科大学・群馬福祉大学が健康測定とフレイル予防体操、地元自治体との連携防災イベント実施。
千葉県 松戸市	都市型介護予防モデル「松戸プロジェクト」	松戸市福祉長寿部、千葉大学予防医学センター（日本老年学的研究評価（JAGES））、地域	松戸市城、河原塚地域・小金原地区（グリーンスローモビリティ）	高齢者	通いの場などの住民主体の介護予防に資する活動拠点の整備により、高齢者の活躍の場づくり。通いの場では運動習慣作りを実施。また、グリーンスローモビリティの導入により高齢者の日常行動範囲を広げる社会参加を促し健康に。	【事業モデル】行政補助金：通いの場に対し、3年間は松戸市による運営費補助。将来的には自主的な財源を確保し、自立した組織として運営できる仕組みづくりを実施。【連携体制】産学連携：松戸市と千葉大学予防医学センターの共同研究プロジェクトとして、個別施策・事業の効果検証やエビデンスに基づく施策（EBPM）を市の福祉部が推進。
東京都 大手町・丸の内・有楽町	エリアマネジメントによるエリアマネジ	NPO法人大丸有エリアマネジ	大手町・丸の内・有楽町エ	大丸有地区のオ	公共空間における丸の内ラジオ体操や大手町・丸の内・有楽町仲通り綱引き大	【事業モデル】ビジネス化：三菱地所やパナソニックホールディ

3　近年の健康政策──健康格差対策

地域	取組	主体	エリア	対象	取組内容	詳細・連携体制
丸の内・有楽町エリア	健康まちづくり	メンバー協会	エリア	フィットワーカー	会等、コミュニティ醸成、道路の賑わい創りをとおして、同エリアの社会的健康を含めた健康を促進。	ソグス、NTTデータなどが主催（注2）。 【連携体制】 公民協調：千代田区、東京都、JR東日本にまって組織された「大手町・丸の内・有楽町地区まちづくり懇談会」のガイドラインをもとに、三菱地所を中心に複数の民間企業、一般社団法人、地域協力会などが連携。
富山県富山市	歩くライフスタイル戦略	富山市（注3）	富山市域全域（中心市街地・公共交通沿線の市街地・都市近郊の市街地・郊外地域）	市民	コンパクトまちづくりと連動し、歩く快適性を向上させ、歩くことがライフスタイルの一部となるきっかけづくりを行い市民の健康を健康に。	【事業モデル】 行政主導＆ビジネス化：市民にインセンティブを提供する健康増進事業や、民間活力を利用した健康増進の拠点の整備などを推進。 【連携体制】 官民連携：全庁的に推進する部局横断型の事業に位置付け、複数の施策を担当。地元の企業やプロサッカーチーム（カターレ富山）などとのパートナーシップによる普及啓発や、他にも民間事業者との健康教室や、民間企業による市民の健康増進の拠点の運営。
長野県伊那市	民有林を活用した健康づくり：上牧里山づくり	上牧里山づくり（住民組織）	長野県伊那市上牧地区	地域住民	フットバスを通じて、地域住民に安心感を与え、利用者を健康に。また、民有林内にあずまやビザ棟、足湯を整備してコミュニティを醸成。	【事業モデル】 行政補助金：林野庁や長野県の補助制度の活用。 ・長野県地域発元気づくり事業（平成24-25年度） ・林野庁・森林・山村多面的機能発揮対策交付金事業（平成25-30年度） ・環境省・里地里山等地域のシンボルと共生した先導的な低炭素地域づくりのための事業化計画（信州大学） ・長野県・FS調査委託業務（平成26年度） ・長野県・県民協働里山整備利用事業等（令和元～3年度） ・伊那市・松枯損木処理事業（継続中） 【連携体制】 官学連携：林野庁、長野県、信州大学との連携。

県・市	事業名	実施主体	エリア	対象	内容	事業モデル・連携
岐阜県岐阜市	誰もが心も体も健康で幸せになれる「健幸都市ぎふ」	岐阜市健康増進課、交通政策課、都市計画課	岐阜市内	市民	誰もが気軽に出かけられる移動手段の確保、バスの運転業務の自動化MaaSの導入によって、人々の交流を促進。また、ヘルスツーリズムなどの創出と継続的アップデートなどを通じて、「歩いて出かけられるまち」、「思わず歩きたくなるまち」、「健康寿命が延びるまちづくりを通して市民を健康に。	信州大学は、健康に及ぼす影響を科学的に検証。 【事業モデル】 行政補助金：内閣府・国土交通省の補助制度活用。 ・ウォルト健康ウォーキング：地方創生推進交付金（内閣府） ・スマートシティぎふ推進事業（国土交通省） ・スマートシティぎふ推進プロジェクト：スマートシティ実証調査事業（国土交通省） ・スマートウェルネス：社会資本整備総合交付金（国土交通省）など 【連携体制】 産官学連携：全庁体制を構築するほか、病院、大学、医師会、商工会議所、観光関連機関等の横断的な組織で推進。加えて、岐阜市、名古屋大学、岐阜大学、ソフトバンク(株)、(株)日本アウォル研究所他10社の産官学が構成員として参加。
愛知県長久手市	地域の健康問題を未然に防ぐ「まちの保健室」	長久手市地域共生推進課	長久手市全域	市民	病院に行くまでもない症状の時に、身近な地域の専門家に相談できる環境を構築することで、市民の未病化を進め、健康に。	【事業モデル】 行政補助金：国の補助制度の活用。 ・厚生労働省の重層的支援体制整備事業（令和5年度） ・国土交通省の都市再生整備計画事業の交付金（4施設のうち1施設で適用、平成元年度） ・将来構想：社会福祉法人の地域貢献、または企業の地域貢献の一環としてまちの保健室を運営するビジネススキーム 【連携体制】 官民連携：社会福祉法人との連携。特に、地域人材の活用（コミュニティナースは、現在就業していない看護職等の地域に眠る技能人材活用）。
愛知県長久手市	多世代が交流する生活空間を創り：ゴジカラ村	社会福祉法人愛知たいようの杜、学校法人吉田学園、ゴジカラ村	愛知県長久手市根嶽1201	地域住民	高齢者、子ども、若者（保健師・看護師の専門学校生）等の多様な世代が共存する「ごっちゃ混ぜ」の生活空間づくりをし、多様な世代の人々が助け合う	【ビジネスモデル】 ビジネス文化：高齢者の介護施設、幼稚園、保健看護の専門学校の施設は、全て各主体（社会福祉法人、学校法人、株式会社）が、事業として運営。

3　近年の健康政策——健康格差対策

自治体	事業名	主体	対象地域	対象	内容	連携体制・事業モデル
		ら村役場株式会社（以上は同一オーナー）			うこと、で生きがいを感じられるようになる。	【連携体制】産民連携：社会福祉法人、学校法人、株式会社が連携し、地域住民同士が連携して生活空間を作っている（介護施設の居住高齢者が世話、園児の母親が、子どもだけでなく、施設で生活する高齢者の食事も準備、専門学校生、ボランティアや実習で高齢者を世話、退職高齢者が、「ゴミ拾い村」の施設の修繕や運営管理を支援）。
大阪府泉大津市	アビリティタウン構想（市民会館等跡地活用事業）	泉大津市都市政策部都市づくり政策課、健康こども部、保険福祉部、教育部、市長公室秘書広報課成長戦略	泉大津市域、市民会館、都市計画等跡地、都市計画道路泉大津駅前通り起線	市民	日常の遊びや生活の中であしゆびを鍛える「あしゆび運動」を市民運動として推進。「あしゆびプロジェクト」をきっかけに、市民が主体的に健康づくりに取り組めるプログラムや活動を官民連携・市民共創で推進することで、市民の健康増進。	【事業モデル】ビジネス化：民間企業と包括連携に関する協定やパートナーを組み、伝統医学など予防未病領域に特化した製品開発を行い、行政がPRして横展開を計画。【連携体制】庁内：健康こども部、保健福祉部、教育部、都市政策部都市づくり政策課、市長公室秘書広報課成長戦略の連携。官学民連携：大学や医療機関と連携し健康増進につながるサービスや活動を実証研究。
大阪府河内長野市	コミュニティバスによる健康まちづくり	南花台の「クルクル」(運行主体：河内長野市)、楠ケ丘の「くすまる」(実施主体：地域住民、行政、交通事業者)（注4）	河内長野市南花台地区、及び花台地区、及び楠ケ丘地区	地域住民	持続可能な地域交通の実装により、自動車にも頼る高齢者の外出機会の創出、地域コミュニティ・地域活動の創出をし、住民を健康に。まちづくりの担い手の創出、地域コミュニティ・地域活動の創出をし、住民を健康に。	【事業モデル】行政補助金：・リーンワン：環境省「IoT技術等を活用したグリーンスローモビリティの効果的導入実証事業」内閣府「地方創生推進交付金」大阪府「スマートシティ戦略推進補助金」・「くすまる」：市からの運行費負担金（運行経費から運行収入を引いた額）【連携体制】庁内：政策企画課、都市計画課、地域福祉高齢課の3部署が連携。官学民連携：社会福祉協議会のボランティアの運営によって「クルクル」は、ボランティアが車両を運転。「くすまる」は、自治会内に住民による

235

						「公共交通対策委員会」を設置。 ・近畿大学、和歌山高専等との連携による医療費削減の効果検証。
大阪府大阪市住之江区	北加賀屋「みんなのうえん」:グッドラック	一般社団法人グッドラック	大阪府大阪市住之江区北加賀屋	地域住民	地域の遊休不動産である住宅地内の空地等のグリーンインフラを活用しながら、地域のコミュニティの維持や住民の健康増進を図る。	【事業モデル】 行政補助金：イニシャルコストでは行政の補助金等の支援も得ながら、ランニングにおいてはメンバー、会員制度による収支が回る仕組みの構築を目指す。 【連携体制】 官民連携：運営主体である一般社団法人グッドラックを中心に、みんなのうえんの利用の中心であるメンバーを中心に、会員制度や周辺住民等も利用料を支払える（非利用者が利用可能である）等幅広く運営。
大阪府吹田市	北大阪健康医療都市（健都）	吹田市、摂津市、国立循環器病研究センター（国循）、大阪府、健都共創推進機構、他	吹田操車場跡地（吹田市、摂津市）	地域住民	健都において、国循を中心としたオープンイノベーション拠点の形成、駅前商業施設、健都レールサイド公園など市民が集う場を整備し、実証フィールドとすることで、「イノベーションによるヘルスケア産業創出」と「新たなライフスタイル創造」の好循環を生み出すまちづくりを目指す。	【事業モデル】 行政＆ビジネス化：健都を実証フィールドとして、企業・研究機関が開発した新製品・サービスを市民が試し、意見等のフィードバックを行う「健都ヘルスサポーター制度」を活用した「地域実証事業」を推進。 【連携体制】 産官学民連携：健都共創フォーラム（行政、企業、研究機関、病院）にて、新たな健康・医療関連の製品・サービスを生み出し、社会実装に繋げるための取り組みを推進。
熊本県荒尾市	さりげないセンシングによるスマートヘルスケア	あらおスマートシティ推進協議会（荒尾市、㈱JTB総合研究所、NECソリューションイノベータ㈱、COI東北拠点、他）	あらお海陽スマートタウン（旧荒尾競馬場跡地）、荒尾市域全域	市民	民間企業と連携したデジタルヘルスケアサービスを導入し「医療・介護給付費の抑制」「誰もがつながりを持てる健康でいきいきとした暮らしをつくる」「健康寿命の延伸」が目指されている。	【事業モデル】 センター・オブ・イノベーション（COI）プログラム＆ビジネス化：スマートシティ関連事業は実証実験時に、健康的な生活習慣への行動変容の寄与度や事業成立可能性について検証し、高齢化により医療・介護費が増加するという共通の課題を抱える他地域への横展開を検討。 【連携体制】

3　近年の健康政策──健康格差対策

（東北大学、㈱NTTドコモ、NTTコミュニケーションズ、㈱ITID 他）	産官学連携：あらおスマートシティ推進協議会ヘルスケア部会では、荒尾市スマートシティ推進室とNECソリューションイノベータを中心にリニューションの企画・実装を進。実装を検討時は、JTB総合研究所、COI東北拠点東北大学、ITIDなどが連携。

(注1) CCRCとは、高齢者が健康なうちに入居し、終身で過ごすことが可能な生活共同体 Continuing Care Retirement Community の略。
(注2) https://www.mlit.go.jp/scpf/archives/docs/townmanagement_4th_11_daimaruyu.pdf
(注3) 富山市では、以下の課の連携によって実施：活力都市創造部まちづくり推進課・都市計画課・交通政策課、建設部建設政策課・公園緑地課、こども家庭部こども支援課、企画管理部企画調整課、市民生活部市民生活相談課・スポーツ健康課・生涯学習課、教育委員会教育総務課、財務部財政課、商工労働部商業労政課、上下水道局経営管理課、福祉保健部福祉政策課・長寿福祉課・保健所地域健康課、農林水産部農政企画課、病院事業局管理部経営管理課他
(注4) https://www.cas.go.jp/jp/seisaku/digitaldenen/menubook/2022_summer/0088.html, http://nankadai.com/community

第11章　健康の公共経済

この取組をだれがどのように推進していくのかが重要なわけですが、国土交通省都市局ほか（2023年）は『健康まちづくりの事例集』として、18の事例を取り上げて紹介しています。表1は、それを公共経営の視点からまとめなおしたものです。

　まず、どうやって人を健康にしていくか、に着目してみると、上記の①〜⑤が盛り込まれていることがわかります（表内「どうやって健康に？」列の太字参照）。そして、前節であげていた人々を健康にする「建造環境」の整備がされてきています。たとえば、ウォーキング道路やフットパスの整備や、コンパクトまちづくりによる歩くライフスタイルの創出、多世代が自然と交流できる建造物の配置（ゴジカラ村）、コミュニティ農園の整備、公園の整備などです。また、場をつくることによって人と交流し、生きがいを感じることによって健康を促進する、という身体の健康だけでなく、こころの豊かさ・健康に着目した取り組みも見られます。

　次に、経営の視点でのこれらの事業を確認してみると、特徴的なのは、取り組みの実施主体（サービス提供者）は、国や自治体（官）のみではなく、企業（産）であったり、非営利団体や市民（民）（NPO法人、社会福祉法人、医療法人など）であったりしており、またそれらが連携しあって進めているということです。なお、連携先としては、産官民だけでなく学（大学・研究期間など）も加わります。

　たとえば、茨城県常陸大宮市においては、非営利団体である医療法人が主体となって、行政、茨城大学、地元住民と連携をして地域密着まちづくりを推進しています（産官学民連携）。同様に、群馬県前橋市の事例も産官学連携であり、前橋日赤病院跡地にコミュニティをつくるにあたり、民間業者の募集を前橋市が行い、その後は民間企業が中心となって、健康イベントを実施したり、地域のつながり強化・多世代交流を行うベーカリーカフェを建設したりするなどビジネスと一体となってまちづくりを進めています。そして、前橋工科大学、群馬医療福祉大学が連携した健康測定とフレイル予防体操の実施や、地元自治体との連携による防災イベントも実施されています。大阪市吹田市では、より大規模に取り組んでおり、まち全体を実証フィール

ドとし、人々の健康増進と、新たなヘルス産業の創出を同時に行っています。つまり、産業界、学術界も中心的存在となっています。

産官学、官学民、官民、官学連携の事例もあり、また、産業界と民間の連携として愛知県長久手市のように、健康になれるまちを産業界と民間でつくろうという取り組みも出てきています。この長久手市を例にとると、高齢者介護施設、幼稚園、保健看護の専門学校の施設の運営は、産業界によるものです。そして、大阪府河内長野市においては、コミュニティバスによる健康まちづくりを行っていますが、このコミュニティバスは住民のボランティアの運営によって成り立っています。官学連携の事例としては、千葉県松戸市、長野県伊那市での取り組みがあり、このような場合、大学は健康へのインパクトの評価者として加わっています。

上記のように多様なステークホルダーによる健康づくりが進められていることがわかります。みなさんの周囲を見渡してみるといかがでしょうか。気が付いたらフットパスが整備されていた、階段にはふと歩きたくなるような仕掛けがされていた、コンビニには、野菜やたんぱく質、減塩を意識した商品が以前より多く並んでいたりするということはないでしょうか。少なくとも筆者が物心ついた時期には、建造物による人が歩く仕掛け、スーパーやコンビニでの食品でもより健康なものをつい選んでしまうしかけはなく、この数十年の大きな変化を感じます。みなさんも、健康の経営という視点で周りを見渡して見てください。ありとあらゆるところに（実は政府の政策に基づく）さりげない健康への後押しが隠れているかもしれません。

3.2 ソーシャル・キャピタル・人とのつながりと健康

さて、近年の公衆衛生上の最も大きな発見のひとつといっても過言ではないのが、人との関係性の中で生まれる資本である信頼・互酬性の規範・ネットワークといったソーシャル・キャピタル（社会関係資本）が健康に影響を与えるということです。そこには、健康に影響する①社会的伝播　②インフォーマルな社会統制　③集合的効力　の三つのメカニズムがあるといわれています。社会的伝播とは習慣や行動が同一コミュニティにおいて伝播する

ため、人とのつながりが緊密であればあるほど似通った健康行動をとるというものです。そして、社会統制によって人々はコミュニティ内の他者とは異なる行動は取りにくく、またつながりが強ければ強いほど災害発生時などに助け合いが行われ、生存確率が高まります。たとえば、喫煙など、生物学上はその嗜好について大きな差はないかもしれませんが、生まれた環境として周囲の人に喫煙者が多ければ喫煙者となる可能性が高まり、一方で身近に喫煙者がおらず、また喫煙できる場所が限られていたり、喫煙者がマイノリティであるような場合には、喫煙しない可能性が高まります。なお、ソーシャル・キャピタルは、その負の側面も報告されており、それは、①部外者の排除　②メンバーへの過度の要求　③メンバーの自由の制約　④規範の平準化　のためによって起こるといわれています（バークマン・カワチ・グリモール 2017）。たとえばコロナ禍において話題となったマスク警察に見られる同調圧力が典型的な例といえるでしょう。

　では、この「ソーシャル・キャピタル」や「人と人とのつながり」を生み出すことで人々の健康状態を良くするために公共経営はどのように関わっているのでしょうか。まず、ソーシャル・キャピタルを通じて健康を促進するための公共経営について見てみます。日本において、この分野で多くのエビデンスを提供し、それをもとに有効なソーシャル・キャピタルを醸成することを先導してきたのは、日本老年学的評価研究機構（JAGES）といえるでしょう。JAGES は、全国 40 の自治体と共同し、エビデンスに基づいて、地域での介護予防を住民主体で進めています。具体的には、高齢者の徒歩圏内に通いの場をつくり、その通いの場が外出目的となること、その場で趣味や運動をする機会を得られること、支え合い、居場所、役割を提供することを通じてソーシャル・キャピタルを醸成し、要介護や死亡率を低下させています。なお、この取り組みの詳細は、近藤（2019、2022）などに記されており、マネジメントの視点がふんだんに盛り込まれています。また平井・武田・近藤（2024）には「武豊プロジェクト」と呼ばれる 2006 年に開始したまちづくりによる介護予防について、その開始から効果の評価に至るまで人材やコストのマネジメントを含めた詳細な記録を報告していますので、みなさんには読

3　近年の健康政策——健康格差対策

んでいただくことをお勧めします。

　さて、より近年では、「人とのつながり」そのものの重要性も明らかになってきました。2010 年に Holt-Lunstad et al. によって発表された論文によると、人とのつながりが、喫煙や飲酒、運動や肥満よりも寿命に大きな影響を与えることが示されました。特に、孤独であるということは、1 日タバコ 15 本分と同等の悪影響を及ぼすという Office of Surgeon General（2023）の報告は世界に衝撃を与え、WHO は 2023 年に「孤独は差し迫った健康上の脅威」であると宣言し、社会的つながりを優先事項として世界規模で促進する必要があるとして「社会的つながりに関する委員会」を発足させました。日本においても、コロナ禍における孤立・孤独問題と相まって、それまで潜在的に存在していたこの大きな課題が顕在化し、2021 年の内閣官房に孤独・孤立対策担当室が設置されました。そして、2024 年 4 月には、孤独・孤立対策推進法が交付され、現在は孤独・孤立対策に取り組む市民団体等への予算措置が行われています。加えて、具体的な健康促進のための孤立・孤独対策として「社会的処方」を国が推進しています。この社会的処方とは、簡単にいうと患者に薬を処方するのではなく、つながりを処方するというもので、以下の三つの基礎理念に基づく活動です。

「人間中心性」：その人に合ったつなぎ先をみつけること
「エンパワメント」：その人の持つ力を引き出すこと
「共創」：その方に合う社会資源が地域コミュニティになくても、一緒に創っていこうという考えで動くこと

社会的処方の三つの基礎理念

この仕組みはイギリスにおいて始まったものであり、医療保険制度である国民保健サービス（NHS）の一環で実施され、患者が家庭医を訪れた際に、医師がつながりの処方が必要と判断した場合には、リンクワーカーと呼ばれるコーディネーターにつなげます。このリンクワーカーは、その患者を全人的にアセスメントし、その人のニーズや得意なもの、好きなことなどを総合し

て地域の社会資源につなげるというものです。この「つながり」には、ランニングクラブのようなつながりを介して健康状態を向上させることが想像できるようなものだけでなく、文化サークルや、ボランティアサークルなど地域にあるさまざまなつながりや、法律相談、経済援助、就労援助といった社会支援を含みます（Wilson & Booth 2015; Mackenzie & Barnacle 2017）。その効果として、人々が孤立・孤独ではなくなり、不安や抑うつが減少したことといったものに加えて、救急外来患者の減少（13〜17%）、患者の予期せぬ入院頻度の減少（6〜17%）、二次医療を受ける頻度の減少（40%）が確認されています。そして、4年間の社会的処方プログラムによる医療費削減への効果は日本円に換算して約1億円であったと報告されています（Dayson & Bashir 2014）。

　現在、日本においては、社会的処方は厚生労働省の事業の一つとしていくつかの自治体で導入されているところであり、イギリスのような医療制度の一部にはなっていません（厚生労働省 保険局医療介護連携政策課 2021）。しかし、草の根レベルでの活動が拡がってきています。なお、イギリスでは、医師が患者をリンクワーカーにつなげ、そのリンクワーカーがさまざまな地域資源につなげるというのが主なかたちですが、日本においてはこのような組織だったものやフォーマルな「リンクワーカー」を設置しているわけではなく、「地域資源につなぐ」ことを中心に添えたさまざまな形での活動が多くみられます。たとえば、新宿区の都営住宅「戸山ハイツ」の商店街の一角からはじまった「暮らしの保健室」（https://kuraho.jp/）があります。2011年に看護師の秋山正子さんによって開設された、病院に行くほどではないけれど気になることがある、とか、相談ではなくて話したい時があるといったニーズに応える予約不要で無料の誰もが利用可能な地域の保健室です。この場所は主に6つの機能を持っていますが、特徴的なのは、「相談窓口」「安心できる場」を提供するだけでなく、利用者からボランティアになれる「育成の場」も設けていたり、「市民との学びの場」として在宅医療や病気の予防についての市民向け講座や専門職向けの勉強会の開催、世代を超えたつながりをつくる「交流の場」の機能、そして、医療や介護・福祉の「連携の場」

を持っていたりすることです。そして、この取り組みは現在、日本全国に広がり日本全国 15 か所に設置されています（その他のさまざまな取り組みについては、西・森・藤岡（2020）など参照）。

また、人とのつながりの構築は、国家レベルでの研究開発となるほどにその重要性の認識が高まっています。たとえば、国立研究開発法人科学技術振興機構・社会技術研究開発センターの「SDGs の達成に向けた共創的研究開発プログラム（社会的孤立・孤独の予防と多様な社会的ネットワークの構築）」がその代表的なものです（https://www.jst.go.jp/ristex/koritsu/projects/）。このプログラムによって推進されている研究開発を見てみると、医学だけではなく、社会学、経済学、政治学、工学、心理学といったさまざまな研究者が参画しています。そして、将来の公衆衛生の経営の一端を担っていくであろうと予想される研究開発として、現実空間、仮想空間を融合させたさまざまな方法で人々の孤立・孤独を防止することを試みています。たとえば、国立がん研究センター主導の「フィジカル空間とサイバー空間を融合させたネットワーク介入によってがん患者の孤立・孤独を予防する」といったもの、名古屋大学工学部主導の「サービス・モビリティと多形態コミュニティの繋がりによる社会的孤立・孤独の予防」といった現実空間及び仮想空間に接することのできるサービス・モビリティも同時に開発するものなどがあります。この、仮想空間の活用はまさに今進んでいる新しい公衆衛生の公共経営の形の模索といえるでしょう。

社会的処方を含め、孤立・孤独対策は始まったばかりですが、人々の健康に与える影響を鑑みると、今後より一層重要となってくる健康の公共経営の一つであると考えられます。

3.3　EBPM と PDCA サイクル

冒頭にお伝えしたように、時代の変化が激しい近年において、健康における公共経営に 100% 正しいといえるノウハウはなく、その時々に人々がおかれた状況やその背景、文脈を考慮し最善と思われる方法を実行していくことが重要です。状況は変わっていくわけですが、いつどんな時代においても変

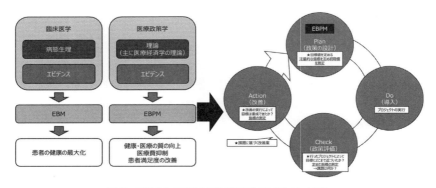

図2　EBMとEBPMの比較及びPDCAサイクル
出典：津川 2020を参考に筆者作成

わらず使用できる二つのツールがあります。それは、「EBPM（Evidence Based Policy Making：エビデンスに基づいた政策立案）」と「PDCAサイクルの実施」です。

　EBPMとは、政策が目的を達成するために、政策をストーリーベースではなく、エビデンスに基づいて立案するべきである、という考え方です。1990年以降に国際的に広まってきた考えであり、日本においては2010年代からその必要性の議論が本格化しました。このEBPMは実は医療におけるEBM（Evidence Based Medicine：エビデンスに基づく医療）がその起源といわれています。EBMとは、患者への医療行為の意思決定において、その時点で得られる最善の科学的根拠を利用しようという医療の在り方ですが、先に見てきたように、人々の健康状態は医療にかかる前までにさまざまな社会的な影響を受けており、健康の経営にはEBMだけでなくEBPMが必要です。健康経営におけるEBPMは、医療経済学の理論と疫学のエビデンスを組み合わせ、適切な政策を実施することによって、医療の質の向上や医療費の適正化を目指し、人々の健康を促進しています。

　ただし、政策は立案段階で完璧なものであるということはまずありえません。そこで、重要となってくるのがPDCAサイクルを回すことです。PDCAサイクルとは、Plan（計画）→ Do（導入）→ Check（評価）→ Action（改善）

を繰り返すことで、業務や政策を改善していきます。実際に、近年の日本でも、このPDCAサイクルに沿って保健事業を行っています。たとえば、北海道陸別町では、平成20年当初に30.8％であった特定健診受診率を70％超にまで増加させることを目標値（Key Performance Indicator：KPI）として、「未受診者に対する個別訪問による受診勧奨、健診受診者に対する結果説明会の実施、胃・肺・大腸がん・肝炎検診との同時実施」（Do）を行い、22年度に評価（Check）したところ、受診率は10.2％増加したもののKPIには届いていませんでした。そして、その要因を分析したところ、事務的な説明や未受診を責めるような言い方だけでは受診率は伸びないこと、一方で、受診の大切さを伝えたり、健康への気遣いを見せることが受診につながることがわかり、それらを次のアクションプランに盛り込みました（Action）。また、健診受診時に結果説明会まで予約してもらうことによって、結果説明会の際に有意義なフィードバックをし、その満足度を次の健診受診へとつなげるということも行いました。その後、これらの改善を反映して更なる受診勧奨を実施したところ（Plan & Do）、Checkでは、受診率は増加したことがわかりました。しかし、新規受診者数が頭打ちとなっていることが次の課題として浮かび上がってきたため、次へのアクションとして、受診料の無料化、頻繁に受診する医療機関での個別健診を可能とするといったことを行いました（Action）。そして、このことによってさらに受診率が向上したといいます（みずほ情報総研株式会社 2020）。

4　今後の健康の公共経営

　本章では、健康の公共経営として、歴史的な「健康」概念の変化とそれにともなう日本の取り組みを見てきました。一連の流れを俯瞰してみると、政府が人々の健康を「マネジメント（管理）」するという考え方から、公共が健康を「プロモーション（推進）」すると変化し、そして、より近年では、健康、すなわち人々がより生きたい人生をより良く生きることを、その環境を整えることで、社会全体で「プロデュース（産出）」する、または「クリエイト（創造）」するという側面が強くなってきているといえるでしょう。

今後の健康の公共経営はどうなっていくのでしょうか。健康概念の変遷に
おいてより近年にも動きがありました。それは、オランダのマフトルド・
フーバー博士が提唱したポジティヴ・ヘルス（Positive Health）という概念で
す。これは、健康を「社会的・身体的・感情的課題に直面した際に適応し、
自ら管理する能力」と考えるものであり、WHO による健康の概念の「完全
に良好な状態」とは異なります。健康を害した際にもそれをつかさどること
ができる能力であり、その中でより良き生を楽しめる力といえるでしょう。
日本においては、まだ健康の公共経営に反映されていない考え方ではありま
すが、公衆衛生学の教科書『公衆衛生がみえる 2024-2025』（医療情報科学研
究所 2024）にも明記されており、今後は日本の政策にも取り入れられてい
くでしょう。

　実際の経営の手法のうち、本章では取り上げていないものとして近年の発
達が目まぐるしいデジタル化・遠隔診療の発展や、Personal Health Record
（PHR）の推進、アプリケーションの開発があります。これらは、特にコロ
ナ禍での非対面・非接触の必要性によって大きく進展してきました。また、
先に示した仮想空間の活用による孤立・孤独防止の取り組みも、コロナ禍で
加速した研究開発です。これらは、今後の健康の公共経営を大きく変えてい
くことでしょう。

　また、行動科学・マーケティングの手法を応用した新たな健康づくりの戦
略も立てられてきています。これは、健康増進法において、人々は健康増進
につとめなくてはならないと明示されたものの、人はそこまで健康のために
正しいことばかりをするわけではなく、健康に無関心な場合や、やりたくて
もできないさまざまな理由があることがエビデンスとして示されてきたこと
によります。そして、その健康行動をしない・できない壁の一端は認知バイ
アスを活用して思わず健康になってしまうような仕組みや、健康をブランド
化することによるより健康的なライフスタイルを売るという視点、ゲーム感
覚を取り入れるまたは実際に健康になることをゲーム化してしまうといった
マーケティング手法が効果的であることも明らかになってきました（近藤
2019）。これらも今後より一層、健康の公共経営に取り入れられていくこと

でしょう。

　なお、マーケティング手法の応用や認知的バイアスを利用することには倫理的な議論が伴うでしょう。知らないうちに自分の行動を国家に誘導されているなんて、と思う方もいるかもしれません。または、できることならば苦痛を感じず自然に健康になりたいからマーケティング手法を取り入れた健康の経営は大歓迎と思う方もいるかもしれません。いずれにしても、公衆衛生については、歴史を振り返ってみても、最も近々のコロナ禍におけるワクチン接種を考えてみても、倫理的な議論が十分になされてきたかということには疑問符がつくでしょう。本章を読んだみなさんが、好むと好まざるに関わらず健康が公共で経営されていることを意識し、自分がどう生きたいのかを考え、そのための最善の選択をするためには、提供されるサービスをどうやって使っていくのかを考えていただければと思います。そして、一人でも多くが健康に対する公共経営の倫理的課題の議論に加わることが今後の日本の健康の公共経営をより良いものにしていくでしょう。

（松島みどり）

参考文献

Bailey ZD, Krieger N, Agénor M, Graves J, Linos N, & Bassett MT（2017）. Structural racism and health inequities in the USA: Evidence and interventions. *Lancet (london, England),* 389（10077）, 1453–1463. 10.1016/ S0140-6736(17)30569-X

リサ・F・バークマン、イチロー・カワチ& M・マリア・グリモール／高尾総司・藤原武男・近藤尚己訳（2017）『社会疫学（上）Social Epidemiology second edition』大修館書店

デヴィッド スタックラー・サンジェイ バス／橘明美・臼井美子訳（2014）『経済政策で人は死ぬか？　公衆衛生学から見た不況対策』草思社

Dyson, C. and Bashir, N（2014）*The social and economic impact of the Rotherham Social Prescribing Pilot Main Evaluation Report.*
（https:// shura.shu.ac.uk/ 18961/ 1/ Dayson-SocialAndEconomicImpact-Rotherham%28VoR%29.pdf）　2024.9.2

Gee GC, & Ford CL（2011）. STRU CTU RAL RACISM AND HEALTH INEQUITIES: Old issues, new directions. *Du Bois Review: Social Science Research on Race,* 8（1）, 115-132. 10.1017/ S1742058X11000130

Hoyert DL & Kung HC（1997）. Asian or Pacific Islander mortality, selected states, 1992. M*on*

Vital Stat Rep; 46（1 Suppl）: 1-63

いのち支える自殺対策推進センター（2021）自殺対策概要

（https://jscp.or.jp/overview/truth.html）2024.9.2

医療情報科学研究所編（2024）『公衆衛生がみえる 2024-2025』メディックメディア

環境省編（2008）『環境白書・循環型社会白書』環境省

小島庸平（2015）「第3章 戦前日本の農村におけるリスク保障と農業保険」有本寛編
『途上国日本の開発課題と対応：経済史と開発研究の融合〈中間報告書〉』調査研究
報告書 アジア経済研究所

国土交通省（2014）健康・医療・福祉のまちづくりの推進

（https://www.mlit.go.jp/toshi/toshi_machi_tk_000055.html）2024.9.2

国土交通省・都市局・まちづくり推進課・都市計画課・街路交通施設課・公園緑地景
観課（2023）健康まちづくりの事例集

（https://www.mlit.go.jp:8088/toshi/content/001616190.pdf）2024.9.2

近藤克則編（2019）『住民主体の楽しい「通いの場」づくり「地域づくりによる介護
予防」進め方ガイド』日本看護協会出版会

近藤克則編（2022）『ポストコロナ時代の「通いの場」』日本看護協会出版会

近藤克則（2022）『健康格差社会 何が心と健康を蝕むのか』第2版．医学書院

近藤尚己（2019）『健康格差対策の進め方 効果をもたらす5つの視点』医学書院

公益社団法人 日本WHO協会（2024a）健康の定義

（https://japan-who.or.jp/about/who-what/identification-health/）2024.9.2

公益社団法人 日本WHO協会（2024b）アルマ・アタ宣言

（https://japan-who.or.jp/about/who-what/charter-2/alma-ata/）2024.9.2

厚生労働省（2012）「国民の健康の増進の総合的な推進を図るための基本的な方針」

（https://www.mhlw.go.jp/bunya/kenkou/dl/kenkounippon21_01.pdf）2024.9.2

厚生労働省（2023）「健康日本21（第二次）」最終評価報告について

（https://www.mhlw.go.jp/stf/seisakunitsuite/bunya/kenkou_iryou/kenkou/
kenkounippon21.html#h2_free3）2024.9.2

厚生労働省（2024）「健康日本21（第三次）」

（https://www.mhlw.go.jp/stf/seisakunitsuite/bunya/kenkou_iryou/kenkou/
kenkounippon21_00006.html）2024.9.2

厚生労働省 保険局医療介護連携政策課（2021）「医療・介護の総合確保に向けた取組
について」

（https://www.mhlw.go.jp/content/12403550/000841085.pdf）2024.9.2

Lesky E, editor（1976）. *A System of Complete Medical Police: Selections from Johann Peter Frank. Baltimore:* Johns Hopkins University Press. 1976; 154

Holt-Lunstad, J., Smith, T. B., & Layton, J. B.（2010）. Social relationships and mortality risk: a meta-analytic review. *PLoS medicine*, 7(7)

Mackenzie G & Barnacle J（2017）*Social Prescribing. Steps Towards Implementing Self-care - A Focus on. Social Prescribing.*

（https://www.transformationpartners.nhs.uk/wp-content/uploads/2017/10/Social-prescribing-Steps-towards-implementing-self-care-January-2017.pdf）2024.9.2

みずほ情報総研株式会社（2020）令和元年度厚生労働省委託「PDCAサイクルに沿った保健事業等の取組事例の調査分析報告書」

（https://www.mhlw.go.jp/content/12400000/000646151.pdf）2024.9.2

西智弘・守本陽一・藤岡聡子（2020）『ケアとまちづくり、ときどきアート』中外医学社

Office of the Surgeon General（2023）*Our Epidemic of Loneliness and Isolation: The U. S. Surgeon General's Advisory on the Healing Effects of Social Connection and Community.* Washington（DC）: US Department of Health and Human Services

ロナルド・ドーア／松居弘道訳（1970）『江戸時代の教育』岩波書店

Shirai T, & Tsushita K. Lifestyle Medicine and Japan's Longevity Miracle. *American Journal of Lifestyle Medicine.* 2024; 18（4）

新村拓（2006）『健康の社会史　養生、衛生から健康増進へ』法政大学出版局

多田羅浩三（2018）「公衆衛生の黎明期からこれまでの歩み」『日本公衆衛生雑誌』65巻6号、255-265頁

津川友介（2020）『世界一わかりやすい 「医療政策」の教科書』医学書院

Wilson, P. & Booth, A.（2015）*Evidence to Inform the Commissioning of Social Prescribing: Evidence Briefing.* The University of York, Centre for Reviews and Dissemination, York. （https://www.researchgate.net/publication/276265365_Evidence_to_inform_the_commissioning_of_social_prescribing）2024.9.2

World Health Organization（2010）*Adelaide statement on health in all policies: moving towards a shared governance for health and well-being.* World Health Organization; Adelaide, South Australia

第12章

環境問題と公共経営
──持続可能な発展に向けた環境ガバナンス

1 環境分野における公共経営

　私たちが生きる現代社会は、数多くの問題や課題であふれています。また
やっかいなことに、その構造は複雑に入り組んでおり、しかも時間とともに
変化していきます。ですから、政府が毎年同じような対策をただ繰り返して
いたり、対策を実施すること自体が目的になっていたりするようでは、問題
は一向に解決しません。それに政府、企業、市民、NPO、国際機関などの各
主体がそれぞれバラバラに取り組みを重ねたとしても、解決は遠のくばかり
です。

　環境問題はそのような問題の典型であり、したがって公共経営的発想が求
められる主要な政策領域の一つということができます。環境問題の解決をは
かる公共政策は、一般に環境政策と呼ばれていますが、そこに"公共経営"
の考え方を取り入れる必要があるわけです。この第12章では、環境分野に
おける公共経営のあり方について考えてみたいと思います。

　しかし、その具体的な中身に入る前に、まず「環境問題とは何か」及び「な
ぜ環境問題は起こるのか」という点について、簡単に見ておきましょう（図
1）。そもそも「環境問題とは何か」を知らずして、環境問題への取り組みを
論じることはできないからです。それに、環境問題の解決をはかるには、環
境問題を引き起こしている社会経済メカニズム、つまり「なぜ環境問題は起
こるのか」を理解しておかなくてはなりません。その理解を欠いたまま、具
体的な取り組みについて議論したとしても、それらは思いつきの域を出な
い、効果の乏しいものになる恐れがあるからです。

250

図 1 本章の内容構成と流れ

2 環境問題の内容と構造

2.1 環境問題とは何か

"自然の恵み"という日本語があることからもわかるように、環境は私たち人間にさまざまな便益をもたらしてくれます。その恵みは、一般的には生態系サービス（ecosystem services）と呼ばれています。「環境問題」という言葉は、環境破壊によって生態系サービスの質や量が低下し、私たちの生存基盤や社会経済活動基盤が損なわれる現象を指しているのです（宮永健太郎（2023）『持続可能な発展の話』岩波新書）。

では次に、その環境問題の具体的内容について見ておきましょう。

1972年6月、人類の有史以来はじめて、環境問題をテーマにした地球規模の国際会議、国連人間環境会議がスウェーデンのストックホルムで開かれました。その会議を機に、環境問題がグローバルレベル（地球レベル）で進行しているということ、そしてその解決にはこれまたグローバルレベルでの取り組みが不可欠だということが、各国の共通認識になったのです。そしてそれは、地球環境問題という新たな公共政策課題が誕生した瞬間でもありました。

では、地球環境問題とは一体何でしょうか？『地球環境キーワード事典』（2008）によれば、①地球温暖化　②オゾン層の破壊　③酸性雨　④海洋汚染　⑤有害廃棄物の越境移動　⑥生物多様性の減少　⑦森林の減少　⑧砂漠化　⑨発展途上国等における環境問題　という9項目が挙げられています（一部文言を変えています）。

その一方で、環境問題はグローバルレベルだけでなく、ナショナルレベル（国レベル）やローカルレベル（地方レベル）でも起きています。たとえば明治時代、足尾銅山（現在の栃木県日光市）からの排煙・排水によって渡良瀬川流域を中心に被害が拡がり、当時の地元選出衆議院議員である田中正造が、農民らとともに反対運動を展開した足尾鉱毒事件は、すでに歴史の授業などで勉強したことがあるのではないでしょうか。

環境問題が全国的に注目されるきっかけとなったのは、高度経済成長期（1950年代半ば〜1970年代半ば）に各地で頻発した公害問題です。特に被害が深刻だった水俣病・新潟水俣病（第二水俣病）・イタイイタイ病・四日市ぜんそくは、"4大公害病"と名付けられました。そして、当時政府が定めた公害対策基本法には、①大気汚染　②水質汚濁　③土壌汚染　④騒音　⑤振動　⑥地盤沈下　⑦悪臭　が公害として列挙されます（通称"典型7公害"）。ちなみにこの時期の特徴として、企業や工場だけでなく、政府の活動に起因する環境問題も深刻だったことも指摘しておきたいと思います。公共事業による自然破壊は、その代表例です。

■ 2.2　現代の環境問題

そして現代、とりわけ高い注目を集めている環境問題は次の三つだといえるでしょう（それぞれのより詳しい説明は、前掲書（宮永 2023）などを参照）。

（1）ごみ問題と循環型社会づくり

日本の場合、ごみは主に「一般廃棄物」と「産業廃棄物」という二種類で占められているのですが、その発生量はいずれも高止まりしています。そして近年は、食品ロス（フードロス）やプラスチックごみの問題が人々の関心を集めつつあります。生産─消費─廃棄が直線的に並び、そこをモノが流れていく大量生産・大量消費・大量廃棄型の経済システムが、天然資源の大量採取やごみの大量発生を引き起こし、環境への負荷を高めているのです。ごみ問題の解決は喫緊の課題といえるでしょう。

それに対して今後は、生産─消費─廃棄が円を描き、たとえば廃棄された

ごみが資源として生まれ変わり、原材料として生産に利用されるというような社会、すなわち「循環型社会」の実現が求められます。リサイクルはその一つの手段ですし、あるいはごみの発生そのものを抑制するリデュースやリユースの推進は、より優先度の高い課題です。ちなみに最近は、生産―消費―廃棄をループさせる「サーキュラーエコノミー」というビジネスモデルが、産業界を中心に注目されています。

（2）地球温暖化問題と脱炭素社会づくり

二酸化炭素をはじめとする温室効果ガスの大量排出により、地球温暖化が進んでいます。それは地球規模の気候変動（極端な高温、大雨の頻度や強度、干ばつ、強い熱帯性低気圧などの増加・増大）をもたらし、私たちの社会生活や経済活動にさまざまな負の影響を与えつつあります。地球温暖化問題への対応は待ったなしです。

本章執筆時点において、国際社会は「1.5℃目標」（地球平均気温の上昇を産業革命以前の水準に比べて1.5℃未満に抑える）を掲げ、対策を進めています。そして、二酸化炭素の排出削減を図りつつ、残る排出もさらに森林吸収などを通じて削減することで排出を実質ゼロにする「カーボンニュートラル」を進めようとしています。そのような社会は「脱炭素社会」と呼ばれ、日本でも実現に向けた取り組みが始まっています。

（3）生物多様性問題と自然共生社会づくり

種の絶滅や生態系の劣化が地球規模で進むなど、生物多様性が急激に損なわれています。その一例が、木材伐採や農地開発にともなう熱帯林の消失です。生物多様性が失われると、生態系サービスの質や量が低下し、私たちの生存基盤や社会経済活動基盤が損なわれてしまいます（生物多様性問題）。

生物多様性問題の解決のためには、「自然共生社会」、つまり人と自然が共生できる社会の実現が不可欠です。そして、生物多様性を損なう土地開発を規制したり、里山と呼ばれるエリアの自然を保全したり、侵略的外来種の侵入・定着・拡大を防いだりといった取り組みを強化していく必要があります。

ちなみに日本では最近、自然の喪失を食い止め、反転させて回復軌道に乗せようという「ネイチャーポジティブ」というスローガンのもと、取り組みが進められようとしています。

■ 2.3　なぜ環境問題は起こるのか

　それにしても、なぜ環境問題のような問題が起きてしまうのでしょうか？　もちろん直接的には、たとえばメチル水銀化合物が水俣病の原因となる、あるいは温室効果ガスの大量排出が地球温暖化の原因となる、というように、何かしらの原因物質が環境問題を引き起こします。あるいは、環境を守るための技術はすでに存在しているのに、それが使われないために環境が破壊されてしまうというケースもあります。では、どうして原因物質が排出されたり、環境保全技術が使われなかったりするのでしょうか？　その答えを探るには、その背後にある社会の仕組みに光を当てる必要があります。

　私たちをとりまく社会経済システムは、無数の意思決定（decision making）から構成されています。たとえば、私たちは買い物をするとき、必要性・品質・価格などを考慮して商品を買うかどうかを決定します。それにたとえば企業であれば、「工場をどこに立地するか」「その工場ではどんな原材料を使い、それはどこから何円で調達するのか」といった意思決定に日々直面します。また政府も、「どのような法律を制定するか」「集めた税金をどういう事業に支出するのか」といったことを、制度やルールに則って意思決定します。こういったさまざまな意思決定の場面で“環境”という要素がきちんと考慮されていれば、その行為は環境破壊を起こさないはずです。しかし、生態系サービスがもつさまざまな価値、それに環境破壊によって被害を受ける人々の声などは、残念ながらそういった意思決定に十分反映されていないのが現状なのです。

　たとえばモルディブやツバルのような島嶼国は、地球温暖化にともなう海面上昇によって国土水没の危機に直面していることから、大胆かつ迅速な対策実施を各国に求めています。しかし、彼らの政治的影響力は先進国などと比べるとどうしても弱く、彼らの主張が各国政府や国際社会の行動にただち

254

に反映される見通しは暗いといわざるを得ません。それに、地球温暖化による各種被害は、私たち現在世代よりも将来世代においてより一層本格化すると考えられていますが、将来世代はまだこの世に生まれていませんので、そもそも私たちの意思決定の場に参加することすらできません。

　社会経済システムにおける意思決定のうち、とりわけ市場のそれは、環境という要素を無視しがちです。ここで仮に、ある企業の工場が大気汚染物質をそのまま放出しており、その除去のためには新たな設備装置を導入しなければならない、という状況があったとしましょう。しかしその企業にとって、それは設備装置導入に要した費用の分だけ利益が減ってしまうことを意味します。そもそも企業というのは市場で利益を追求する存在ですので、"設備装置を導入する"つまり"利益を減らす"という意思決定を自発的にすすんで下すことは、通常期待できません（政府による規制や補助金があれば別ですが）。しかも、もしライバル企業が設備装置を導入しないのであれば、市場競争上の不利にもなりますので、そのような自発的意思決定はますます期待できなくなってしまいます。

　市場という社会メカニズムには、確かにさまざまな利点や強みがあります。しかし環境問題のような問題を扱うことは基本的に不得意であり、市場というシステムは、何もせずに放っておけば、環境を守らない企業に利益を与え、環境を守る企業に利益を与えないよう機能してしまうのです。このような事態を、市場の失敗と呼びます。この節の冒頭で「どうして原因物質が排出されたり、環境保全技術がつかわれなかったりするのでしょうか？」と書きましたが、その最も大きな原因は、この市場の失敗に求めることができます。

　では、企業とならぶ重要な社会主体である政府は、環境問題の発生という現象とどう関わっているのでしょうか？　政府に期待されているのは、環境政策を実施して市場の失敗を是正すること、いいかえれば、環境問題の発生メカニズムを制御することです。しかし現実には、政府活動の意思決定に環境という要素が反映されず、たとえば公共事業による自然破壊のように、政府自身が環境問題を引き起こす原因となっているケースも少なくありません

（発展途上国ではこうした傾向がより強まります）。それに、仮に環境政策を実施していたとしても、それが思い通りの効果を生まなかったり、あるいは逆に問題をより深刻化させていたりすることもあります。このような状況は、先ほどの市場の失敗にならって、政府の失敗と呼ばれています。

3 持続可能な発展（sustainable development）

ここまで、環境問題とは何か、そしてなぜ環境問題は起こるのかについて見てきました。では、環境を破壊せず、なおかつ私たち人間が"豊か"になれる社会などというのは、はたして可能なのでしょうか？ そしてそれは、いったいどのような社会なのでしょうか？

一ついえるのは、これまでの自然環境と人間社会の関係を根底から見直す、全く新しい発展（development）や豊かさのモデルが必要だということです。生態系サービスを悪化させながら発展するのではなく、生態系サービスを保全したり持続可能なかたちで利用したりしながら発展する、新たな社会経済システムの構築です。

そのような社会ビジョンは持続可能な発展（sustainable development）と呼ばれ、一般に「将来の世代が自らの欲求を充足する能力を損なうことなく、今日の世代が欲求を満たすこと」と定義されています。ちなみに、第7章で学んだISO26000によると、社会的責任とは、「持続可能な発展に貢献する」行動などを通じて組織が担う責任であると定義されています。企業がCSRを追求し続けたその先には、持続可能な発展という社会ビジョンが待っているのだというわけです。

それでは、従来型の"発展"と、この"持続可能な発展"は、具体的には何が違うのでしょうか？ ここでは、大きく二つのポイントを挙げておきましょう。

第一に、長期的な視点の強調です。アメリカ先住民（いわゆるインディアン）の有名なことわざに、「地球は過去からの贈り物ではなく、未来からの借り物である」というものがあります。自然環境や生態系サービスは、我々人類の将来的な生存基盤であり社会経済活動基盤でもあるわけですが、近視

図 2　環境・経済・社会と持続可能な発展

眼的にそれを食いつぶしながら発展するのと、長期的視点に立ってそれを維持しながら発展するのとでは、同じ"発展"といってもその質や中身は全く異なるというべきでしょう。

　第二に、総合的な視点の重視です。ある国や地域における発展の成果や豊かさは、経済成長率や所得といった経済指標だけでは測れません。環境が良好に保たれているかを示す環境指標も必要ですし、たとえば治安のよさや自殺率の低さ、基本的人権の尊重度合いといった社会指標も、私たちの社会の健全性を示す重要な指標です。このように、発展には本来、環境・経済・社会という複数の側面があります（図2）。にもかかわらず、先進国か発展途上国かを問わず、一般に発展とは成長（growth）、つまり経済成長や所得の向上のことであるとされてきました。持続可能な発展論はこうした通念や評価尺度のあり方に疑問を投げかけ、そこにより総合的な視点を導入するよう主張したのです。

4　環境問題と公共経営

4.1　はじめに：持続可能な発展に向けた環境ガバナンス

　それではいよいよ、環境分野における公共経営のあり方について見ていきましょう。そのために、まずはこれまでの議論も振り返りつつ、以下の計 3

点についてみなさんと確認を済ませておきたいと思います。

第一に、環境分野における公共経営はそもそも何のための取り組みなのか、という点です。“環境をよくするため”に決まっている、とみなさんは思ったのではないでしょうか。もちろん誤りではないのですが、しかしそれでは十分とはいえません。

残念ながら現代社会は、「経済成長の代償として環境破壊がすすむ」、「環境保全と引き換えに経済が停滞する」、あるいは「環境と経済の両立に気をとられ、発展の社会的側面がおろそかになる」といった状況が支配的です。そうした状況を生むメカニズムにメスを入れられるかどうかがポイントなのであって、環境を経済や社会から切り離し、その改善を試みるというやり方では、実質的な成果をあげることはできません。つまり、環境分野における公共経営をすすめるうえで本当に目指すべきは、環境・経済・社会の間のメカニズム構造を変え、持続可能な発展の実現を図ることなのです。

第二に、公共経営という考え方を環境政策に導入することは、具体的には何を意味しているのか、という点です。

公共経営に関する理論的基礎の一つに、ガバナンス（governance）という考え方があります。政府というのは統治する側であり、社会というのは統治される側である、というのがこれまでの基本的な統治の構図でした。しかし近年は政府と社会の境界があいまいになり、政府以外のさまざまな主体が統治活動に参加するなど、従来の統治主体や統治構造に変化が起きているのですが、それを表現するのに「ガバナンス」という言葉が使われているのです。そして環境分野でも同様の変化が起きつつあります（「環境ガバナンス」と呼ばれます）。

このように、公共経営の考え方を環境政策に導入するとなった場合、まず念頭におくべきは、政策主体の多様化という論点です。具体的には、「社会を構成する各主体は今どんな取り組みをしているのか」、あるいは「今後どんな取り組みをしていくべきなのか」といったテーマを検討する必要があります。

第三に、政策主体の多様化は確かに重要な論点なのですが、それだけでは、

258

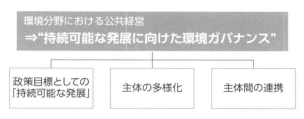

図3　持続可能な発展に向けた環境ガバナンス

環境ガバナンスのあり方に関する議論としては不十分です。というのも、本章冒頭でも述べたように、各主体がバラバラに活動していたのでは効果が薄いからです。つまり「どうすれば主体間の連携はうまくいくのか」といったテーマも、環境ガバナンスを考える上で大切な視点になってきます。各主体が「それぞれができることを頑張る」のではなく、「それぞれが頑張るだけでは解決できない問題に協力して取り組む」というのが、環境ガバナンス概念の重要なメッセージなのです（前掲書『持続可能な発展の話』を参照）。

以上計3点をふまえ、ここからは環境分野における公共経営を"持続可能な発展に向けた環境ガバナンス"ととらえ、その内容に迫ってみることにしましょう（図3）。はじめに、主体ごとの取り組みから見ていきます。本章では、「政府」「企業」「コモンズとNPO」という三つをとりあげましょう（4.2～4.4）。そしてその後に、主体間の連携のあり方へと議論を移したいと思います（4.5）。

4.2　環境問題と公共経営：政府

政府という主体は、市場の失敗の是正を期待されていますし、また実際に是正を試みてきました。政策主体の多様化が進みつつあるとはいえ、環境ガバナンスにおいて政府が担うべき役割は、今でも非常に大きいといえます。

さまざまな政策主体のうち、政府（立法府）にだけ許されている行為の一つに、たとえば法律の制定があります。日本の環境法は、1970年に一大転機を迎えます。同年11月に開かれた臨時国会で、14もの公害関連法が制定・改正されたのです（通称"公害国会"）。立法府という場で環境というテー

マがこれほど取りあげられたのは、それまでなかったことでした。その後、
環境基本法（1993）やその他多くの個別法が制定され、現在に至っています。

　そして公害国会の翌年（1971）には、環境庁（現在の環境省）が設立され
ます。それから現在に至るまで、50年強しか経っていないわけですが、環
境問題を専門に扱う官庁の設立は、これでも世界的にはかなり早い方の部類
に属します。

　ちなみに日本の場合、地方自治体の役割が大きいのが特徴です。国レベル
で法律整備が遅れていた時代、自治体が国に先んじて条例を制定し、問題に
対応したことがしばしばありました。たとえば日本最大の湖・琵琶湖をかか
える滋賀県は、1979年に「滋賀県琵琶湖の富栄養化の防止に関する条例」（通
称"琵琶湖条例"）を制定します。琵琶湖の水質悪化を防ぐため、当時法律
で規制対象外だった窒素・リンの排出を新たに規制し、さらにリンを含む家
庭用合成洗剤の販売なども禁止するという、非常に思い切ったものでした。

　このように、政府はさまざまな役割を担ってきました。しかし近年、環境
ガバナンスをとりまく社会状況は大きく変化しており、政府としても新たな
対応が迫られています。持続可能な発展を実現していくために、今後政府に
は何が求められるのでしょうか？　ここではさしあたり、二つのポイントに
しぼります。

　第一に、グローバル化への対応です。現代は、ヒト・モノ・カネ、そして
企業が簡単に国境を越える時代です。そういう状況で、仮に政府が国内に立
地する企業への環境規制を強化すれば、そこで規制を守って操業すること
よりも、立地自体を規制が緩い国に移すことを選ぶ企業が増えるかもしれませ
ん。もし緩い規制をいいことに、その企業が新たな立地先でより激しい環境
汚染を引き起こしたならば、地球全体で見ると汚染はむしろ悪化してしまう
ことになります。これはほんの一例にすぎませんが、経済のグローバル化
は、政府による市場の失敗の制御をいっそう難しくしているのです。

　第二に、市場の失敗に対応すべく環境政策を実施するにしても、政府の失
敗が起きてしまうようでは何の意味もありません。つまり、中央政府にせよ
地方自治体にせよ、政府の失敗が起きないような環境政策のあり方を考えて

いく必要があります。

　政府の失敗が起こる要因はさまざまですが、その一つに縦割り行政の問題があります。たとえば、日本の自然保護行政は、これまで中央省庁間の厚い壁に苦しんできました。環境庁設立の際、当時の担当者たちは、自然保護に関する各種規制権限を他の省庁から移し、環境庁へ一元化させようと試みました。しかし、そのうち森林については林野庁から、そして都市市街地については建設省（現在の国土交通省）から猛烈な反対を受けます。これはつまり、国土面積の約3分の2を占める森林、それに当時自然破壊が凄まじかった都市市街地において、総合的な自然保護制度づくりが失敗に終わったことを意味します。こうした経緯を経て、日本の自然保護行政は「環境庁の自然公園制度」「林野庁の保安林制度」「建設省の緑地保全地区制度」というように、省庁ごとのバラバラな対応に委ねられる形で出発することになったのです。

■4.3　環境問題と公共経営：企業

　経済のグローバル化とともに、企業のあり方が社会のあり方をますます左右するようになっています。その意味で、現代は"企業の時代"だといえるのかもしれません。企業という主体がいかに環境問題の解決に関与していけるかは、今後の持続可能な発展実現の大きなカギを握っています。

　市場の失敗のところですでに説明したように、企業が自らすすんで利益を犠牲にし、環境保全に取り組むような状況というのは、基本的には起こりません。しかし近年は、新しい展開が見受けられます。

　たとえば、工場やオフィスでの省エネ・省資源の取り組みがあります。これは、先ほどの大気汚染物質除去設備装置の例（255ページ）とはちがい、企業に利益を生む可能性があるという特徴があります。もし電気代や水道代の節約による利益が、省エネ設備や節水型装置の導入費用を上回ると見込まれれば、企業としても自ら積極的に取り組むというわけです。環境に配慮した経営システム（環境経営）や会計システム（環境会計）を企業が活用するなどして、エネルギーや資源のムダを"見える化"してあげれば、こうした

取り組みはさらに進む可能性があります。

　また企業の間では、製品製造工程における取り組みだけではなく、製品使用時における環境負荷を減らそうという努力も、少しずつ広がっています。これはつまり、環境性能のよい製品をつくろう、ということです。たとえば自動車・冷蔵庫・エアコンといった製品は、"耐久消費財"と呼ばれていることからもわかるように、購入するとその後何年も使用することになります。あるいは住宅にいたっては、使用はさらに長期間にわたります。したがって、エネルギー多消費型の家電製品やエネルギー効率の悪い住宅（例：夏暑く冬寒い住宅）がいったん市場に出て販売・使用されると、その影響は長期に及んでしまいます。さらには製品廃棄時の環境負荷も同様で、使用後に解体やリサイクルが容易になるよう組み立てられていなければ、その製品からは廃棄時に大量のごみが出ることになります。製品の開発設計段階から"環境"という要素を考慮し、意思決定に反映させることで、このような事態を避ける必要があります。

　加えて、大企業を中心に、地球温暖化問題や生物多様性問題に関する自社情報を公開しようという動きが徐々に広まっています。たとえば、「自社事業は地球温暖化や生物多様性にいかなる影響を及ぼしているか」「今後自社は地球温暖化対策や生物多様性保全をどうビジネスにつなげていくか」といった情報です。情報公開を怠る企業は、サプライチェーンから外されて取り引きをさせてもらえない、そして資金調達（ファイナンス）もままならない――そんな事態がグローバル市場を中心に現実化しつつあることが、その背景にあります。

■ 4.4　環境問題と公共経営：コモンズとNPO

　本書で学んだように、私たちをとりまく社会経済システムは、政府（第1セクター）や企業（第2セクター）に加えて、サードセクターからも構成されています。環境分野における公共経営では、このサードセクターも非常に重要な役割を果たします。つまり、市場とも政府とも異なる第3の社会的メカニズムが、環境問題の解決や持続可能な発展の実現を目指すにあたって注

目されているわけです。ここでは、「コモンズ」と「NPO」という二つをとりあげておきましょう。

環境の中には、政府が直接所有したり管理したりしているわけではなく、かといって企業による所有や管理でもなく、地域コミュニティの自発的な取り組みによって維持されているものが少なくありません。まさにサードセクターによる管理であり、環境が一種の地域共有資源となっているケースです。そのような資源は、その利用や管理をめぐる制度・ルール・主体と併せて、「コモンズ（commons）」と呼ばれます。

日本を代表するコモンズとして知られているのが、入会地という地域共有資源管理の仕組みです。その昔は山林を中心に各地で見られたのですが、明治時代の地租改正（1873）以降、その多くは国有化によって解体されてしまいました。また最近だと、たとえば街並みや景観を新たにコモンズとしてとらえよう、という議論もあります。市場の失敗と政府の失敗をともに乗り越える存在として、コモンズが注目されているのです。

またサードセクターということでいえば、NPO という主体の存在も見逃すわけにはいきません。日本の場合、消費者運動・公害反対運動・自然保護運動などを中心に活動がはじまり、最近では環境学習・まちづくり・エネルギーなど多様な分野に広がっています。ちなみに欧米には、数多くの会員と専門的なスタッフを有し、大きな社会的影響力を発揮している組織がたくさんあります。

NPO というのは、第 4 章などで学んだように、自分たちの信念や使命（ミッション）に基礎をおいて活動する主体です。したがって、社会の中では少数派（マイノリティ）になることが常です。ところが、しばしば「社会の変化は多数派からではなく少数派から始まる」といわれるように、その影響力は決して小さくはありません。彼らは、政府や企業にはない独自のネットワークやノウハウを武器に、課題解決を目指すのです。

ちなみに、公害や地球環境問題の歴史を調べればすぐわかるのですが、環境問題の被害についても、生物的・社会的弱者というこれまた少数派に起こることが実は多いのです。公共経営の世界では、できるだけ多くの市民の

ニーズを政策に反映させることが基本となりますが、それと同時に、少数派の声に耳を傾けるのも忘れてはならないというわけです。

■ 4.5 環境ガバナンスにおける各主体間の連携

ここまで「政府」「企業」「コモンズとNPO」と、主体ごとに取り組みを見てきました。しかしそれらをよく観察してみると、実は主体同士が連携して実施しているケースが意外と多いことに気づきます。

たとえば企業のCSR活動（第7章を参照）は、確かに企業単体で実施しているものもあるのですが、地域住民やNPOと連携した活動も少なくありません（ISO26000では「ステークホルダー・エンゲージメント」が強調されていたことを思い出しましょう）。それにたとえばコモンズの管理についても、地域コミュニティだけが主体となっていることは稀で、実質的には自治体などとの共同管理（co-management）となっているケースが多いのです。

そこで問題となるのが、どうすれば主体間の連携をよりよいものにし、取り組みの効果を高めることができるのか、という点です。それを考えるため、"連携"という行為について詳しく見ておくことにしましょう。

連携は"協働"や"パートナーシップ"とも呼ばれており、さしあたり本章では、いずれもほぼ同じ意味だと見なしておきます。ここで一例として、自然保護における連携を分析した海外の研究書を参照しておきましょう（Wondolleck and Yaffe, *Making Collaboration Work*, Island Press, 2000）。それによると、連携には以下四つくらいのポイントがあるとされています（表現は大胆に簡略化しています）。

① 主体間の相互理解の促進
② 主体間の効果的な意思決定の実現
③ 目的達成の手段
④ 主体がもつ能力の向上

「なぜ連携が必要なのか」と問われた場合、理由として通常挙げられるの

は③です。たとえば「ごみの発生抑制という目的を実現するには、行政の取り組みだけでは限界があり、多様な主体との連携が必要だ」という具合に、連携という行為を"目的達成の手段"としてとらえる見方です。確かに環境ガバナンスの世界では、連携によって何を目指すのかという原点が忘れられ、連携すること自体が目的になりマンネリに陥っているような取り組み事例が散見されます。そうならないためにも、この点は常に意識しておかなくてはなりません。

　しかしここでのポイントは、①や②についても指摘を忘れていないことです。たとえば自治体と NPO が連携するという場面で、意思決定は自治体側が主導し、NPO 側は自治体に決められたことをやらされるだけ、という関係がかつて頻繁に見られました。そのような"下請け"の関係ではなく、対等なよりよい関係で連携するためには、意思決定の段階から連携を図ること、つまり②が重要になります。しかし、一口に意思決定といっても、立場が異なる主体同士が合意形成を図るのは、決して簡単なことではありません。そこで、さらに浮上するのが①です。主体間の意思決定や合意形成は、主体間の相互理解があってはじめて成功するからです（余談ですが、これは人と人の関係にも当てはまるように思われます）。

　加えて、①〜③を追求するプロセスで得られる効能として④に注目しているのも面白い点です。持続可能な発展という政策目標に向けて各主体が連携していくといっても、それはどうしても長期的な取り組みにならざるをえず、目的達成がただちに実現することはまずないといっていいでしょう。しかしそれは、連携が失敗に終わったとか、取り組みの成果が得られなかったとかいうことを必ずしも意味しません。取り組みの中でたとえば「新たな主体が連携の輪に加わった」「連携に参加した主体が力量を高めた」「今後のさらなる連携に向けた土台づくりができた」といった状況が生まれたのであれば、それらも連携から生まれた立派な成果と見なすべきです。いいかえれば、連携を担う主体づくり・人づくりができたかどうか、そしてソーシャル・キャピタル（第8章を参照）が生み出されたかどうかという視点が、連携を評価するうえで欠かせないということです。

5　本章のまとめ

　これまでの振り返りとして、251ページの図1に本章で学んだトピックを新たに書き加え、図4としてまとめておきます。書かれていることのうち、内容が思い出せないものがあれば、該当する部分をもう一度読み返してみましょう。

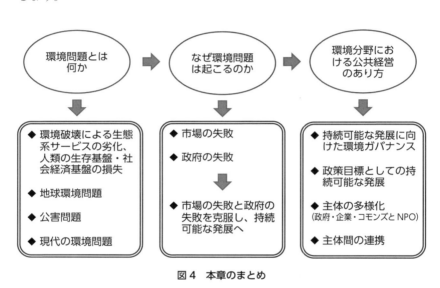

図4　本章のまとめ

（宮永健太郎）

第12章を読み終えたら次に読むべき本
宮永健太郎（2023）『持続可能な発展の話──「みんなのもの」の経済学』岩波新書
具滋承編著（2022）『経営学の入門』法律文化社
マーク・ベビア（2013）『ガバナンスとは何か』NTT出版

第13章

スポーツに関わる公共政策と
公共経営の潮流

1 「スポーツは文化である」から紐解くスポーツの公共性

　「スポーツは、世界共通の人類の文化である」の文章ではじまるのは 2011 年に施行された「スポーツ基本法」の前文です。スポーツは古来より狩猟や戦闘訓練などを起源とするものが祭礼や神事として伝承されるなど、国や地域を超えて広く伝播され発展してきたものが多く見られます。また、世界的に見ても競技人口の上位に位置するバスケットボールが 1891 年にアメリカの YMCA 体育教師のジェームズ・ネイ・スミスによって、バレーボールが 1895 年に同じくウィリアム・モーガンによって考案されてきたように意図的に創出されてきたものも多く存在します。近年では 2021 年の東京オリンピックで新たに採用された種目の中でも「アーバンスポーツ（都市型スポーツ）」とされるスケートボードや BMX フリースタイル、スポーツクライミングなどは採点方法などのルールの整備が行われながらスポーツ競技へと進化していったものです。

　スポーツ（sports）の語源であるラテン語の deportare は、「運び去る、運搬」といった意味をもつことから近年ではそれが転じて「気晴らし」「遊びや楽しみ」という意味で使われるようになってきています。ゆえに、語源からの解釈を行うならばスポーツは「遊び（play）」としてとらえることができます。さらに、このような意味からスポーツは「レジャー」や「レクリエーション」と近接した概念であるともいえます。

　全ての文化の原点は「遊び」であるといった考え方は有識者共通の見解でもあり、ヨハン・ホイジンガ（オランダの歴史家）が 1938 年に著した『ホモ・

267

ルーデンス』では「遊びは人間の本質的な特徴である」とし「文化や社会を形成する重要な要素」としてとらえています。さらに、ロジェ・カイヨワ（フランスの社会学者）が1958年に著した『遊びと人間』で示した遊びの四つの要素である「アゴン（競争を伴う遊び）」、「ミミクリ（真似・模倣を伴う遊び）」、「アレア（運や偶然を伴う遊び）」、「イリンクス（目眩やスリルを伴う遊び）」はスポーツのもつ特性にそのまま合致するものとも見えてきます。

　このようにスポーツはさまざまな起源をもちながら、現代社会では文化の根底となる遊びの要素を包含しながら発展してきており、スポーツを「人類共通の文化」としてとらえることはスポーツのもつ公共性の基盤となる考え方となるでしょう。

　大学などの課外活動クラブを「体育会」「文化会」と区分することや後述していく文部科学省の外局に「スポーツ庁」「文化庁」が設けられるなど、スポーツと文化は並列・並記されることが多く見られます。これはスポーツが現代社会で私たちの日常生活やそれを支える経済活動としての大きな領域をもつことに基づいて、政策に関わる一つの大きなコンテンツとして扱わなければならない必要性が認識されてきていることからです。この章の中でも文部科学省、スポーツ庁は基より、文化庁、観光庁、厚生労働省、経済産業省、国土交通省や外務省など多くの省庁がスポーツの公共政策に関わっていることがおわかりになることでしょう。

　私たちがスポーツに関わるときその行動様式にはスポーツを「する」、「みる」、「支える」の三つがあるものとされてきています。また、「する」といった行動の中にも競技スポーツとして、レジャーとして、健康管理のためなど目的はさまざまであるといえますが、「みる」といった行動も含めて私たち個人がそれぞれ「体験する」といった本質を含んでいます。「モノ」より「コト」といった言葉が近年よく聞かれますが、このことからもスポーツの公共性の高まり、公共サービスとして提供することの重要性は益々高まってきています。また、本章の内容から「支える」ことを公共経営の視点からより発展的にとらえ、スポーツを「営む」ことや「創造する」ことに興味・関心をお持ちいただければ幸いです。

268

2　スポーツ基本法の制定と「スポーツの権利」

　冒頭で示したスポーツ基本法にはその前身となる「スポーツ振興法」が存在しました。スポーツ振興法は 1961 年に施行されていますが、これは 1964 年に開催された第 18 回オリンピック東京大会を目前とした時期での広く国民に向けたスポーツ振興政策であったといえます。スポーツに特化した法律としてはわが国では初めてのものであり、政策としての開示はその振興計画の策定や市民が参加する具体的な事業へと繋げるためにも重要な意味を持ちます。また同時に、スポーツを振興することが国の公共政策の一つとして明確に位置付けられることとなりました。

　2011 年のスポーツ基本法の前文に示された現代社会でスポーツのもつ価値やそれを振興する意義を著者なりに短文でまとめると以下のようになります。

①心身の健全な発達、健康及び体力の維持増進、精神的な充足感の獲得が望める
②国民が生涯にわたり健康で文化的な生活を営む上で不可欠である
③スポーツを通じて幸福で豊かな生活を営むことは、全ての人々の権利である
④青少年の体力の向上とともに人格の形成に大きな影響を及ぼす
⑤人と人、地域と地域の交流を促進し地域の一体感や活力を醸成する
⑥健康で活力に満ちた長寿社会の実現に不可欠である
⑦日本人選手の活躍は国民に誇りと喜び、夢と感動を与える
⑧国際平和に貢献するとともに、我が国の国際的地位の向上に重要な役割を果たす

　そして、以上に示されたスポーツのもつ価値により「スポーツ立国」を実現することは国の発展のために不可欠な重要課題であるとされています。この「スポーツ立国」という言葉はスポーツ振興法制定を視野に入れながら

2010 年に国のスポーツ政策の基本的な方向性として示された「スポーツ立国戦略」の策定からの流れとなります。そこには、多くの国民がスポーツに積極的に参画できる社会づくりを行政のみならず企業や NPO、住民などさまざまな組織による「連携・協働」による推進が重要視された「新しい公共」の理念の下での「呼びかけ」であったともいえます。

　上記①～⑧に要約した内容はいずれも重要な視点となりますが、それぞれがスポーツに関わるさまざまな産業の発展や経済活動の活性化につながるものともいえるでしょう。また、著者は特に③で示した「スポーツの権利」の明文化に注目しました。

　個人がスポーツに参画する権利について、古くは 1975 年のヨーロッパ・スポーツ担当大臣会議での「ヨーロッパみんなのためのスポーツ憲章」の採択にさかのぼることができます。その後 1978 年にはユネスコ（国際連合教育科学文化機関）による「体育・スポーツ国際憲章」にも明記されています。ゆえに、「スポーツの権利」についての言及についてわが国は少し遅れていたとも考えられます。しかし、法律によって「権利」として示されたことはそれを保障していく「義務」を伴うことが必然であり、国や地方公共団体はそのための具体的な計画の策定と施策や事業の実施を担っていかなければならないこととなり、国が発信した重大な「宣言」であると考えて良いでしょう。

3　スポーツ基本計画にみるスポーツの幅広い公共性

　1961 年のスポーツ振興法の施行後 50 年間はこの法律の改正はありませんでしたが、その間のスポーツに関わる国の公共政策については文部大臣（2001 年からは文部科学大臣）の諮問機関である「保健体育審議会」が調査・審議し、答申・勧告（何らかの行動や措置を講じることを勧める、促すこと）されてきています。しかしながら、この答申には強制力はなく、中でも 1970 年以降指摘されてきたスポーツ施設の不足や整備の遅れについては財政的基盤の欠如から十分な措置はとられてこなかったといえます。その後 1999 年に「スポーツ振興基本計画」の策定が行われ、2001 年にはスポーツ振興のための資金確保を目的とした「スポーツ振興くじ（toto）」がはじまる

などさまざまな動向がみられました。本章ではその後に施行された「スポーツ基本法」の下で文部科学大臣が定めるものと規定された「スポーツ基本計画」について述べていくこととします。

　スポーツ基本計画は 2011 年に制定されたスポーツ基本法を受け翌 2012 年に策定されました。この 2012 年のスポーツ基本計画は 2012～2016 年の 5 年間を視野に政策目標が掲げられています。その後 2017～2022 年の期間については「第 2 期スポーツ基本計画」として政策が実行されてきました。この 2022 年までの期間にはラグビーワールドカップや東京オリンピック・パラリンピックの誘致、そして開催決定とその実施といったものが含まれ、多くの国民がスポーツに関心を向けた時期でもあります。また、2015 年にはスポーツに関わる施策の総合的な推進を図る目的をもって「スポーツ庁」が文部科学省の外局として設置されるなど国の体制の変革も行われてきました。

　2022 年 3 月に策定、公表され 2026 年までの 5 年間を対象とした「第 3 期スポーツ基本計画」の概要を紹介しておきます。第 3 期の計画は第 2 期の総括とそれを通した改正と改変となりますが、前期間では新型コロナウイルス感染症の拡大によるスポーツ活動の制限がありました。また、東京オリンピック・パラリンピックも 1 年の延期の末に実施されましたが、原則無観客で行われるなど大きな影響を受けたものといえます。しかしながら、そのような中でもさまざまな社会状況は想定内であるものも含めて同時に一定の変化が見られることとなります。第 2 期の総括として示された中では、①人口の減少・高齢化の進行、②地域間格差の広がり、③ DX など急速な技術革新、④ライフスタイルの変化、⑤持続可能な社会や共生社会への移行などです。

　そして、第 3 期ではそれら社会状況の変化を踏まえて、①「楽しさ」「喜び」「自発性」といった本質的な『スポーツそのものが有する価値』と、②スポーツを通じた地域活性化、健康増進による健康長寿社会の実現、経済発展、国際理解の促進など『スポーツが社会活性化等に寄与する価値』をさらに高めるための施策の策定となっています。

　第 3 期スポーツ基本計画ではその骨子として「東京オリンピック・パラリンピック大会のレガシーの継承・発展に資する重点施策」とスポーツの価値

を高めるための三つの視点として①スポーツを「つくる／はぐくむ」、②スポーツで「あつまり、ともに、つながる」、③スポーツに「誰もがアクセスできる」を掲げられていますが、ここではより具体的に今後5年間に「総合的かつ計画的に取り組む12の施策」として示されたものを原文で引用し、さらに（　）部を著者が加筆して紹介することとします。

①多様な主体におけるスポーツの機会創出
　　地域や学校における子供・若者のスポーツ機会の充実と体力向上、体育授業の充実、運動部活動改革の推進、女性・障害者・働く世代・子育て世代のスポーツ実施率の向上
②スポーツ界におけるDXの推進
　　先端技術を活用したスポーツ実施のあり方の拡大、デジタル技術を活用した新たなビジネスモデルの創出
③国際競技力の向上
　　中長期の強化戦略に基づく競技力向上支援システムの確立、地域における競技力向上を支える体制の構築、国・JSPO（日本スポーツ協会）・地方公共団体が一体となった国民体育大会（2024年から国民スポーツ大会）の開催
④スポーツの国際交流・協力
　　国際スポーツ界への意思決定への参画支援、スポーツ産業の国際展開を促進するプラットフォーム（基盤となる環境）の検討
⑤スポーツによる健康増進
　　健康増進に資するスポーツに関する研究の充実・調査研究成果の利用促進、医療・介護や企業・保険者との連携強化
⑥スポーツの成長産業化
　　スタジアム・アリーナ整備と着実な推進、他産業とのオープンイノベーション（企業内外の技術やアイディアを持ち寄って新たな活用法や事業を展開すること）による新ビジネスモデルの創出支援
⑦スポーツによる地方創生・まちづくり

武道やアウトドアスポーツ等のスポーツツーリズムの更なる推進など、スポーツによる地方創生、まちづくりの創出の全国での加速化

⑧スポーツを通じた共生社会の実現

障害者や女性のスポーツ実施環境の整備、国内外のスポーツ団体の女性役員候補者の登用・育成の支援、意識啓発・情報発信

⑨スポーツ団体のガバナンス改革・経営力強化

ガバナンス・コンプライアンスに関する研修等の実施、スポーツ団体の戦略的経営を行う人材の雇用創出を支援

⑩スポーツ推進のためのハード、ソフト、人材

民間・大学も含めた地域スポーツ施設の有効活用の促進、地域スポーツコミッションなど地域連携組織の活用、全NF（中央競技団体）での人材育成及び活用に関する計画策定を促進、女性のスポーツ指導に精通した指導者養成支援

⑪スポーツを実施する者の安全・安心の確保

暴力や不適切な指導等の根絶に向けた指導者育成・研修の実施、スポーツ安全に係る情報発信・安全対策の促進

⑫スポーツ・インテグリティの確保

スポーツ団体へのガバナンスコード（適切な組織運営のための原則や規範）の普及促進、スポーツ仲裁・調停制度の理解増進等の推進、教育研修や研究活動等を通じたドーピング防止活動の展開

ここに示した 12 項目にはスポーツそのもののもつ価値を直接目的として具現化するものと、スポーツによりもたらされる社会問題の解決に向けられた価値が示されており、国民の個人的幸福の追求と公共の利益の拡大といった両側面が包摂されたものといえます。

4　第3期スポーツ基本計画での具体的目標設定

2012 年以降に発表された各期のスポーツ基本計画には各施策についてのエビデンス（科学的根拠）やゴール（目標）がより具体的に示されてきてい

ます。特に健康増進に関わるスポーツ科学、医療・介護に関わる研究成果の蓄積は多く、より有効な情報の開示と提供も含めた施策の展開が期待されます。本章ではスポーツ活動の日常的かつ習慣的な実施と健康阻害要因の軽減についてや、その社会的効果としての医療費の削減の実例についてまでは記述しませんが、高齢期にみられる「フレイル（虚弱）」な状態への対策などは急務であると感じています。フレイルは健康な状態から介護を必要とする状態までの移行期ともいえますが、「身体的フレイル」「精神的フレイル」「社会的フレイル」の三つの視点を持ち、健康寿命の延伸や高齢期の医療費削減などの社会問題解決に向けても注目すべき重要事項と考えられます。

　ここでは「第 3 期スポーツ基本計画」に示された具体的数値的目標について紹介しておきます。

　①国民のスポーツ実施率の向上

　　成人の週 1 回以上のスポーツ実施率を 70％（障害者は 40％）、1 年に 1 度以上スポーツを実施する成人の割合を 100％に近づける（障害者は 70％を目指す）

　②生涯にわたって運動・スポーツを継続したい子どもの増加

　　児童 86％⇒90％、生徒 82％⇒90％

　③子どもの体力の向上

　　新体力テストの総合評価 C 以上の児童 68％⇒80％、生徒 75％⇒85％

　④誰もがスポーツに参画でき、共に活動できる社会の実現

　　体育授業への参加を希望する障害のある児童生徒の見学ゼロを目指した学習プログラム開発、スポーツ団体女性理事の割合を 40％

　⑤オリンピック・パラリンピック等の国際大会で、過去最高水準の金メダル数、総メダル数、入賞者数、メダル獲得競技数等の実現

　⑥スポーツを通じて活力ある社会の実現

　　スポーツ市場規模 15 兆円の達成（2025 年まで）、スポーツ・健康まちづくりに取り組む地方公共団体の割合 15.6％⇒40％

　⑦スポーツを通じて世界とつながる

ポスト SFT 事業を通じて世界中の国々の 700 万人の人々への裨益を目標に事業を促進、国際競技連盟（IF）等役員数 37 人規模の維持・拡大

　成人のスポーツ実施率は徐々に増加・改善されてきていますが、20〜40代での実施率は低い傾向が続いています。わが国では幼児期から高等学校まで学校での体育授業が必修となりクラブ活動についても従来は学校での実施が多くの割合を占めてきました。大学では実技を伴う「スポーツ実習」などの名称の授業の履修は選択制となった大学も多くありますが、私たち日本人は成人期まではスポーツは体育の授業も含めて「学校」で行うことが習慣化されてきています。幼児期の習い事としてスイミングなどの商業的スポーツ施設を利用することや近年ではサッカー J リーグの下部組織となるクラブチームでの活動なども見られますが、学校以外の地域社会を基盤とした場でのスポーツへの参画は消極的であったと考えられ、大学を卒業した時点でスポーツを行う機会を得るためには個人の積極的で自主的な行動が求められてきました。

　スポーツ庁は、成人後で特に働き盛りとなる国民が個人的に自主的なスポーツ活動に参画していくことの限界を感じた（あくまでも著者の私見）こともあってか、企業を通した取り組みも始めています。スポーツ庁の「スポーツエールカンパニー認定制度」は各企業の従業員が行うスポーツ活動に対する支援や、活動促進に向けた取り組みを実施している企業を認定する制度です。2023 年度は 1,252 社が認定を受けており、認定の回数などに応じてブロンズ、シルバー、ゴールドなどの称号が付与されます。各企業のホームページなどには認定を受けた標としてロゴ（図 1）の掲載が認められます。興味関心のある企業などのホームページを覗いてみてはいかがでしょう。さらに、スポーツ基本計画の範疇ではありませんが、経済産業省は従業員等の健康管理を経営的な視点で考え戦略的に実践する企業に対して「健康経営優良法人認定制度」を実施しています。さらに、厚生労働省が進める「健康日本 21」などの「ヘルスプロモーション」などとも有機的な連携が図られ国民の健康維持や体力向上に資する総合的な施策となることが期待されます。

図1 「スポーツエールカンパニー」と「健康経営優良法人」の認定ロゴマーク
出典：スポーツ庁及び経済産業省ホームページ

　上記⑦にあるSFT事業とは「スポーツを通じて、世界とつながる。社会の課題に向き合う。」をスローガンとして掲げた「Sports for Tomorrow」事業であり、そのコンソーシアム（共同事業体）は国内スポーツ関連団体や地方公共団体、民間企業、教育・研究機関、NGOやNPO組織、個人などから事業ごとに任意に構成された共同体によって発展途上地域などを対象として展開されています。また、このSFT事業の運営委員会には外務省、スポーツ庁、日本スポーツ協会、JOC（日本オリンピック委員会）、JICA（国際協力機構）などが名を連ねているなど、ここでもスポーツに関わる「新しい公共」の取り組みを垣間見ることができます。

5　障害者スポーツの推進

　前節でも紹介しましたが、第3期スポーツ基本計画では第1期、2期から継続して、障害者のスポーツ参加促進についても示されており、週1回以上スポーツをする20歳以上の障害者の割合を40％以上とする目標を掲げています。2023年度の実施率についての調査では32.5％であり、この数年では微増の傾向を示しているものの明確な上昇とはいえないでしょう。
　2024年9月上旬にパリ・パラリンピックは閉幕し、日本選手団は前回の東京大会を上回る14個の金メダルを獲得する活躍を見せました。このよう

なトップクラスの選手強化の成果が広く国内の障害者スポーツの拡大につながるものとなってほしいものです。

我が国では障害者が優先して使用できる施設などハード面での整備が十分ではない指摘が多く見られますが、そのような状況下でもパラスポーツ振興を地域の再開発の目玉としてその推進を図る自治体も見受けられるようになりました。

東京都の町田市は「町田木曽山崎パラアリーナ（執筆時では仮称）」を小学校跡地に整備する計画を進めています。町田市は公益財団法人日本財団パラスポーツサポートセンターと「スポーツを通じた共生社会の創造に向けた連携・協力に関する協定」を 2024 年に締結し、PFI（Private Finance Initiative）方式で民間事業者のもつ資金による施設整備とその後の運営も含めた指定管理者の選定について公募型プロポーザル（企画・提案を広く募集すること）を実施することとなっています。

著者が関わった事例を紹介しますが、大学の所在地である東大阪市は全国高等学校ラグビーフットボール大会が毎年開催されることが有名で 2019 年にはラグビーワールドカップの開催地ともなった「ラグビーのまち」として有名です。そのラグビー競技に加え、2017 年に「東大阪市ウィルチェアスポーツ広場」を開設することを皮切りとしてウィルチェア（車椅子）スポーツの振興を進めてきています。そして、2020 年には花園中央公園のラグビー場に隣接した場所に「ウィルチェアースポーツコート」が新設されました。そこでは車椅子で行うバスケットボール・テニスコートも敷設されましたが、中でも注目されたのが国内では初めてとなる車椅子ソフトボールの専用グラウンドが設けられたことです。

施設の整備に伴い東大阪市は日本車椅子ソフトボール協会と連携し、全国大会の開催や全日本代表チームの合宿誘致などを行いました。著者は大学と東大阪市が結ぶ「魅力あるまちづくり」のための包括協定を基盤とした地域研究助成をもとに「ウィルチェアスポーツの実施により期待される生理・心理的効果と参加の動機付けについての検討」をテーマとした調査研究を行っています。この研究は主に車椅子ソフトボールの実施によって期待される生

理学的あるいは心理学的効果を探ることによって車椅子ソフトボールの魅力を科学的に検証し、その振興を進めるうえでのエビデンスを提供することが目的です。

　スポーツ基本計画に関わる節でも述べたようにスポーツ振興を具体化して進めるためには科学的根拠（エビデンス）と目標（ゴール）が重要となります。ここでは詳細には述べられませんが、研究結果として、週1回2時間の車椅子ソフトボールの活動での運動量は 11.2 Mets・時間（1 Mets は安静時に消費されるエネルギー量でその何倍の強度で何時間行ったかで評価する方法）となり、これは厚生労働省やスポーツ庁が健康や体力の維持・増進に関わるプロモーションの中で示した推奨値「1週間に 23 Mets・時間（健常者対象)」の約 50％に相当することがわかりました。このように、障害者スポーツもスポーツそのものを楽しむことによる QOL（生活の満足度）の向上がもたらす生きがいの創出に加えて生活習慣病の予防といった効果も期待されます。日常生活での車椅子利用者の多くは顕著な運動不足の問題を抱えており、障害者こそ意識的に運動・スポーツを行うべきであると考えられます。

　日本で障害者スポーツが推進し始めた契機は 1964 年の東京パラリンピックであるともいわれていますが、身体障害者のリハビリテーションの一環としてのスポーツの重要性が理解され医療・福祉政策の一環として、施設の整備なども含めて厚生労働省の管轄となり進められてきました。しかし、近年では競技スポーツとしても注目を高めてきたこともあり競技力強化の施策の視点も含めて 2015 年に設置されたスポーツ庁のスポーツ振興政策の一つに位置付けられています。

　障害者スポーツはそれぞれの障害の特性や症状の重さなどを考えれば容易に一括りのものとしては扱うことができません。パラアスリートの中には健常者とほとんど同じ環境やルールによって活動が可能な状況である人もいれば、特殊な競技環境やルールの下で支援者を必要とする場合もあります。先に事例として紹介した車椅子ソフトボールでは主に脊髄損傷等による障害をもつ人が参加されていますが、健常者も「車椅子に乗ったら皆同じ」といった考え方から一緒に活動を行い、まさに共生社会実現のために有効なものと

いえます（国際大会等では健常者は出場できません）。

　ゆえに、障害者スポーツの振興や競技会の実施にはかなり詳細で柔軟な対応が求められることから、競技を統括する団体も健常者とは別組織であることが一般的となります。しかし、今後より障害者スポーツを振興するためには、一つの競技団体（種目）の中に障害者のカテゴリーがあるような組織の改編も有効になるかもしれません。また、近年では多くの企業がCSR（企業の社会的責任）活動の一環として障害者スポーツ支援のコンテンツを展開し始めており、財政面も含めた大きな寄与が今後期待されます。

　ここで述べた障害者も含め、ダイバシティ（多様性）によって形成される社会や組織における共生社会の醸成に、スポーツはその活動を通して人と人、地域と地域のつながりを生み、運動やスポーツそのもののもたらす爽快感や楽しさを提供することをもとにしながら、それらの活動をマネジメントする組織の構築などを通して大きな社会貢献ができるものと期待できます。

6　公民連携と民間の協働から推進されるスポーツ施設に関わる公共経営

　スポーツに関わる公共経営、すなわち公民連携（PPP：Public Private Partnership）によるスポーツ振興は、地方自治体が近年積極的に導入している PFI 事業によるスポーツ施設整備と指定管理者制度の導入などに代表されます。1999 年に施行された PFI 法により民間の資金による公共施設等の整備が促進され、スポーツに関連するものに限らず、図書館、博物館、公園などの文化施設や医療・福祉施設などその対象は多岐にわたります。民間資金の活用は地方自治体の行財政改革（限られた経営資源を最大限に活用し、効率的で効果的に事業を進め、財政の健全化と市民サービスの維持向上の両立をめざす取り組み）の一環となりますが、PFI 事業での施設整備後にその施設管理を行いながら民間企業が利益を創出していくことは公民（官民）双方にとって有益な仕組みであるとも考えられます。

　指定管理者制度は 2003 年の地方自治法の一部改正に伴うもので、既存の公共施設も含めてその管理運営を企業や財団法人、NPO 法人などに包括的

に代行させることを可能にしたものです。指定管理者の選定に際してはプロポーザル方式がとられ、単に施設の管理能力を評価することではなく、市民のためにどのように有効活用されるのかといった視点での「提案」の内容が審査されることとなり、民間のノウハウを活用したさまざまなスポーツ関連プログラムの導入も期待されます。このようなスポーツ施設の指定管理者については、スポーツ用品メーカー、フィットネス関連企業、NPO 法人として活動している総合型地域スポーツクラブなどさまざまですが、ビル管理会社やプロスポーツクラブなどと協働して設けられる共同企業体としての取り組みも見受けられます。

　国内の大手スポーツ用品メーカー各社もスポーツ関連の「スクールビジネス」の分野に注力することやスポーツ施設運営に特化したセクションや子会社を設けるなどスポーツ産業分野としても注目されるコンテンツの一つとなってきています。ただし、既存の公共施設の指定管理者については 5 年の期間をもって改めて選定が行われることが一般的であることや、大きな収益は望めないことがその前提にあります。

　本書では詳細な記述は行いませんが、スポーツ産業には「スポーツ用品産業」「スポーツ施設・空間産業」や「スポーツ情報・サービス産業」といった住み分けられた伝統的な領域が存在しました。しかし、現在ではその領域の境界は薄れてきており、その要因にはデジタルテクノロジーの進展（DX）などによる変革に加えて、スポーツに関わる公民連携での企業間のオープンイノベーションなどがこのようなスポーツ産業領域のハイブリッド化を後押ししているものと考えられます。

　PFI 事業によるスポーツ施設整備においても、従来のように国や地方公共団体から発表された仕様（施設・建造物の設計内容など）に対しての「価格」で決定する入札形式ではなく、どのような施設を整備し、どのように維持管理・運営し、公民連携の下でどのように効果的かつ効率的に市民への公共サービスを展開するかといった総合的な事業の提案内容が重視されます。また、PFI 事業では施設整備後は長期間（20〜30 年など）の管理契約を結ぶことが可能となります。この PFI 事業にはいくつかの異なる方式があり、公共

280

のスポーツ関連施設の建て替えや再整備については一般的に BTO 方式が用いられます。BTO 方式とは施設整備（Build）を民間の資金活用により行い、国や地方自治体にその施設の所有権利を移転（Transfer）し、指定管理者として管理運営（Operate）するといったものです。

　また、このような公共スポーツ施設の PFI 事業では複数の企業が協働して SPC（特別目的会社）を設けて行うことが一般的です。従来の「まちの体育館」といったものが「フィットネスクラブ」を思わせるイメージをもつことや、さまざまなスポーツ種目の「教室」が展開されたり、プロスポーツの試合が開催されることや、民間企業の経営する「カフェ」や「コンビニエンスストア」が併設されるなどさまざまな変化が見られます。

　都市公園の魅力と利便性の向上を図る目的にも PFI 事業は取り入れられ始めています（Park–PFI）。日本人成人の運動・スポーツを行う最も多い場所として道路や公園が挙げられ、ウォーキングやジョギングを楽しむ人が多いことを考えれば、この Park–PFI 事業もスポーツの公共施設整備の一つとして考えても良いでしょう。たとえば、「大阪城公園」は大阪市が直営で管理を行ってきましたが、民間資金による施設整備を進めながら 2015 年より「大阪城パークマネジメント共同事業体」が管理運営を行っています。この共同事業体を構成しているのは、株式会社電通関西支社、讀賣テレビ放送株式会社、大和ハウス工業株式会社大阪本店、大和リース株式会社、株式会社 NTT ファシリティーズの 5 社です。

　この Park–PFI 事業によって、レストランなどを含むさまざまな商業施設も設けられましたが、「大阪城ラン＆ウォークコース」のマップを作成し公園内の史跡を楽しむことと融合させる取り組みもされています。また、「RUNNING BASE 大阪城」ではジョギングを楽しむ人のためにロッカーやシャワールームが設けられ、旅先でも気軽に楽しめるようにウェアやシューズのレンタルも準備されています。

　さらに、2020 年頃より全国的に計画が広がりを見せているのが民間企業自ら進める「民設民営」による公共性の高いスポーツ施設です。たとえば、プロ野球北海道日本ハムファイターズが本拠地とするスタジアム「エスコン

フィールド HOKKAIDO」はその周囲にさまざまな野外活動施設や宿泊施設、商業施設などを有した「北海道ボールパーク F ビレッジ」として開発されました。また、長崎市では通信販売大手のジャパネットホールディングスが「長崎スタジアムシティ」を 2024 年に開業しました。この長崎スタジアムシティは、バスケットボール B リーグの長崎ヴェルカが本拠地とする 6,000 席のアリーナ、J リーグ V・ファーレン長崎が本拠地とする 2 万人収容のサッカースタジアムに加えてホテル、ショッピングモールやオフィスビルなどを備えたスポーツを中核とした大型複合施設といえます。このように、プロスポーツチームの興行などを集客の基盤にしながら、地域の活性化を目指したまちづくりが民間の資金力やアイディアを基に全国各地で見られるようになってきています。そして、これらの民設民営のスポーツ施設による新しい公共経営の推進には、経済産業省やスポーツ庁が成長戦略の一つとして提唱してきた「スタジアム・アリーナ改革」といった国の公共政策がその基盤にあります。今後もこのスタジアム・アリーナ改革は益々広がりを見せると考えられますが、その整備や管理運営方法についての公民連携の手法は複雑で多岐にわたっています。しかし、その複雑で多岐にわたる組織づくりこそがスポーツに関わる公共経営の広がりを後押しし、魅力的な取り組みへと発展させてくれるものと期待されます。

7　スポーツツーリズムによる地域活性化

　1980 年頃、著者は学生時代に毎年冬はスキーで、夏は陸上部の合宿で信州の高原へと出かけていました。またその頃から海外でゴルフやスキューバダイビングを目的に旅行する人やスポーツイベントを観戦する人たちも増加し始めました。もちろんそれ以前にもそのようなスポーツに関わる旅行といった行動形態はありましたが、このスポーツを「する」ことや「みる」ことを目的とした旅行を「スポーツツーリズム」という言葉や概念で一般的に用いられるようになったのは 2000 年以降になるでしょう。

　2010 年に国の観光立国推進本部で初めて採り上げられ、同年に「スポーツツーリズム推進連絡会議」が設置されました。それ以降は「観光立国推進

基本計画」や先述の「スポーツ基本計画」の中にも盛り込まれることとなりました。また、スポーツツーリズムは全国各地に点在する各地域のスポーツ資源を活用しその地域の経済活動を活性化するためにも有効なコンテンツと成り得ることから大いに注目され始めました。ゆえに、スポーツツーリズムは「スポーツ立国」、「観光立国」、「地方創生」といった国の重要政策を一つに練りこめるようなものでもあるといえます。さらに近年では、「スポーツ文化ツーリズム」といった概念も加わり、特に海外からの旅行者に対してはスポーツ活動とともに各地域での日本文化（史跡、祭り、伝統工芸、日本食など）の体験も含めてプロモーションされるようになってきています。

　日本に住む私たちは海外の人が注目するスポーツ資源についてあまり気づいていないかもしれませんが、自然環境によるものや伝統的武道など注目されるコンテンツは数多く存在します。スキーやスノーボードなどができるスキー場は全国に約500カ所存在し、この数は世界1位であり、北海道や東北地方などのパウダースノーと呼ばれる雪質は大きな魅力となっています。ゴルフ場も全国に約2200カ所でこれも世界で3番目に多く、日本沿岸の魚類は約4000種と世界4位であることからスキューバダイビングにも人気となっています。また、ラフティングやキャニオニングなどのリバースポーツに適した河川が多く存在することなど自然環境でのスポーツ体験を多く可能にしています。

　このような自然環境でのスポーツ活動にはその環境整備や管理に国土交通省が関わりをもつこととなりますが、国土交通省は「ナショナルサイクルルート」の整備も行っており、まさに国を挙げてのスポーツツーリズムの推進となっています。ナショナルサイクルルートは2024年現在で全国に6カ所設けられています。滋賀県の琵琶湖を一周する「ビワイチ」や、広島県尾道市から瀬戸内海の島々を渡り愛媛県今治市へと続く「しまなみ海道」などが有名です。

　ここまで紹介してきたスポーツツーリズムは「アウトドアツーリズム」とまとめて表されることもありますが、もう一方で「武道ツーリズム」にも注目が集まっています。武道ツーリズムでは相撲を見ることなどに加えて、空

手、柔道、剣道や弓道などを体験することに人気があります。柔道はオリンピック種目であり、日本よりもフランスでの競技人口が多いなど世界的にも注目されている競技であり、空手も沖縄が発祥とされていることから沖縄県では海外からの空手体験での旅行者の集客に力を入れています。武道の体験を目的とした海外からの旅行者は滞在期間が比較的長くなるなど経済的な効果に加えて地域とのさまざまな交流を深める好機となるものと考えられます。

2012年に設立された「一般社団法人日本スポーツツーリズム推進機構」はここで述べてきたようなスポーツツーリズムに関わる情報を各種スポーツ競技団体や旅行社、地方自治体などと連携しながら広く公開しています。また、その後設置されたスポーツ庁でもホームページを用いて海外向けのプロモーションビデオの発信などが盛んに行われてきています。

8 地域スポーツコミッションに期待されるネットワーク形成

ここまで「スタジアム・アリーナ改革」や「スポーツツーリズム」の推進について国や地方自治体のスポーツ振興施策の視点を中心に述べてきましたが、国内の各地でそれらのスポーツ資源を用いた地域の活性化を進めるには各事業に関わるその地域のステークホルダー（利害関係者）によって形成される組織の構築が求められることになります。この「組織」について、スポーツ庁は第3期スポーツ基本計画の中で「地域スポーツコミッションの設立」として呼びかけをするとともにその支援を始めています。

地域スポーツコミッションに期待されるものは、スポーツツーリズム、スポーツイベントの開催・誘致、地域スポーツクラブの運営など多岐にわたりますが、組織を構成するものは地方公共団体に加えて、各地域・各競技のスポーツ団体、観光協会、民間企業、商工団体や大学などが考えられます。図2は、日本スポーツツーリズム推進機構がホームページに示した地域スポーツコミッションの組織イメージです。旅行者やイベント参加者がワンストップで情報やサービスが得られるような仕組みづくりを目指していることが見て取れます。また、事業を進めるうえでの外部組織との窓口を一元化するこ

8　地域スポーツコミッションに期待されるネットワーク形成

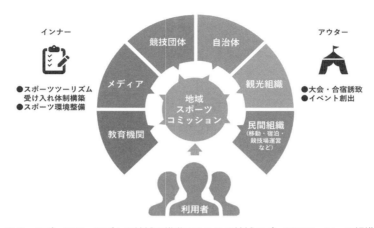

図2　スポーツツーリズムを地域で推進するための地域スポーツコミッション組織
出典：一般社団法人日本スポーツツーリズム推進機構ホームページ

とや地域のスポーツ環境整備について統括した施策が検討できる体制づくりが望まれていることがわかります。

スポーツ庁の支援対象となるスポーツコミッションには組織要件として二つ、活動要件として二つ、合計四つの要件が必要であるとされています。

要件1：常設の組織であり、年間を通じて活動を行っている。（時限の組織を除く）
要件2：スポーツツーリズムの推進、イベントの開催、大会や合宿・キャンプの誘致など、スポーツと地域資源を掛け合わせたまちづくり・地域活性化を主要な活動の一つとしている。
要件3：地方自治体、スポーツ団体、民間企業（観光産業、スポーツ産業）等が一体となり組織を形成、または協働して活動を行っている。
要件4：特定の大会・イベントの開催及びその付帯事業に特化せず、スポーツによる地域活性化に向けた幅広い活動を行っている。

以上の4要件を満たしたスポーツコミッションとしては2023年10月現在、

45都道府県で全国に204団体が設けられていることが公表されています。

　ここまで述べてきたようにスポーツコミッションにはさまざまな組織、企業や団体が一体となり、スポーツ振興によるまちづくりのための幅広い活動の継続的実施が求められます。参画する個々の組織のもつ「ヒト」「モノ」「カネ」「情報」といった経営資源の持ち寄りにより、それらの有機的な結びつきが新たな経営資源を創出していくといった魅力的な事業であるといえます。

　しかし、スポーツコミッションへ参画している各団体のもつ活動へのモチベーションの大小や期待する効果などについては一様ではないでしょう。皆が同じように利益（費用対効果）を得ることができるのか、また社会問題の解決に対してその使命感の充足をどのようにして得られるかなどについては推し量ることが容易ではない未知なものでもあるともいえます。

9　スポーツマネジメントによる公共経営の価値の創造

　「スポーツマネジメント」といった言葉は1990年頃から急速に進展をみせたスポーツのビジネス化や産業化と相まって、「スポーツ活動のマネジメント」と「スポーツによる地域マネジメント」の両面を持つ概念として広まりを見せました。そして、まさに表裏一体であるこの両側面は、現代社会においてスポーツを振興する意義を高め、スポーツの新たな価値を創造する概念となります。ここまで述べてきたPFI事業によるスポーツ施設の整備とその活用についてや、スポーツツーリズムに関わる組織づくりなど、スポーツマネジメントの視点から見た公共経営の取り組みは非常に興味深いものですが、近年新たに注目されてきた「学校部活動の地域移行」について本章の最後に述べておきます。

　「学校部活動の地域移行」について文部科学省は2021年に「地域運動部活動推進事業」として休日の部活動の段階的な地域移行としてスポーツ庁を中心に推進し始めています。その背景には「学校の働き方改革（教職員の負担軽減など）」がありますが、少子化によるチームスポーツへの参加機会の減少や、生徒への専門的なスポーツ指導の提供の必要性なども考えられます。また、著者は先述したように将来的には日本人成人のスポーツ参加機会の拡

大を地域にシフトしていく動きにもつながるものと考えています。

学校の部活動の地域移行では「総合型地域スポーツクラブ」がその受け皿の一つとして期待されています。総合型地域スポーツクラブは 1995 年から文部科学省が進めるスポーツ振興施策であり、「総合型」のもつ意味は「幅広い世代の人々が各自の興味関心・競技レベルに応じてさまざまなスポーツ種目を行うことができる」といったものであり、地方自治体や地域のスポーツ競技団体などがその設立や運営の支援を行ってきています。2023 年には全国に約 3,500 のクラブが設立され活動を行っています。NPO 法人として地域の体育館などの公共施設の指定管理を行いながら積極的に活動を行っているクラブもあり、隣接地域間や地域内で複数のクラブが協力している事例なども見受けられます。

しかし、部活動の地域移行による受け入れ対象者の増加などにより指導者などの人材の確保や養成が急務であり、さらに市町村の教育委員会による学校と地域クラブなどとの連携による組織づくりやシステムの構築にはまだ多くの課題が存在しているといえるでしょう。いち早く対応を具現化した事例としては、静岡県掛川市教育委員会による「令和 8 年（2026 年）夏に部活動を終了します」といった宣言です。2026 年以降は「かけがわ地域クラブ（執筆時では仮称）」を設立してその受け皿となるように準備が進められています。

さらに、この部活動の地域移行には学生も含めた大学の人的資源や施設の活用、プロスポーツクラブのホームタウン活動などの取り組みとの融合などにも期待がされています。

また、2024 年にはスポーツデータバンク株式会社、三井住友海上火災保険株式会社と日本郵政株式会社の 3 社が、学校部活動の地域連携・地域移行を支援する為に「ブカツ・サポート・コンソーシアム（通称「ブカサポ」）」を設立しています。このブカサポではスポーツ庁、地方自治体、日本スポーツ協会や各種スポーツ関連団体と連携・協力しながら部活動の地域移行の取り組みに必要とされる人材・物資・財源などの確保や運営・管理のノウハウの提供を目指しています。

このように「部活動の地域移行」の事例においても本章で述べてきた他の

事象と同様にさまざまなアクターが存在しています。スポーツに関わる公共経営の取り組みは、それぞれのアクターがもつ主体性の高まりと、その協働で生まれる豊かな創造性によって今後益々私たちの生活を豊かなものへ導いてくれるものと期待しています。

(宇部　一)

参考文献

原田宗彦（2023）『スポーツ地域マネジメント　—持続可能なまちづくりに向けた課題と戦略—』学芸出版社

経済産業省（2017）「健康優良法人認定制度」
（https://www.meti.go.jp/policy/mono_info_service/healthcare/kenkoukeiei_yuryouhouzin.html）2024.9.25

日下知明（2022）「地域におけるスポーツ政策のネットワーク形成　—実態と課題—」『体育の科学』vol. 72, no. 6, pp. 379-382

町田市（2024）「(仮称)町田木曽山崎パラアリーナ整備・運営計」
（https://www.city.machida.tokyo.jp/bunka/sport/sport/machidakisoyamazakipara/index.html）2024.9.25

文部科学省（2011）「スポーツ基本法（平成23年法律第78号）（条文）」
（https://www.mext.go.jp/a_menu/sports/kihonhou/attach/1307658.htm）2024.9.25

日本政策投資銀行・日本経済研究所・(一財)日本経済研究所・価値総合研究所（2020）『日本政策投資銀行 Business Research　地域創生と未来志向型官民連携—PPP/PFI20年の歩み、「新たなステージ」での活用と方向性—』ダイヤモンド・ビジネス企画

日本体育・スポーツ政策学会監修、真山達志・成瀬和弥編著（2021）『公共政策の中のスポーツ』晃洋書房

日本郵政株式会社（2024）「「ブカツ・サポート・コンソーシアム」を設立　〜持続可能な次世代の"ブカツ"の実現に向けて〜」
（https://www.japanpost.jp/pressrelease/jpn/2024/20240910189769.html）2024.9.25

スポーツ庁（2024）「令和6年度予算（案）主要事項」
（https://www.mext.go.jp/sports/content/20240119-spt_sseisaku01-000033539_1.pdf）2024.9.25

スポーツ庁（2024）「令和7年度概算要求主要事項」
（https://www.mext.go.jp/sports/content/20240827-spt_sseisaku01-000037779.pdf）2024.9.25

スポーツ庁（2024）「全国のスポーツコミッションの活動概要」
（https://www.mext.go.jp/sports/b_menu/sports/mcatetop09/list/detail/1413435.htm）2024.9.25

スポーツ庁（2022）「第 3 期スポーツ基本計画」
（https://www.mext.go.jp/sports/b_menu/sports/mcatetop01/list/1372413_00001.htm）
2024.9.25

スポーツ庁（2016）「スタジアム・アリーナ改革」
（https://www.mext.go.jp/sports/b_menu/sports/mcatetop02/list/1384234.htm）
2024.9.25

武田丈太郎（2022）「スポーツ政策の諸課題 ―立法と行政計画に注目して―」『体育の科学』 vol. 72，no. 6，pp. 375-378

時本識資・田畑亨・内藤和正著（2019）『はじめて学ぶスポーツ政策』 アイオーエム

宇部一・木戸盛年（2021）「ウィルチェアスポーツの実施により期待される生理・心理的効果と参加の動機付けについての検討」 令和 2 年度東大阪市地域研究報告書
（https://www.city.higashiosaka.lg.jp/koumin/cmsfiles/contents/0000030/30363/wheelchair_houkoku.pdf）2024.9.25

吉田智彦（2023）「スポーツ基本計画にみる運動部活動と地域スポーツクラブの関係」『体育の科学』 vol. 73，no. 4，pp. 228-232

第14章

文化による地域づくり

1 文化と地域

1.1 文化とは

　公共経営を考える時、文化の振興ということが大切なテーマの一つになってきます。文化は私たちの生活・社会にとって欠かせないものだからです。では、「文化」とは何でしょうか。厳密な定義は、学者によっても異なり一定していません。文化のつく言葉を挙げてみても、「文化の日」「文化勲章」「日本文化」「文化財」「文化遺産」といったものから、身近な「文化祭」「文化施設」や「文化教室」「食文化」まで、さまざまな意味に使われています。

　英語の Culture（文化）は、もともと「耕す」という語源を持っています。したがって西洋では、人間が自然に手を加えて作り上げてきたものを Culture と呼び、衣食住をはじめ科学・技術・学問・芸術・宗教など幅広い内容を含んでいます。

　文化人類学者の梅棹忠夫は、文化の特徴を産業や交通など「腹の足し」「筋肉の足し」になるものに比べて、「心の足し」になるものと表現しています。「心の足し」つまり生活を楽しく心を豊かにするものが文化だというわけです。

　ここでは、「文化」を以上のような広い意味でとらえておきたいと思います。具体的には、学問・芸術・宗教などの高度な精神文化から衣食住・つきあい・遊び・スポーツなどの生活文化までを視野に入れて、「文化」は人間生活を精神的に豊かにするものと考えます。

290

文化（Culture）はもともと人間の住む土地や自然との関わりの深いもので、ある一定の土地に住む人間の集団が共有する生活様式を特徴づける要素ともなっています。同じようなものを食べ、同じようなものを着て、同じような家に住み、同じ言葉を話し、宗教や生活習慣を共有することから民族文化が生まれてきました。同じ民族でも、地域ごとに異なる歴史と伝統が形成されると、その地域独自の「地域文化」というものが成立することになります。また世代ごとに異なるライフスタイルが形成されると、「若者文化」といった世代文化が誕生します。

このように文化は、ある一定の人間の集団が価値観や生活習慣を共有することから形成されるものだといえるでしょう。

■ 1.2　地域とは

文化はもともと一定の土地に住む人間の集団が共有するものと述べましたが、では一定の土地の範囲とはどういうものでしょうか。

時代によっても変わります。たとえば、江戸時代ぐらいまでの日本では、ほとんどの人は生まれた村や町で一生を過ごすのが普通でした。山に囲まれた盆地というのが典型的な日本人のふるさとのイメージでした。山や海に囲まれた風土のなかで生活圏が形成され、それぞれに特色のあるふるさとの文化が育まれていたのです。そこでは、神社や寺院が重要な役割を果たし、季節を彩るお祭りは地域の住民の心をつなぐ大切な行事でもありました。

ところが、近代以後の工業化社会は、産業・交通等の飛躍的発展と都市化の進展により、人々の生活圏を一変させました。就学・就職・結婚から余暇活動まで、人々の行動範囲は大きく広がり、今では生まれた町で一生すごすという人のほうが少なくなっています。それとともにかつての近隣のつながりを中心にした「地縁型社会」が崩れ、所属する企業や団体を中心にした「社縁型社会」が都市部からひろがっていきました。これは、日本の終身雇用制を前提とした就業形態を反映したものですが、最近ではその前提も崩れつつあり、改めて生活の舞台としての地域が見直されています。

自分自身の生活を考えてみると、ふだんの生活圏・行動範囲はどうでしょ

う。通常、町内の近所付き合いや小・中学校区、通勤・通学、ショッピング
の範囲などが日常の生活圏でしょう。

　それは昔の小さな村や町とちがって、今日ではだいたい都市が中心になっ
ています。行政的には「基礎自治体」といわれる市や町が基本です。ただ生
活・文化圏という面から見ると、歴史的経緯や経済的背景等により、必ずし
も行政上の一都市・一町村がひとつの単位ではなくて、いくつかの市や町村
がひとつの地域文化圏を構成したり、一都市の中のある地域が文化圏として
まとまっていたりする場合もあります。

■1.3　地域づくりと文化力

　都市の時代といわれる今日、それぞれの都市が活力と魅力のある地域づく
りに取り組んでいます。それでは地域の力は何によって決まるのでしょう
か。もちろん文化もその一つですが、それだけではありません。地域の力の
もととなる資源にはどんなものがあるか考えてみましょう。

（1）自然力
　地域の風土が持つ自然というものが、大きな資源になります。山・川・海・
平野といった地形から気候、さらに動植物や鉱物などの自然の恵みを、人々
の生活を支えるもっとも基本的な要素として挙げることができるでしょう。

（2）経済力
　自然資源を活用した産業も、私たちの生活に大きな役割を果たしていま
す。産業は、農漁業・鉱工業・商業・サービス業など地域によってその構成・
内容はことなります。また産業を支える基盤となる交通・通信やエネルギー
などを含めたものが地域の経済力の源になります。

（3）政治力
　地域に住む人々の秩序・まとまりを形成する政治の力が重要なことはいう
までもありません。安全で住みよい地域社会をつくるのは行政府だけの仕事

ではなく、住民の意識・参画が重要な役割を持っています。

（4）住民力

住民自身の力です。地域には子どもから老人までの各世代、男性・女性、外国人などさまざまな人々が住んでいます。同じ地域に住む人々が、多様な関係・つながりをもって地域社会の活力を発揮する原動力になります。こうした人と人のつながりをベースにした住民の力は、「ソーシャル・キャピタル」とも表現されます。

（5）文化力

そして本章で取り上げる「文化」が、地域を特色づけ、地域の魅力を高める力として重要な要素になるのです。

以上の、自然力・経済力・政治力・住民力・文化力を総合的に発揮して、地域が有する資源を十分に活用することが、「地域力」の向上につながっていくのです。したがって、それぞれの要素は相互に関連を持っているわけですが、ここで文化的資源の活用による地域づくりの例として「祭り」を取り上げ、具体的に考えてみましょう。

【祭りの効用——岸和田だんじり祭】

祭りはもともと、神社や寺院の宗教的な儀式に起源がありますが、関連するさまざまな祭礼行事が加わって、地域の年中行事としてにぎわいを見せるものがたくさんあります。たとえば京都の祇園祭や大阪の天神祭は、毎年百万人以上もの人たちが各地から観光にやってきます。いずれも伝統のある祭りで、長年京都や大阪の市民によって支えられ、発展してきました。

祇園祭や天神祭のような大都市の祭りでなくても、各地にはそれぞれ特色ある祭りがあります。なかでも大阪府岸和田市のだんじり祭は、豪快な「やりまわし」で有名です。「やりまわし」とは、200人を超える曳き手が重さ4トンもあるだんじりを、道路の交差点で直角に曲がりながら勢いよく駆け抜

けるというもので、大勢の見物人はその迫力に興奮します。

　岸和田のだんじり祭は江戸時代に始まったものですが、今日まで続けられ発展してきたのは、これを支える町の人たちのだんじりへの愛着と長年にわたる努力の結果です。市内の町会ごとに祭礼組織がつくられ、町会長のもとに世話人・若頭・組・青年団・少年団・子供会といった祭礼団体が年齢別に構成され、それぞれが役割を分担し、年々の祭りの当番役を果たして行きます。次の世代へと受け継いでいく仕組みがしっかりつくられているのです。

　岸和田では9月の祭りが終われば、すぐに翌年の祭りの準備が始まります。1年中、心の中にだんじりがあり、子どもの時からだんじりとともに成長していくので、大人になって他の町へ出て行っても、多くの人がだんじり祭の日には岸和田に帰って来るといわれます。

　岸和田のだんじり祭をもとに、文化資源としての祭りが地域にもたらす効用を挙げると次のようなものがあります。

　①長年培われてきた地域の伝統文化・シンボルであり、住民の誇り・心の
　　支えになる。

　②地域住民が力を合わせて取り組む行事であり、住民のコミュニケーショ
　　ン・連帯感を醸成する。

　③年に一度の「ハレ」の行事として、大きな喜びと楽しみをもたらす。

　④祭礼関連の産業振興、商店街の賑わい、観光ビジネス等を通じて経済効
　　果をもたらす。

　⑤祭礼関連の芸術・芸能が地域文化の発展を促す。

　⑥祭りを通じて他の地域との交流が生まれる。

以上のように、祭りのような地域固有の文化資源をうまく活用すれば、地域社会の活性化に大きな効果をもたらしてくれるのです。

2　政府による文化振興

■ 2.1　国の文化政策

　文化は人間の自由で創造的な活動ですから、一人一人の住民やそれぞれの

地域の自主的な意思にもとづいて取り組むべきものだといえるでしょう。文化活動の主役は、一人一人の個人なのです。

　しかしながら、人間の生活の豊かさ、とくに心の豊かさが住民の幸福に果たす重要な役割を考えると、個人や地域の自主性・自由を尊重しながら、国全体あるいは地域の文化を振興することは、公共的課題であり、行政の大切な仕事にも位置付けられます。

　日本では現在、文化庁が国全体の文化政策を担当して、文化の振興をはかっています。国の文化政策は「文化の頂点の伸長」と「文化の裾野の拡大」を基本に進められています。「文化の頂点の伸長」というのは、芸術・文化活動の質を高め、創造活動を活発にして、文化を振興していくことだといえます。「文化の裾野の拡大」というのは、それぞれの地域の特色を活かしながら、日本全体に文化を普及し、文化水準を引き上げていくことです。

　国の文化政策をまとめると次のようになります。

　①文化基盤の整備
　　　文化振興のための制度や施設の整備、人材の育成など
　②芸術・文化活動の奨励・援助
　③文化への参加と享受の機会の拡充
　　　国民が平等に文化の恩恵を受けるための施策
　④文化財の保存と活用
　⑤文化の国際交流の推進

　②の「芸術・文化活動の奨励・援助」という芸術振興策が、おもに「文化の頂点の伸長」に、③の「文化への参加と享受の機会の拡充」という文化普及策が「文化の裾野の拡大」につながるものです。

　これをお金の面から見てみると、国の文化関係予算は、絶対額でも国家予算に占める比率でも、フランスやイギリスなどヨーロッパ諸国に比べると少ないことがわかります。アメリカは民間の個人・団体による芸術・文化への支援活動が活発なため、国家予算は少なくなっています。（表1）

表1　文化関係予算の国際比較

国名	文化関係予算額（億円）	国家予算に占める比率（％）	備考
日本	1,040	0.10	文化庁予算
フランス	4,238	0.89	文化・コミュニケーション省予算
ドイツ	1,697	0.43	文化メディア庁予算
イギリス	1,773	0.15	文化・メディア・スポーツ省予算より
アメリカ	1,659	0.04	各文化機構予算より
中国	1,167	0.25	文化部予算
韓国	2,525	1.09	文化体育観光部・文化財庁予算より

出典：（一社）芸術と創造「諸外国の文化予算に関する調査報告書」2016年

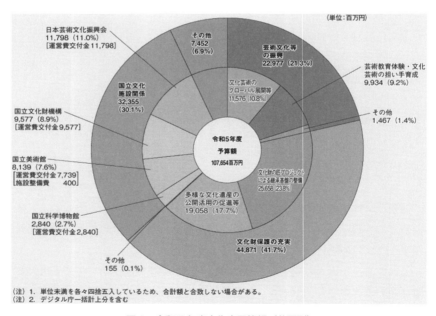

図1　令和5年度文化庁予算額（分野別）

出典：「文部科学白書 2023」

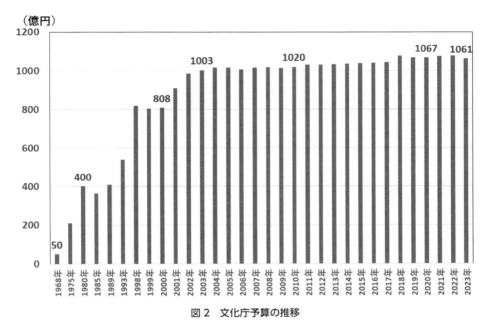

図 2　文化庁予算の推移
出典：文化庁『文化芸術関連データ集』及び各年「文化庁予算の概要」より筆者作成

しかも日本の文化庁予算の中身は、文化財の保護が多くを占め、芸術・文化の振興や普及のために予算があまり配分されていないのが特徴です。（図1）

ただ、近年は芸術・文化に対する国民の関心を反映して文化関係予算も増加を続け、とくに「文化芸術振興基本法」が制定された 2001（平成 13）年以降は着実に増加し、2003（平成 15）年以降は 1000 億円を超える規模になっています。（図2）

2.2　地方自治体における文化行政

では、地方自治体における文化振興はどうでしょうか。戦後の中央政府主導の高度経済成長を終えた日本では、「中央と経済」に重心が偏りすぎたこ

との反省もあり、1970年代後半ごろから各地で「地方の時代」、「文化の時代」というスローガンが掲げられ、大阪府、埼玉県、神奈川県の知事などが地域文化振興の先導的役割を果たしました。

　そして1980年代に入ると、それまでの教育委員会中心の文教行政だけでなく、知事や市長の首長部局が主導するまちづくりの一環としての文化行政が全国にひろがっていきました。

　この時期に特徴的なことは、文化振興策として全国各地に公立の劇場・ホールやミュージアムなどの文化施設が続々と建てられるとともに、「地方博覧会」を始めとして多彩な芸術・文化イベントが開催されたことです。

　ただし自治体によってははっきりしたビジョンもなく、地域文化の振興という時代の流れに乗って、ホールや美術館など（ハード）を建設しただけのところも多く、その活用策（ソフト）が十分でなかったために「ハコモノ行政」という批判を浴びることになりました。

　もちろんしっかりした方針にもとづき、地域の文化拠点として地域文化の向上に寄与した公立文化施設もたくさんあります。一例として、兵庫県が1978年に尼崎市に設立したピッコロシアターを取り上げます。

【地域の文化拠点——ピッコロシアター】

　「ピッコロシアター」は、イタリアのミラノにある「小劇場」（「ピッコロテアトロ」）にあやかってつけた愛称で、正式には「兵庫県立尼崎青少年創造劇場」といいます。

　名前のとおり、若者のための演劇文化拠点として設立されました。ホールは若者の発想を取り入れ、舞台やバックヤードを広く設計してあります。運営スタッフに専門家を招き、公立文化施設でははじめての演劇学校や、美術・照明・音響等の舞台技術学校、さらには「ピッコロ劇団」も設けて人材の育成にも力を入れています。

　文化庁芸術祭優秀賞はじめ多くの賞を受けるなど各界から高く評価される活動を続け、文化創造活動の拠点づくりの先駆的なモデルとして全国から注目を浴びてきました。

1970年代以降、このような個性的な文化施設が各地に誕生しました。

市民を挙げて手作りの芝居を創造する舞台となる岩手県遠野市の「市民文化センター」（1974年）、田んぼの中の音楽ホールと親しまれる宮城県加美町の「中新田バッハホール」（1981年）、山里の暮らしの知恵を現代に伝える愛知県豊田市の「三州足助屋敷」（1980年）、鉄の博物館を拠点に国内外に文化情報を発信する島根県雲南町の「鉄の歴史村」（1986年）などの文化施設は、それぞれの地域の活性化に貢献するばかりでなく、他の地域との交流の拠点ともなっています。

一方都道府県や大都市レベルでは、より高度な芸術文化の振興をめざした新しい動きも出てきました。1990年に開設された茨城県水戸市の芸術館が代表的な例です。同館は、美術・音楽・演劇の各分野にプロの芸術監督を置いて、美術館と専属の楽団・劇団の企画・運営を行っています。スタート以来高度な芸術文化の創造活動を続け、水戸市民だけでなく関東一円あるいは全国各地からファンがやってきます。

関西でも、滋賀県が1970年代から進めて来た文化施設整備計画の一環として、1998年大津市に、日本でも数少ないオペラ専用劇場「びわ湖ホール」を開設しました。西日本最大のオペラ文化の拠点として存在感を持ち、国際的にも高く評価される活動を続けています。ところが、年々の経費が多額に上るため、2008年には予算削減の是非をめぐって各界の議論が沸き起こりました。

これは文化の公共性を考える上で、なかなか難しい問題です。水戸芸術館でもびわ湖ホールでも、質の高い芸術文化の創造をめざせばめざすほど建設費も管理・運営費も大きくなります。一方で、「地元県民よりも他府県の人々がその恩恵を受けている」という不満の声もあります。芸術文化の公共的役割と財政・お金との兼ね合いの問題もあります。特に不況期になると、文化に回すお金は削ろうという話がよく出てきます。

けれども地域の中に世界に誇る文化施設があることは、地域の文化水準を上げ、情報を発信し、地域外との交流を促進し、結果的に地域の人々の生活の質を高めることに寄与します。

びわ湖ホールは、県内外の多くの支援の声が集まり、予算の問題もクリアして、県下の学校へのアウトリーチ活動などにより、地域に根を広げた活動を展開しています。2020年の新型コロナウイルス禍中には、無観客でオペラを公演し、ネットでライブ配信して、海外からも高い評価を博しました。

　多くの人が訪れる世界各国の魅力的な都市には、必ずといっていいほど優れた文化施設があります。それらは、都市や町の誇りとして、貴重な文化資源として、そこに住む人々によって支えられているのです。

　芸術文化の創造をめざす公立の文化施設の使命（ミッション）の一つはまさにこの点にあり、水戸芸術館やびわ湖ホールがその先進的な役割を担っているものといえるでしょう。

■ 2.3　文化行政から文化政策へ

　1980年代以降の国民の文化への関心の高まりと文化行政の全国的展開を背景に、国も文化政策を大きく見直し、2001年には「文化芸術振興基本法」を制定して、国の文化政策の基本理念と文化芸術の社会的意義、文化振興における国・地方自治体の責務・役割などの指針を示しています。

　こうした流れを汲んで、地方自治体でもたんなる「ハコモノ」や「イベント」による文化振興ではなく、住民の生活の質的向上や地域の活性化を視野に入れた上で、文化を政策の柱に位置付けるという動きも見られるようになっています。文化振興を明確にした地域づくりのビジョンや条例、推進組織、財政的措置を整える自治体が増えつつあります。

　行政における文化政策の重要性は、人々の生活の質的向上へのニーズの高まりとともに今後ますます大きくなると考えられます。しかしながら、他方で全体的な財政悪化を背景に行政効率化が叫ばれ、文化行政にとっては厳しい逆風が吹いているという面も無視できません。

　人々の心を豊かにするという文化施策の効果は、具体的な数値や目で見える形で表しにくいため、行政改革の対象に挙げられ予算も削られやすいという面があります。

　たとえば、行政効率化の手段として導入されている「指定管理者制度」が

多くの自治体で、文化施設にも採用されています。これは、もともと自治体がつくった公共施設等をその効率的運用のために、ひろく一般から各施設の管理・運営を行う事業者を募集して、適任者を選び、民間のノウハウや人材を活用しようというものです。

ところが文化施設の場合、この指定管理者制度導入により、施設の管理・運営が改善されたケースばかりとは必ずしもいえないのが現状です。確かに人件費等の費用面では効率化が進んだ例は多いのですが、施設の利用者である市民にとってのサービス面や地域の文化振興に果たすべき本来の役割といった面でさまざまな問題が生じてきています。

事業者の選び方、数年で切れてしまう契約期間、予算の運用とその評価、事業者の自由度と自治体の文化政策との整合性等々のむつかしい問題がありますが、あまり効率化を優先しすぎると企業や NPO などの民間のノウハウも十分に活用できないことになります。

大切なことは、地域と住民のための文化政策をまず確立して、そのうえで各文化施策や施設の役割を位置付け、民間のノウハウも取り入れた効果的・効率的な資源の配分・活用により、市民文化の活性化と地域文化の創造をはかることでしょう。

3 企業の芸術・文化支援

■ 3.1 企業メセナ

行政とは次元が異なりますが、企業も芸術・文化の発展を支える大きな役割を担っています。今日の社会では、企業の存在は大変大きく、企業が持っている「ヒト・モノ・カネ・情報」といった経営資源は、企業のために役立つばかりでなく社会にも大きな影響力を持っています。

欧米では、企業家や企業が芸術・文化への支援を行うことが盛んで、特にフランスでは「メセナ」活動と呼ばれています。メセナとは、古代ローマで芸術家を庇護したことで有名な将軍マエケナスの名前から採ったもので、マエケナスのフランス語の読みが「メセナ」になったものです。そうした伝

統・風土が、世界に冠たるフランスやイタリアの芸術・文化を花開かせた一因になっているともいえるでしょう。

　日本でも、近世以降の富裕な商人たちが芸術家や学者・文化人を支援した例はありますが、第二次大戦後の高度成長期には、日本企業は経済一辺倒になっていった印象があります。高度成長期を経てようやく日本も「豊かな社会」「文化の時代」の到来がスローガンとして叫ばれ、1980年代以降企業の社会・文化活動が活発になってきました。

　1990年には、所得の1％以上を社会貢献のために寄付する経団連の「1％クラブ」や、芸術・文化支援を目的とした「企業メセナ協議会」の活動が発足しました。

　表2に見るように、多くの企業が、芸術・文化支援のための助成財団をつくっています。助成財団は、美術・音楽・演劇・伝統芸能などそれぞれの得意分野で、芸術家の支援や人材育成、NPOなどへのサポート活動等を行っています。

　地方でもそれぞれ特色ある芸術・文化支援活動が展開されています。たとえば、1930（昭和5）年に日本初の西洋美術館として開館した岡山県倉敷市の大原美術館はクラボウなどを創業した大原孫三郎の地域貢献事業として有名です。戦後においても広島市の広島銀行は、ひろしま美術館をつくって地域の美術文化に貢献しています。またベネッセは、岡山市や瀬戸内海の直島を中心に活発な芸術・文化活動を行い、地域づくりに寄与しています。名古屋市では、カレーチェーン店のCoCo壱番屋の経営者が、「宗次ホール」を設立して地域の音楽文化に尽しています。

■3.2　企業の文化支援活動の意義

　以上のように、企業が芸術・文化支援を行う方法としては、
　①寄付・協賛などによる金銭的支援
　②文化活動への施設・モノ・人材等による援助
　③文化的イベントの開催
　④美術館・ホールなどの文化施設などを通じた活動

3　企業の芸術・文化支援

表2　おもな芸術・文化助成財団

名称	設立年	助成分野	対象事業	備考 （出捐企業など）
サントリー芸術財団	1970	音楽	公演、出版	
日本交響楽振興財団	1973	音楽（オーケストラ）	公演	
日本音楽財団	1974	音楽（クラシック）	公演、楽器貸与	
ソニー音楽財団	1977	音楽（クラシック）	公演、顕彰	
鹿島美術財団	1982	美術	調査研究、出版、国際交流、顕彰	
冲永文化振興財団	1985	地域文化（伝統芸能）	公演、調査研究、出版	
セゾン文化財団	1987	現代演劇、現代舞踊	留学・研修、創造環境整備、国際交流	
三菱 UFJ 信託芸術文化財団	1987	音楽、オペラ	公演	
アフィニス文化財団	1988	音楽（オーケストラ）	公演、留学研修、調査研究	日本たばこ産業
三井住友海上文化財団	1988	音楽、伝統芸能	公演、国際交流	
アサヒグループ芸術文化財団	1989	美術、音楽、オペラ	公演、国際交流	
三菱 UFJ 信託地域文化財団	1989	地域文化	公演、展示	
東急財団	1990	美術、オペラ	公演、留学研修、顕彰	東急グループ
野村財団	1990	美術、音楽、舞踊等	若手芸術家育成、国際交流、社会科学研究	
花王芸術・科学財団	1990	美術、音楽、科学技術	展示、公演、芸術・科学技術の研究	
ローム ミュージック ファンデーション	1991	音楽、オペラ	音楽活動全般	
明治安田クオリティオブライフ文化財団	1991	音楽、伝統芸能	人材育成	
全国税理士共栄会文化財団	1991	地域文化	人材育成	
よんでん文化振興財団	1991	四国地方の地域文化	公演、展示、人材育成	四国電力
朝日新聞文化財団	1992	美術、音楽	展示、公演	
ユニオン造形文化財団	1994	空間造形デザイン	調査研究、国際交流、留学研修、顕彰	
かけはし芸術文化振興財団	1994	音楽	電子技術を応用した芸術文化活動	ローランド
エネルギア文化・スポーツ財団	1994	中国地方の地域文化	公演、展示、保存・伝承、顕彰、スポーツ振興	中国電力
日本製鉄文化財団	1994	音楽（洋楽、邦楽）	公演	

（資料：「芸術文化助成団体協議会」2024 年）

第14章　文化による地域づくり

303

⑤企業財団を通じた継続的助成・支援活動

など、さまざまな形があります。

　企業のメセナ活動というのは、行政の事業と比べると規模や広がりという点では小さいものですが、すでにいくつかの例で見たように、それぞれの企業がある特定の芸術・文化分野や地域の文化振興に対する強い思いをもって取り組んでいる場合が多いのです。

　したがってそれぞれの思いや志の実現に、個々の企業がもつヒト・モノ・カネ・情報等の経営資源が活用されれば、個性的で特色ある支援活動が工夫されることになり、多彩な芸術・文化の振興にまた地域社会の発展にとって貴重な貢献を果たすことが可能になるといえるでしょう。

4　市民が主役の文化活動

　地域における文化活動の主役はなんといっても地域の住民です。全国各地で活発な地域文化活動が展開されており、地域の元気の源になっています。さまざまな文化活動がありますが、主な分野として次のようなものがあります。

（1）芸術・芸能活動

　演劇・音楽などの舞台芸術や各地の伝統芸能、映画祭、美術・工芸のコンクール、ミュージアムを拠点とした活動などです。

　市民が中心の劇団や楽団・合唱団の活動は、各地で盛んに行われています。北九州市の「青春座」や富山市の「文芸座」などの市民劇団は、戦後早くから今日に至るまで長年活動を続け、地域の演劇文化をリードしています。北海道函館市では、市の歴史的名勝五稜郭を舞台に全国でも珍しい野外劇を1988年以来例年5月に市民の手で開催しています。

　長野県飯田市は、古くから人形芝居の伝統のあるところですが、1979年から始まった人形劇の全国フェスティバルを40年以上も続け、今日では「いいだ人形劇フェスタ」として市民が中心となり、町を挙げてのイベントとして定着しています。

304

音楽分野では、戦前からの伝統を持つ長野県諏訪市の諏訪交響楽団はじめ、各地に市民楽団・合唱団が誕生しています。日本のジャズ発祥の地といわれる神戸市では、1982年以来街を舞台にした音楽フェスティバル「神戸ジャズストリート」が始まり、1995年の阪神・淡路大震災の年にも実施され、2023年秋には第40回を盛大に開催しています。

美術の分野では、新潟県佐渡市の版画村運動、山口県宇部市の野外彫刻コンクールなどが長く続けられています。

1989年には、高知県黒潮町で砂浜を展示場にしたTシャツアート展を実現し、以後ユニークな「砂浜美術館」の活動を住民が中心となって続けています。青森県田舎館村では、田んぼに稲の穂で絵を描く田んぼアートを発案し、住民の力で年々クオリティを上げて、全国各地から観客が集まる人気のイベントになっています。

山形市の「国際ドキュメンタリー映画祭」は、当初市が中心になって始めましたが、今では市民が中心になって活動を支え、世界から注目される映画祭になっています。

（2）自然・環境保護

地域の自然環境をまもり・活かすことを目的としたさまざまな活動があります。

兵庫県豊岡市では行政と市民が一緒になって、コウノトリを絶滅から復活させ「コウノトリと共生するふるさとづくり」に取り組んでいます。鹿児島県出水市では「日本一ツルが来る町」を維持するために中学生が率先して観察・保護活動を続けています。トンボの公園や蛍の里づくりも各地でさかんです。

松原やふるさとの森づくり、花や水や星さらにはきれいな夕日をテーマに環境づくりをすすめている地域もあります。植物や動物などの生き物から水・空まで、豊かな自然を守りながら地域の誇りとしてまた観光資源として活かす工夫が重ねられているのです。

（3）食文化

　衣食住関連の生活文化の中でも、食をテーマにした地域おこしが活発です。高知県馬路村の「ゆず」、徳島県上勝町の「ツマモノの葉っぱ」、大分県姫島の「車えび」など、地域特産の農産物や水産物をブランド化して、町の活性化に成功しています。

　また、ラーメンやヤキソバなどのご当地グルメも人気で、2006 年からはじまった B 級ご当地グルメのコンクール「B-1 グランプリ」は、年を重ねるごとに活気をみせています。

（4）祭り・イベント

　祭りの効果は岸和田のだんじり祭の例で紹介しましたが、やはり祭りは地域の大きな財産でありシンボルです。伝統的な祭りがない町でも、新しい祭りやイベントを工夫して成功している例は少なくありません。

　札幌市の「YOSAKOI ソーラン祭り」や山形県上山市の「全国かかしまつり」、富山市の「チンドンコンクール」、各地の「花火まつり」などもアイデアを発揮したユニークなものが、地域の文化として根をおろしています。

（5）町並み保存

　歴史的な町並みや景観を保存して、町づくりに活用している地域もたくさんあります。長野県南木曾町の妻籠宿は、住民を挙げて昔の中仙道の宿場町のたたずまいを残す運動に取り組み、観光地として復活し過疎化に歯止めをかけています。

　愛知県の足助（豊田市）、愛媛県の内子町、大分県の湯布院（由布市）なども町の景観を守ることと観光を両立させ、単なる通過型ではない交流型の新しい観光文化を切り開きました。

（6）国際交流

　文化の振興にとって他の地域の人々との交流は大切な要素ですが、グローバル時代を迎えた今日、直接海外の地域との交流活動も盛んになってきてい

ます。政府間だけでなく、民間レベルで直接に国境を越えた交流を行うことは、相互理解や平和の促進にも貢献します。とくに芸術やスポーツ、ボランティア活動などを通じた草の根の交流活動が、これから大きくひろがっていくことでしょう。

　以上挙げてきた各地の文化活動の事例では、中心になっているのはその地域の住民だと述べましたが、長く続いているケースでは、行政や企業が何らかの形で支援したり、協力したりしていることが多いことも見逃してはなりません。

　市民・企業・行政——最初の旗振り役が誰であっても、この三者が「地域のために」という目標にベクトルを合わせて、活動の継続と発展をめざして連携・協力することが大切だといえるでしょう。

5　文化が地域をつくる

　これまでみてきたように、地域にはそれぞれ固有の文化資源があり、それを活かして地域を舞台に個性あふれる文化活動が多彩に展開されています。そして文化が地域の人々を結びつけ、地域の誇りともなり、地域を愛する心を育てているのです。

　自分の町には、文化的な資源は何もないという人がいるかもしれません。でも、文化は人間がつくるものですから、町づくりに対する強い志と情熱があれば、地域の宝物（文化資源）を発掘し、文化活動を「つくる」ことは不可能ではありません。

　成功のポイントは、①多くの人が取り組めるいいテーマを発見すること、②そのテーマに沿って、地域の資源を発掘しうまく関連付けて編集すること、③地域の人や地域の外にむかって魅力ある施設やイベント、事業としてプロデュースすることの三点にあります。

　「テーマ・編集・プロデュース」の三つがうまくいって、文化活動を立ち上げても、それを継続して続けなければ地域づくりへの効果がほとんどありません。第4節で取り上げた事例はその多くが10年以上続けられています。

活動を継続するためにはそれぞれが大変な工夫と努力をかさねています。活動がマンネリにならないように、時代や人々のニーズに合わせて絶えずリフレッシュしていくことも大切です。また、活動継続のためには「ヒト・モノ・カネ・情報」などの要素が必要ですが、それを確保するためにしっかりした組織を作るというのも有効な工夫です。たとえば、最初は仲間の集まりやネットワークで始めた活動も、実行委員会をつくったり、NPOや社団・財団などの法人組織を設立したりして継続的に事業を行う態勢を整えて成功している活動が多いのです。

　活動を「つづける」態勢が整えば、さらに活動の輪を広げ、他の地域との交流により視野を広げたり、ノウハウを交換したりしてレベルアップを図ることも有効です。また次の世代へと継承することも大切な課題になってきます。そのためには、世代を超えた人々の交流と地域を越えた交流が欠かせません。伝統的な祭りが長く受け継がれている町は、子どもの時から地域の祭文化に親しむ仕組みができているところが多いのです。また他の地域との交流は、新しい情報と刺激を受けることにつながり、新しい展開のきっかけになることが少なくありません。地域や世代を超えて「つながる」ことは、文化活動の要です。

　地域や世代の壁を越えた交流が容易にできるのが、文化活動の利点かもしれません。楽しさと感動が文化の原点であり、それは男女・世代・地域・国境を超えて通じ合う力を持っています。

　それぞれの地域の人々が、地域への思いと情熱と知恵をもって、多彩な文化活動を「つくり」「つづけ」「つながる」ことが、地域固有の文化の花を咲かせ、住む人の目が輝く元気な地域をつくりあげていくことになるのです。そして日本全体が、各地に色とりどりの文化の花開く魅力的な国になることにもつながるでしょう。

（伊木　稔）

■ 索 引 ■

ア行

アウトカム（成果） 68,69,85,86,88,89,90-92,94-97,99,100,115

アウトリーチ 300

アカウンタビリティー（説明責任）
→説明責任

新しい公共 151

アデレード声明 225

アドボカシー 72,107,116,184

アベノミクス 64

新たな公 151

アルマ・アタ宣言 224

アレクシ・ド・トクヴィル 155

伊勢湾台風 37,55

1%クラブ 302

インパクト投資 141

インパクト評価 86,88-92,100

インフレーション（インフレ） 61,62,66

ウェル・ビーイング 161

エコロジカル・フットプリント 132,133

近江商人 7

大きな政府から小さな政府へ 33

オタワ憲章 224,225,231

温室効果ガス 132,134,202-205,214,253,254

カ行

カーボンニュートラル 134,253
──宣言 120

介護保険制度 173,175,176,185,186

介護の社会化 176,177

開示基準 144

外部環境 77,81

外部不経済 121

価値財 64,65,67,69,70,72,73,84,86-88,94

ガバナンス 258

官 1,4,7,14,33,82,184,238,239

環境ガバナンス 259,260

環境と開発に関する世界委員会 119

環境問題 250

観光立国推進基本計画 282,283

関東大震災 37,54

官民（公民）連携（PPP：Public Private Partnership） 67,184,190,216,279,280,282

官僚→官

義援金 47,52

機会（Opportunity） 77,81

機関委任事務 28

企業の社会的責任（CSR） 9,10,67,104,106,120-123,130-132,138-140,144,145,154,256,264,279

企業メセナ協議会 302

気候変動 253

基礎自治体 24,292

規範 155

寄付 12,13

脅威（Treat） 77,81

共助 36,43,50,53,55,149,168,171,178

行政評価法 85

業績・成果主義 68,69

協働 108,163,264

309

熊本地震　53

クラウドファンディング　55, 56

グリーンウォッシュ　145

グローバル化　19, 31, 62, 120, 122, 124,
　　　130, 145, 189, 193, 260

経済成長率　59, 60, 65, 173, 257

経済同友会　130

芸術・文化助成財団　302, 303

健康経営　218

　　——優良法人（認定制度）　219, 275

健康増進法　219

健康日本 21　230

　　——（第 2 次）　230

　　——（第 3 次）　231

健康の社会的決定要因　226, 227, 231

公　2

合意形成　50, 151, 152, 265

公益　8, 10, 103

公害問題　252

公共　2, 4

　　——経営学　1, 14

　　——経営戦略　75

　　——財　17, 63, 149

　　——の担い手　103

　　——の福祉　155

公債金　21, 22, 26

公助　36, 43, 53, 149, 168, 171

幸福感　56

公民　6, 7, 11

効率性の評価　86, 88, 89, 94, 98, 100

効率値　97

高齢社会　19, 167, 170, 173, 175, 185

国内総生産（GDP）　59, 138, 173, 175

国民　6

国民健康づくり対策　230

互酬性　157

ごみ問題　252

コミュニティ　152, 164

　　——単位　162

　　——の維持　162

　　——の希薄化　161

コモンズ　259

コレクティブ・インパクト　109

コロナ感染症

　　　　　→新型コロナウイルス感染症

昆明–モントリオール生物多様性世界枠組
　　　134

サ行

サーキュラーエコノミー　253

災害ボランティアセンター　39, 40, 44

再生可能エネルギー　203, 204, 207,
　　　208, 214

サステナビリティレポート　143

サステナブル・ファイナンス
　　　141–143

サプライチェーン　127, 134, 137, 139,
　　　140, 142, 194, 262

三方よし　8

私益　8

支援金　48, 51, 52

ジェンダー・ギャップ指数　134, 135

自助　36, 43, 53

自助・共助・公助　149

市場の失敗　255

市場メカニズム　69

自然共生社会　253

事前評価　87

持続可能性　119

持続可能な発展　256, 257

自治会（・町内会）　42, 52, 152

自治事務　28

310

実質経済成長率　59
実質国内総生産（実質 GDP）　59
実質賃金　62
指定管理者制度　23, 279, 301
私的財　64
市民　6
　　──活動団体　155
　　──参加　156
　　──社会　17, 154
　　──社会組織　142
　　──主導型　68
　　──的精神　155
使命（ミッション）　75, 300
社会インパクト　111, 113
社会関係資本→ソーシャル・キャピタル
社会的価値創出　144
社会的企業（ソーシャル・エンタープラ
　　イズ）　67, 105, 106
社会的処方　241-243
社会的責任　145
　　──に配慮した公共調達　132, 140
シャクティ・プロジェクト　110
集合問題　149
循環型社会　252
準公共財　64, 70, 73, 84
純粋公共財　63
消費税　65, 176
情報開示　140, 143, 144
将来像（ビジョン）　75
女性活躍推進法　135
新型コロナウイルス感染症　175, 271,
　　300
新公共経営論（NPM：New Public
　　Management）　58, 68
人的資本　148
人民　6

信頼　150, 155
　　──関係　150
スケーリング　114
スケールアウト　113
スタジアム・アリーナ改革　282
ステークホルダー（利害関係者）　105,
　　140, 143, 144
　　──エンゲージメント　140, 264
　　──資本主義　121, 141
スポーツエールカンパニー認定制度
　　275
スポーツ基本計画　270, 271, 273-276,
　　278, 283, 284
スポーツ基本法　267, 269
スポーツ産業　280
スポーツ庁　271
スポーツツーリズム　282
スポーツマネジメント　286
スポーツ立国（戦略）　269, 270
成果→アウトカム
政策　4, 16, 25
　　──評価　84
生産可能フロンティア直線　95
生態系サービス　251
政府　16
　　──業績結果法（GPRA）　85
　　──の失敗　256
生物多様性問題　253
セオリー評価　87, 99
責任ある企業行動に関する多国籍企業行
　　動指針　125
責任あるビジネス　120
責任投資原則（PRI）　141
説明責任（アカウンタビリティー）
　　116
全国総合開発計画　150

311

選択と集中　67

総合型地域スポーツクラブ　280, 287

ソーシャルイノベーション　105

ソーシャル・キャピタル（社会関係資本）
　　147, 228, 239, 240, 265

　——の指標　159

ソーシャルビジネス　101, 103

　——の成長　112

タ行

タダのり　142

脱炭素社会　120, 253

縦割り行政　261

男女雇用機会均等法　81, 82, 135

地域運動部活動推進事業　286

地域資源　164

地域スポーツコミッション　284

地域の選択と責任　151

地球温暖化　251

　——問題　253

地球環境問題　251

地方自治体（地方政府、地方公共団体）
　　23, 24, 33

地方創生　283

中央集権体制　28

中間支援組織（インターミディアリー）
　　40, 51, 52

つながり　154

強み（Strength）　77, 81

デフレーション（デフレ）　61

デュー・ディリジェンス　129

東京オリンピック　267

統合報告書　143

特定非営利活動促進法→ NPO 法
共　4

ナ行

内部環境　77, 81

西日本豪雨災害　53

日本スポーツツーリズム推進機構
　　284

日本スポーツ協会　272, 276, 287

認知的ソーシャル・キャピタル　157

ネイチャーポジティブ　134, 254

ネットワーク　154

能登半島地震　53

ハ行

パートナーシップ　264

ハイブリッドな組織　104, 105

ハコモノ行政　298

パリ協定　192, 202-204, 214

バリューチェーン　134, 140

阪神・淡路大震災　36, 37, 52, 54, 55,
　　149, 161

非営利組織
　　→ NPO（Nonprofit Organization）

東日本大震災　19, 36, 37, 43, 52-55, 149

非競合性　63

「ビジネスと人権」に関する行動計画
　　（2020-2025）　125

ビジネスと人権に関する指導原則
　　119, 124

ビジネス・ラウンドテーブル　121

ビジョン（将来像）　75

非正規労働者　177

非政府組織　5

避難所　38, 49, 50, 52

非排除性　63

費用・効果分析　89

費用・便益分析　89

評価（Check）　77, 83, 100
フェアトレード　109
福祉国家　192
物的資本　148
負の影響　120, 121, 125, 126, 128, 129,
　　131, 144, 253
負の外部性　121
プラットフォーム　143
プラネタリー・バウンダリー　132,
　　133
フリーライダー　64
ブリッジング型ソーシャル・キャピタル
　　157, 164
フレイル　274
プログラム評価　84-86, 99
文化芸術振興基本法　297, 300
文化政策　294, 295, 300, 301
文化庁　268, 295-298
文化的資本　148
米国会計検査院（GAO）　84
ベスト・プラクティス　94
ヘルスプロモーション　225
法定受託事務　28
補完性の原理　149
ポジティヴ・ヘルス（Positive Health）
　　246
ポスト2030開発アジェンダ　124
ボランティア　12
　　——元年　38, 52, 71
ボンディング型ソーシャル・キャピタル
　　157, 163

マ行

マイクロファイナンス　108, 110
まちづくり協議会　42, 43, 52
ミッション→使命

民　5
民間委託　67, 79
民設民営　281
名目経済成長率　59
名目国内総生産　59
名目賃金　61
メセナ　301, 302
メリット財→価値財

ヤ行

豊かさ　161
弱い紐帯　158
弱み（Weakness）　77, 81
4大公害病　252

ラ行

リーマンショック　66, 197
利害関係者（ステークホルダー）
　　　→ステークホルダー
利潤の非分配制約　72
リンキング型ソーシャル・キャピタル
　　157
レジリエンス　163
連携　264
ロジックモデル　115

A-Z

Action（改善に向けた行動）　77, 98
BOP（Base of Pyramid）ビジネス　110,
　　111
CDP（カーボン・ディスクロージャープ
　　ロジェクト）　142, 143
Check（評価）　244
CSR→企業の社会的責任
CSR経営元年　131
Do（行動）　77

EBPM（Evidence Based Policy Making）
　　243, 244

ESG 投資　134, 141, 143

GAO（米国会計検査院）　84

GDP→国内総生産

GPRA（政府業績結果法）　85

GRI スタンダード　126

GX（Green Transformation、グリーント
　　ランスフォーメーション）
　　120, 134

IEA（国際エネルギー機関）　207

ILO（国際労働機関）　137, 199

ISO26000（組織の社会的責任に関する
　　ガイダンス）　122

Naschold　68

NGO　5, 189

NPM→新公共経営論

NPO（非営利組織）　5, 12, 32, 33, 36, 39,
　　44, 154, 262, 263

　　――元年　71

　　――法　39, 51, 52, 71, 102, 154, 185

OECD（経済協力開発機構）　125

Opportunity（機会）　77

PDCA サイクル　77, 230, 244

PFI 事業　279

Plan（計画）　77, 244

Public Health（公衆衛生）　222

Public Private Partnership（PPP）
　　→官民連携

SASB スタンダード　126

SDGs（持続可能な開発目標）　119,
　　124, 131

　　――ウォッシュ　145

SFT 事業　276

Strength（強み）　77

SWOT　77

――分析　77

――マトリックス　79

TCFD　126

Threat（脅威）　77

VFM（Value for Money）　84

Weakness（弱み）　77

WEF（世界経済フォーラム）　121

WTO（国際貿易機関）　195

■ 執筆者一覧 ■

松永佳甫（まつなが・よしほ）【編著者】［はじめに・第 1 章・第 4 章・第 5 章］
　　大阪経済大学　国際共創学部　国際共創学科　教授

山内直人（やまうち・なおと）［第 1 章］
　　大阪大学大学院　国際公共政策研究科　元教授
　　日本社会関係学会　元会長

金谷信子（かなや・のぶこ）［第 2 章・第 9 章］
　　広島市立大学　国際学部　教授

川脇康生（かわわき・やすお）［第 3 章］
　　関西国際大学　心理学部　心理学科　教授
　　関西国際大学　グローバル教育センター長

服部篤子（はっとり・あつこ）［第 6 章］
　　同志社大学　政策学部　客員教授
　　一般社団法人 DSIA　代表理事

古谷由紀子（ふるや・ゆきこ）［第 7 章］
　　一般財団法人 CSO ネットワーク　代表理事

長谷川雅子（はせがわ・まさこ）［第 7 章］
　　一般財団法人 CSO ネットワーク　事務局長・理事

石田　祐（いしだ・ゆう）［第 8 章］
　　関西学院大学　人間福祉学部　教授

中林美恵子（なかばやし・みえこ）【編著者】［はじめに・第 10 章］
　　早稲田大学　教授

松島みどり（まつしま・みどり）［第 11 章］
　　筑波大学　人文社会系　准教授

宮永健太郎（みやなが・けんたろう）［第 12 章］
　　京都産業大学　経営学部　教授

宇部　一（うべ・まこと）［第 13 章］
　　大阪商業大学　公共学部　公共学科　教授
　　大阪商業大学　企業交流会　会長

伊木　稔（いき・みのる）［第 14 章］
　　大阪商業大学　名誉教授

■編者紹介

枩永佳甫（まつなが・よしほ）

熊本生まれ。経済学修士（米国ボストン大学）国際公共政策博士（大阪大学）。
九州大学経済学府助手、総合研究開発機構（NIRA）研究員、大阪商業大学総合経営学部准教授/教授/大学院地域政策研究科教授（うち総合経営学部長を3年間務める）、大阪商業大学公共学部教授（初代学部長を3年間務める）、米国ペンシルバニア大学社会政策・実践大学院客員研究員を経て、現在、大阪経済大学国際共創学部教授。日本NPO学会、国際公共経済学会、日本社会関係学会等の理事を歴任。日本NPO学会林雄二郎賞受賞、The Association for Nonprofit Organizations and Voluntary Action（通称アメリカNPO学会）フォーカスフィールド賞受賞。優秀学位論文賞（大阪大学大学院国際公共政策研究科）受賞。単著に『新しい公共と市民社会の定量分析』大阪大学出版会（科学研究費成果公開促進費による出版、2012）、編著に『公共経営学入門』大阪大学出版会（2015）がある。日米のジャーナルに掲載された論文の多くは、民間公共に関する計量分析である。

中林美恵子（なかばやし・みえこ）

埼玉県深谷市生まれ。政治学修士（米国ワシントン州立大学）、国際公共政策博士（大阪大学）。米国連邦議会上院予算委員会補佐官（連邦公務員）を10年務めた後、2002年に独立行政法人経済産業研究所研究員、跡見学園女子大学マネジメント学部准教授、財務省財政制度等審議会委員などを経て、2009年から衆議院議員（神奈川1区選出）。2013年に早稲田大学准教授、2017年から教授となり現在に至る。グローバルビジネス学会会長、WASEDA USA理事・所長、TOPPANホールディングス㈱社外取締役、（公財）東京財団政策研究所常務理事、（公財）笹川平和財団上席フェロー、米国マンスフィールド財団名誉フェローなどを兼務。単著に『混乱のアメリカと日本の未来』マイナビ出版（2024）、『トランプ大統領とアメリカ議会』日本評論社（2017）など多数。編著・共著にHandbook of Japanese Public Administration and Bureaucracy（2024）Amsterdam University Press / MHM Japan Documents、『挑戦を受ける民主主義と資本主義：ショックセラピー2035』東京書籍（2022）、『アメリカの今を知れば、日本と世界が見える』東京書籍（2025）など多数。

［改訂版］公共経営学入門

2025年3月31日　第2版第1刷発行　　　　　　　［検印廃止］

編著者　　枩永佳甫・中林美恵子

発行所　　大 阪 大 学 出 版 会
　　　　　代表者　三成 賢次

　　　　　〒565-0871
　　　　　大阪府吹田市山田丘 2-7　大阪大学ウエストフロント
　　　　　TEL 06-6877-1614　　FAX 06-6877-1617
　　　　　URL：https://www.osaka-up.or.jp

印刷・製本　　尼崎印刷株式会社

ISBN 978-4-87259-819-3 C3033
© Y. MATSUNAGA, M. NAKABAYASHI et al. 2025　　　Printed in Japan

---

JCOPY 〈出版者著作権管理機構　委託出版物〉
本書の無断複製は著作権法上での例外を除き禁じられています。複製される場合は、その都度事前に、出版者著作権管理機構（電話 03-5244-5088、FAX 03-5244-5089、e-mail：info@jcopy.or.jp）の許諾を得てください。